Mandy Len Catron

Verliebe dich
in wen DU willst

Mandy Len Catron

Verliebe dich

dich

in wen
DU
willst

HERDER

FREIBURG · BASEL · WIEN

MIX
Papier aus verantwor-
tungsvollen Quellen
FSC® C083411

© Verlag Herder GmbH, Freiburg im Breisgau 2018
Alle Rechte vorbehalten
www.herder.de

Die amerikanische Originalausgabe erschien 2017 unter dem
Titel *How to fall in love with anyone* bei Simon & Schuster,
Inc., New York.
© 2017 Mandy Len Catron

Satz: post scriptum, Vogtsburg-Burkheim / Hüfingen
Herstellung: CPI books GmbH, Leck

Printed in Germany

ISBN 978-3-451-60061-6

Inhalt

Einleitung

≈≈

Seit fünf Jahren hatte ich über Liebesgeschichten und ihre Fallstricke geschrieben, als plötzlich meine eigene Liebesgeschichte Schlagzeilen machte. Im Januar 2015 verfasste ich für die Rubrik »Modern Love« der *New York Times* einen Artikel über eine zwanzig Jahre alte psychologische Untersuchung, die behauptete, ein einfacher Fragebogen könne zwei wildfremde Menschen dazu bringen, sich ineinander zu verlieben. Ich beschrieb, wie ich diese 36 Fragen eines Sommerabends mit einem Bekannten durchspielte und dieser später mein Freund wurde. Die Herausgeber gaben dem Artikel eine etwas reißerische Überschrift: »To Fall In Love with Anyone, Do This«.

In der Woche vor der Veröffentlichung war ich nervös. Immerhin würden jetzt ein paar Tausend Menschen Einzelheiten aus meiner drei Monate alten Beziehung erfahren. Doch die Reaktionen übertrafen alle Erwartungen: Wenige Stunden nachdem die Redaktion den Artikel ins Netz gestellt hatte, verbreitete er sich viral. Innerhalb weniger Wochen wurde er viele Millionen Mal angeklickt. Offenkundig verhieß er etwas, das viele Menschen interessierte: eine Formel, mit der sich zwei x-beliebige Menschen ineinander verlieben können.

Eigentlich hatte ich mir kaum Gedanken über Liebesgeschichten gemacht, bis sich vor neun Jahren aus heiterem Himmel meine Eltern trennten. Damals war ich sechsundzwanzig. Ich war immer der Ansicht gewesen, dass sie glücklich verheiratet waren. Aber offensichtlich hatte ich mich getäuscht. Ich fragte mich, was ich übersehen hatte.

Bei meinem Versuch, die Trennung meiner Eltern zu verstehen, kam ich immer wieder darauf zurück, wie die beiden sich kennengelernt hatten. Ich liebte diese Geschichte. Meine Mutter kam aus einem kleinen Bergwerksdorf in Virginia. Sie war Cheerleaderin in ihrer Schule und sollte für die Schülerzeitung den neuen Trainer der Football-Mannschaft interviewen. Das war mein Vater. Die beiden freundeten sich rasch an und trafen sich heimlich. Vier Jahre später traten sie in der Baptistengemeinde vor den Altar, zu einer Doppelhochzeit mit der Schwester meiner Mutter und dem besten Freund meines Vaters. Für mich war das die schönste Liebesgeschichte, die ich je gehört hatte, und schon als Kind erzählte ich sie allen, die sie hören wollten.

Die Scheidung war das falsche Ende für diese Geschichte – eines, das ich nie auch nur für möglich gehalten hätte. Für mich war die Liebe immer eine Tugend gewesen, ein Sieg der Moral und ein Lohn für Menschen, die im Leben die richtigen Entscheidungen getroffen haben. Doch die Scheidung meiner Eltern machte mir klar, dass es in der Liebe keine Garantien gibt, nicht einmal für die Besten und Treusten, und nicht einmal für Menschen mit einer perfekten Liebesgeschichte.

Geschichten hatten meine Vorstellungen von der Liebe geprägt, doch nun musste ich einsehen, dass sie mich im Stich ließen. Also beschloss ich, so viel über die Liebe in Erfahrung zu bringen, wie ich nur konnte. Ich las Artikel über die Neurochemie der Liebe, die Psychologie von Beziehungen und die Wirtschaftsgeschichte der Ehe, nicht zu vergessen soziologische Theorien über das Geschichtenerzählen. Ich sah mir noch einmal all die Filme an, die ich als Kind und Jugendliche so geliebt hatte, Streifen wie *Notting Hill* oder *Dirty Dancing*. Ich hörte Popsongs und las Sonette. Ich befragte meine Großeltern und meine Eltern, sprach mit Freunden und lieh mir Ehe- und Beziehungsratgeber aus der Bücherei aus.

Die meiste Zeit meines Lebens hatte ich geglaubt, dass die Liebe etwas sei, das einem *passierte*. Diese Vorstellung wird nicht nur von den Geschichten genährt, die wir uns über die Liebe erzählen, sondern auch von unserer Sprache selbst: Die Liebe trifft uns wie ein Blitz aus heiterem Himmel. Wir entbrennen in Leidenschaft. Die Liebe macht uns blind und krank. Unser Herz schmerzt und bricht.

Ich fragte mich, ob die Liebe tatsächlich so funktioniert, oder ob ich auch etwas mitzureden hatte. Die Wissenschaft ließ mich das jedenfalls vermuten.

Dass sich mein Artikel so rasch verbreitete, bestätigte etwas, das ich seit Jahren vermutet hatte: In Sachen Liebe bevorzugen wir die Kurzfassung der Geschichte. Meine »Modern Live«-Kolumne war ein einfach gestricktes romantisches Märchen, das den Eindruck vermittelte, als gäbe es eine ideale Form des Verliebens. Es vermittelte den Eindruck, als sei die Liebe berechenbar, und als könnten wir beim Verlieben einfach einem Drehbuch folgen.

Deshalb wundert es mich auch nicht, dass mich viele Leute fragen, ob ich immer noch mit dem Mann aus dem Artikel zusammen bin, und ob wir heiraten und Kinder bekommen wollen. Das ist nachvollziehbar, denn sie wollen einen Beweis dafür, dass das Drehbuch im wirklichen Leben funktioniert.

Ich liebe Liebesgeschichten noch immer, aber ich muss auch einsehen, dass sie nur ein sehr eingeschränktes Bild dessen vermitteln, was in der Liebe möglich ist. Die Liebe ist nicht so einfach, wie uns die Geschichten glauben machen. Doch gerade diese Komplexität macht sie so faszinierend. In der Arbeit an diesem Buch habe ich eine Möglichkeit gefunden, mein eigenes Drehbuch zu schreiben und etwas in den Griff zu bekommen, das mich so lange im Griff hatte.

Der ausgebrannte Stern

Der Mythos
vom richtigen Partner

≈

Anfang 2010 heiratete ich den Mann, den ich eigentlich verlassen wollte.

»Es ist amtlich«, sagte Kevin, als er von der Arbeit nach Hause kam und eine Mappe auf das Kaffeetischchen neben mir warf. »In den Augen der kanadischen Regierung sind wir jetzt Mann und Frau.«

In der Mappe befand sich ein Dokument zum Eintrag unserer Lebensgemeinschaft, eines von vielen Papieren, das wir für den Antrag auf einen festen Wohnsitz in Kanada benötigten.

»Okay«, antwortete ich ohne aufzublicken. »Vielleicht sollten wir das feiern.«

Aber mir war nicht nach Feiern zumute.

Wortlos ging Kevin in die Küche.

Es war Mitte Februar, ich unterrichtete vier Kurse an der Uni, das heißt ich musste vier Unterrichtseinheiten vorbereiten – und vier Stapel Aufsätze korrigieren. Ich las die Aufsätze schon morgens am Kaffeetisch und abends schlief ich über ihnen ein.

Ich war so dankbar gewesen, dass Kevin den Papierkram für unsere dauerhafte Aufenthaltserlaubnis übernommen und all die Formulare mit ihren winzigen Kästchen ausgefüllt hatte. Eigentlich hätte ich ihm auch jetzt dankbar sein sollen, und eigentlich wollte ich das auch – aber ich starrte nur mit leerem Blick auf unsere beiden Unterschriften auf dem Schriftstück neben mir. Mit dem Finger strich ich über den Prägestempel. Nun konnten wir eine gemeinsame Steuererklärung abgeben, und wenn einer von uns beiden im Koma lag, konnte der andere das Beatmungsgerät abschalten lassen. Nach neun gemeinsamen Jahren war es doch fast logisch, das zu dürfen. Aber die Ironie des Zeitpunkts entging uns beiden nicht: Wir überlegten seit Wochen, ob wir uns trennen sollten.

Mein Vater hatte Recht gehabt: Es sind die kleinen Dinge, die ein Paar zusammenhalten. Wir waren weiterhin zusammen, um nicht noch mehr Anträge ausfüllen zu müssen und nicht zwei weitere Jahre auf unsere Einbürgerung zu warten.

Wenn mich jemand gefragt hätte, dann hätte ich gar nicht so genau sagen können, was mit unserer Beziehung nicht in Ordnung war. Wir hatten uns schon immer mal gestritten. Doch diesmal war es anders. Es herrschte eine anhaltende Sprachlosigkeit zwischen uns, so als ob unsere Beziehung krank geworden wäre. Und diese Krankheit schien ansteckend zu sein.

Als ich mitten in der Nacht hustend aufwachte, musste ich an meine Ärztin denken. Sie hatte mir mal gesagt, dass die Lunge und die Atemwege immer die ersten Organe seien, die vom Dauerstress in Mitleidenschaft gezogen wurden. Ich hatte ihr das nicht geglaubt, aber vielleicht hatte sie ja Recht.

Kevin rollte sich zu mir herüber, während das Bett unter meinen Hustenanfällen bebte. Er schob sich an mich heran, legte ein Bein über meine Oberschenkel und einen Arm über meinen Brustkorb. »Besser?«, murmelte er. Im Halbschlaf wollte er offenbar mit seinem Körpergewicht den Husten in meinem Körper zurückhalten. Meine Atmung wurde ruhiger und mein Zwerchfell entspannte sich. Ja, besser!

Selbst nach einem Tag nervigen Anschweigens war Kevin in der Lage, die Symptome meiner Erkältung zu lindern. Eine Woche zuvor hatte ich auf dem Boden eines Buchladens gesessen und in *Die sieben Geheimnisse einer glücklichen Ehe* des Psychologen John Gottman geblättert; dort hatte ich gelesen, dass sich die Partner in Langzeitbeziehungen wechselseitig körperlich beeinflussen und sogar das Immunsystem und die Pulsfrequenz des anderen in positiver Weise regulieren können. Aber ich hatte auch gelesen, dass Menschen in Beziehungen, in denen ihre Bedürfnisse nicht befriedigt werden, unter körperlichem und emotionalem Dauerstress litten, der das Immunsystem schwächt.[1] War es das, was uns gerade passierte?

Ich überlegte, wie lange es her war, dass ich zum letzten Mal seinen Körper neben meinem gespürt hatte. Mindestens vier oder fünf Tage. Vor Jahren hatte ich auch schon Husten gehabt – den schlimmsten meines Lebens. Eine Woche lang war ich durch die Hustenanfälle mitten in der Nacht aufgewacht, ein unerträgliches Brennen tief in den Lungen. Anfangs war Kevin auch hellwach, besorgt wegen der krampfartigen Zuckungen meines Körpers. Nachdem er sich daran gewöhnt hatte, drehte er sich einfach zu mir um und rieb mir im Halbschlaf den Rücken. »Du musst zum Arzt«, murmelte er zwischen meinen Hustenanfällen.

Damals hatten wir getrennte Wohnungen, aber wir verbrachten jede Nacht zusammen. Auch wenn ich krank war, und auch wenn wir einfach nur nebeneinander schliefen. Ich kam nachts gegen halb zwölf Uhr von meinem Abendkurs nach Hause, warf meine Tasche auf mein Bett und radelte den Hügel hinunter zu ihm. Leise schloss ich die Tür auf, schlich auf Zehenspitzen in sein Schlafzimmer und schlüpfte neben ihm unter die Decke. Morgens wachte ich meistens vor Sonnenaufgang auf, zog mich an und radelte zu dem kleinen Café am Capitol Hill, in dem ich arbeitete. Dafür, dass ich ein paar Stunden im Dunkeln seinen Körper neben meinem spüren konnte, nahm ich diese kleinen Umwege gern auf mich.

Schon damals habe ich mich oft gefragt, ob es noch etwas anderes gab, das ich so sehr liebte wie ich seine Haut liebte, die Art und Weise, wie sie seine Muskeln und Knochen umschloss, die weiche Stelle zwischen seinen Schulterblättern, auf die ich jede Nacht beim Einschlafen meine Lippen drückte. So hatte ich mich in der Universität in ihn verliebt, als wir Bauch an Rücken schliefen, mein Gesicht an seinen Nacken geschmiegt, als der Tag nur eine Leerstelle war zwischen zwei Nächten.

Doch inzwischen war ich 29 und dachte daran, zu heiraten und eine Familie zu gründen. Und ich wusste nicht, ob ich all das mit diesem Mann wollte, in den ich mich in der Universität verliebt hatte.

Ich hatte keine Ahnung, woher ich die Antwort auf diese Frage nehmen sollte.

Natürlich kann man sich mit zwanzig in einen Menschen verlieben, ohne gleich ein ganzes Leben mit ihm verbringen zu wollen. Anders als Kevin und ich hatten die meisten unserer Freunde ihre Beziehungen aus Studientagen längst hinter sich gelassen. Mit zwanzig war ich davon ausgegangen, dass auch wir nicht zusammenbleiben würden. Und nachdem sich ein paar Jahre zuvor meine Eltern getrennt hatten, wusste ich inzwischen, dass man durchaus ein halbes Leben mit einem Menschen verbringen kann – und einem die Liebe trotzdem einfach abhanden kommt.

Allerdings hatte ich nie gedacht, jemanden auf eine so seltsame Art lieben zu können, wie ich Kevin liebte – jeden Abend neben ihm einschlafen und jeden Morgen neben ihm aufwachen zu wollen, und trotzdem nicht zu wissen, ob ich den Rest des Lebens mit ihm verbringen möchte oder nicht.

Kevin wollte keine Kinder. Er hatte auch keine Lust zu heiraten, obwohl er nichts gegen eine feste Beziehung hatte. Wenn der Konflikt so einfach gewesen wäre – ich will Trauschein und Familie, er nicht –, dann hätten wir vielleicht eine Lösung gefunden. Vielleicht war mir das mit den Kindern ja sowieso nicht so wichtig, dachte ich manchmal. Vielleicht wollte ich lediglich die Möglichkeit haben. In jedem Fall wollte ich mit ihm eine Unterhaltung darüber führen können, die nicht sicher im Streit endete. Ich hatte das Gefühl, dass wir nur unsere anderen Probleme in den Griff bekommen mussten, um dann auch vernünftig über Heirat und Kinder sprechen zu können. Aber was waren unsere anderen Probleme genau?

Weil ich eine Knieverletzung hatte, blieb ich in diesem Winter oft zu Hause, während Kevin mit Freunden zum Skitourengehen in die Berge fuhr. Ich verbrachte die Wochenenden damit, den offenen Kamin unserer zugigen Wohnung in Vancouver mit Eierkartons zu füttern, den Hund Gassi zu führen und Aufsätze zu korrigieren.

Während meine Welt immer kleiner wurde, wurde seine Welt in den Bergen von British Columbia immer weiter. Am Abend vor einem Skiausflug in den Pulverschnee war er aufgedreht und konnte kaum schlafen. Noch nie hat mich die Begeisterung eines anderen Menschen so einsam gemacht. Es kam mir zu egoistisch vor, darauf zu hoffen, dass er meinetwegen zuhause bleiben würde, also sagte ich erst gar nichts. Stattdessen buchte ich mit Freunden eine Woche Urlaub in Costa Rica. Während ich weg war, rief ich ihn kein einziges Mal an, und ich schrieb auch keine Mails. Er sollte sich so fühlen, wie ich mich gefühlt hatte: Er sollte wissen, dass ich Spaß hatte, ohne eine klare Vorstellung davon zu haben, wie ich meine Tage verbrachte.

Unsere Liebe hatte als Fernbeziehung begonnen, und damals hatte ich keinen sehnlicheren Wunsch, als meine Tage mit ihm zu verbringen. Jetzt führten wir dieses Leben – und mir kam es vor, als ob ich einen Vertrag mit der Liebe unterschrieben hatte, aus dem ich nicht mehr herauskam. Trotz aller Entfremdung fühlte ich mich noch immer durch diese Sehnsucht an Kevin gebunden – die Liebe. Noch immer wünschte ich mir seine Gesellschaft, seine Aufmerksamkeit, seine Haut. Es wäre einfacher gewesen, wenn einer von uns beiden einfach aufgehört hätte, den anderen zu lieben.

»Wenn du ältere Paare siehst, denkst du dann an dich und Kevin?«, fragte meine Freundin Liz eines Tages. Es war ein Sonntagnachmittag, wir waren auf der Suche nach ihrem Brautkleid, und gerade war ein älteres Ehepaar Hand in Hand an uns vorübergegangen.

»Nein«, erwiderte ich aufrichtig. »Ich denke nicht an uns, wenn ich händchenhaltende Achtzigjährige sehe.« Ganz abgesehen davon glaubte ich, dass diese Paare mindestens in zweiter oder dritter Ehe verheiratet waren. Doch dann ruderte ich zurück. »Ich denke nicht, dass Kevin für mich der einzige Mann auf der Welt ist. Aber ich habe das Gefühl, dass er zu mir gehört. Ich kann mir nicht vorstellen, das Leben mit irgendjemand anderem zu verbringen. Verstehst du, was ich meine?«

Liz lächelte, doch ihre Augen schauten mich fragend an. Sie verstand mich nicht. Wie auch? Sie plante gerade ihre Hochzeit mit einem Mann, mit dem sie sich nie wirklich gestritten hatte. Und an dem sie noch keine Sekunde gezweifelt hatte. Die Selbstsicherheit von Menschen wie Liz ärgerte mich. Leute, die wussten, dass sie ein Leben lang mit einem anderen Menschen zusammenbleiben würden, waren für mich wie Leute, die sich sicher waren, dass sie in den Himmel kommen würden. Das kam mir so dreist vor, so irrational.

Aber Liz war alles andere als ein irrationaler Mensch. Sie war eine sehr angesehene und erfolgreiche Sozialpsychologin. Das ließ darauf schließen, dass das Problem woanders lag: bei mir. Was, wenn ich die Irrationale war, die sich an eine Beziehung ohne Zukunft klammerte? Vielleicht war ich die Einzige, die das nicht sah.

Aber spielte es denn eine Rolle, dass ich nicht an Kevin dachte, wenn ich ein glückliches älteres Ehepaar sah? Spielte es eine Rolle, wie oft wir uns stritten? Solange er jeden Morgen vor der Arbeit ins Schlafzimmer kam, sich auf mich legte, mich in der Decke vergrub, »Aufwachen, mein Frühstücks-Burrito!« rief und meine Stirn mit Küssen bedeckte, wie sollte ich mir da ernsthaft das Leben mit einem anderen Mann vorstellen können? Auch wenn ich uns nicht als Paar in den Achtzigern sah – der Gedanke, morgens früh allein aufzuwachen, war andererseits unerträglich.

Im Sommer zuvor hatten wir Urlaub auf einer kleinen griechischen Insel gemacht. Morgens gingen wir zum Klettern und nachmittags schwammen wir in der Ägäis. »Mann, was tun mir alle anderen leid!«, sagte Kevin eines Abends, während wir den Weg vom Strand zu unserer kleinen Ferienwohnung hinaufgingen. Wir nahmen den Umweg über die mit Oleander gesäumten Serpentinen. Wir waren uns einig, dass wir uns sogar selbst leid taten. Wir dachten an unser hektisches Leben vor unserem Urlaub, und wir verglichen es mit dem Augenblick an diesem langen Juni-Abend, als wir auf die Kalkklippen zeigten und sagten: »Lass uns morgen da hochklettern!«

Die Erinnerungen an diesen Urlaub ließen mir ein Leben ohne ihn unvorstellbar erscheinen. Das schaffte sogar der Geruch von frischem Thymian. Oder die Abendbrise, wenn ich nach Hause radelte. Ich erinnerte mich, wie wir auf unseren Motorroller gestiegen waren und über die Insel zu unserem Lieblingsrestaurant fuhren. Als ich nach unserem Abendessen aus Makrelen und Salat auf dem Roller hinter ihm saß und die Arme um ihn schlang, war das wie eine Essenz des Glücklichseins.

Oft ertappte ich mich dabei, wie ich mich im Internet durch die Hochzeitsalben wildfremder Menschen klickte. Ich suchte etwas Bestimmtes: einen Blick, ein wehrloses und etwas dummes Grinsen, ein vor Freude halb lachendes, halb weinendes Gesicht. Das war dieser Blick, den ich aus dem Kino kannte, so grinst Hugh Grant in der letzten Szene von *Notting Hill*, wenn er Julia Roberts ansieht. Ich wollte herausfinden, ob es das wirklich gibt, dieses über jeden Zweifel erhabene Glück, oder ob das ein Märchen war.

Hier und da entdeckte ich einen Anflug davon, einen Gesichtsausdruck, der sagte: »Das war die beste Entscheidung meines Lebens«, im Flickr-Album eines Unbekannten oder im Hochzeitsalbum der Freundin einer Freundin. Es war ein Ausdruck von tiefster Zufriedenheit, ein Bräutigam, der die Hand der Braut ergreift, eine Braut, die nach den Augen der Mutter sucht. Dieser Blick der absoluten Dankbarkeit angesichts einer lebenslangen Bindung. Wie sicher sich diese Menschen zu sein schienen!

Ich las Blogs von dreißigjährigen Hippsterpärchen, die die Kurve gekriegt zu haben schienen. Die Freundin einer Freundin hatte anlässlich ihres Hochzeitstags eine kurze Notiz gepostet. Sie und ihr Mann, ein Autor und Filmemacher, hatten jung geheiratet und drei selbstverständlich coole Kinder bekommen. Die Anmerkung zu ihrer Hochzeit fand ich sehr aufrichtig: »War das der glücklichste Tag meines Lebens? Vermutlich nicht«, schrieb sie. »War es die beste Entscheidung meines Lebens? Ja.«

Ja, schrieb ich daraufhin in mein Tagebuch. *Dieses »Ja« ist mir unter die Haut gegangen. So will ich mich auch fühlen.*

Vermutlich hatte ich damals keine Vorstellung von dem, was ich suchte. Aber heute weiß ich es. Es hatte etwas damit zu tun, »den Richtigen fürs Leben« zu finden: Gab es das überhaupt oder war das alles nur ein Märchen?

Nach der Scheidung meiner Eltern musste ich einsehen, dass sogar die Ehe von zwei so gut zueinander passenden Menschen in die Brüche gehen konnte. Diese Möglichkeit machte jede Hoffnung zunichte, dass ich jemals den Richtigen finden würde.

In diesem Frühling fielen mir einige Fotos von der Hochzeitsfeier einer Freundin wieder in die Hände. Dort stand ich im Sonnenuntergang mit Kevin im Bug eines Segelboots. Auf einem der Bilder hebt er mich hoch, die Arme fest um mich geschlungen, und meine Haare wehen im Wind. Auf einem anderen werfe ich den Kopf in den Nacken und lache, während er mich mit einem breiten Lächeln anstrahlt. Wir strahlten um die Wette, und im Hintergrund glitzerte das Meer. Hier waren die Beweise – mein fettes Grinsen und die tiefen Lachfalten um seine Augen: Wir waren glücklich gewesen, wir liebten einander. War das der Gesichtsausdruck, den ich gesucht hatte?

Beim Surfen durchs Internet machte ich irgendwann den Fehler, Lori Gottliebs etwas hinterhältigen *Atlantic*-Artikel »Marry Him!« zu lesen.[2] In ihrem Text formulierte Gottlieb zwei widersprüchliche Gedanken. Dem ersten wollte ich zustimmen: *Den* perfekten Partner gibt es nicht. Wenn das richtig war, dann wäre es klug, bei Kevin zu bleiben. Der zweite Gedanke: Wenn eine Frau in meinem Alter (um die dreißig) Kinder bekommen möchte (was ich ja irgendwie wollte), dann sollte sie sich nach einem geeigneten Partner umsehen. Und zwar schnell!

Als der Frühling in den Sommer überging, wurde ich immer unsicherer – besonders hinsichtlich meiner Gefühle. Ja, wir hatten unsere Probleme, doch das war ein Witz gegen die von Jane und Rochester aus *Jane Eyre*. Wenn wir an sommerlichen Samstagen erst Klettern gingen und danach in der Stadt noch ein Eis aßen oder ein Bier tranken, kamen mir meine Zweifel lächerlich vor. Unser Leben war gut! Wir passten zusammen! An anderen Tagen stritten wir uns über das Essen (das Lachsfilet war zu klein, der Reis verkocht, wir hätten Pizza bestellen sollen, das hättest du mir auch eher sagen können) – und ich war entschlossen, die Beziehung zu beenden.

Immer wieder musste ich an meine Eltern denken. »Wir lieben uns nicht mehr«, hatte meine Mutter gesagt. »Nicht so wie früher.« Vielleicht nagt die Zeit ja an jeder Beziehung und vielleicht muss sich jede Liebe setzen, dachte ich. Wenn Romeo und Julia oder Dido und Aeneas lange genug zusammen gewesen wären, dann hätten vielleicht auch sie ihr Abendessen in eisigem Schweigen eingenommen. Wenn ich die Mühe auf mich nahm, Schluss zu machen und weiterzusuchen, würde ich nicht irgendwann wieder an einem Tisch sitzen, gegenüber einem anderen Mann, wir beide auf der Suche nach mehr? Endete die Liebe immer irgendwann in einer Abfolge fader Lachsgerichte?

Als ich schließlich meinem Vater von meinen Zweifeln über Kevin erzählte, sagte dieser auf seine typisch väterliche Art: »Ich bin mir sicher, dass du die richtige Entscheidung treffen wirst.« Darauf ich genervt: »Aber was ist die richtige Entscheidung?« Ich reagierte allergisch auf diese Art, über die Liebe zu sprechen, aber ich ertappte mich ja selbst dabei: Die richtige Entscheidung, der richtige Mann, die richtige Art zu lieben. War hier die moralische Richtigkeit gemeint, oder eine Art erzählerische Folgerichtigkeit? Ging es also um einen guten Partner oder um eine gute Geschichte? So wie ich die Dinge sah, konnte man immer erst im Nachhinein sagen, was richtig und was falsch war. Beziehungen sind keine Prüfungen, die man besteht oder nicht, aber trotzdem reden wir so darüber.

In Sachen Liebe schien es ja ganz einfach zu sein: Entscheide dich für den guten Mr. Darcy und gegen den bösen Mr. Wickham. Aber über die Männer, die mich interessierten, hatte Jane Austen nichts zu sagen – intelligente, humorvolle und kreative Männer, die nichts auf Autoritäten gaben, aber sich für den Umweltschutz einsetzten. Was einen guten Menschen wirklich ausmacht, war mir nie klar. Und noch dazu schien es auch keine Garantie zu geben, dass ein guter Mensch auch ein guter Partner war.

Im Sinne einer guten Erzählung ist die richtige Entscheidung diejenige, welche die Hauptfigur dem Happy End näher bringt, also der Hochzeit mit dem oder der Richtigen. Ich dachte an die *1000 Gefahren*-Bücher, die ich als Kind so gemocht hatte. »Du und nur du entscheidest darüber, was in dieser Geschichte passiert«, hieß es zu Beginn. Aber das stimmt nicht ganz. Ich konnte zwar Entscheidungen treffen, aber es gab immer nur zwei Möglichkeiten: *Wenn du einen Mann suchen willst, der eine Familie gründen möchte, dann springe auf Seite 21. Wenn du zufrieden bist mit einer wilden Ehe und einem süßen Hundchen, dann lies weiter auf Seite 18.* Welches Ende war wohl das glücklichere?

Die Idee, dass es einen Seelenverwandten gibt, ist in sich widersprüchlich. Suchen wir nach diesem Menschen, dann akzeptieren wir, dass das Schicksal eine reale und aktive Rolle in unserem Leben spielt. Aber gleichzeitig impliziert sie die Existenz von falschen Partnern – und falschen Entscheidungen! Wenn wir also an den richtigen Partner *und* an unsere Entscheidungsfreiheit glauben wollen, dann müssen wir gleichzeitig an das Schicksal *und* an den freien Willen glauben.

In einem Brief an seine Brüder schrieb der Dichter (und notorische Romantiker) John Keats, die größten Künstler seien in der Lage, solche Widersprüche auszuhalten. Das bezeichnete er als »negative Fähigkeit« und definierte diesen Begriff als »die Kunst, Ungewissheit, Geheimnis und

Zweifel zu ertragen, ohne ärgerlich nach Fakt und Vernunft zu greifen«. Während meines Studiums gefiel mir dieser Gedanke. Auch meine Studenten mögen ihn. Aber vielleicht ist diese zentrale Forderung der Romantik – dass die Schönheit vor der Logik kommt und eine aufregende Geschichte voller Widersprüche einer langweiligen, im wirklichen Leben verorteten Geschichte vorzuziehen ist – einfach nur ein Ausdruck dessen, wie man die Welt im Alter von zweiundzwanzig Jahren sieht, in dem Keats seinen Brief schrieb. Mit neunundzwanzig hatte ich jedenfalls Zweifel an der Romantik.

Das Gerede von »dem Richtigen« schien mir hauptsächlich dazu zu dienen, von den komplexeren Fragen abzulenken. Also beispielsweise statt »Gibt es irgendjemanden, der besser für mich wäre?« zu fragen: »Warum ist es so schwer, gut zu dem Menschen zu sein, den ich liebe?« Offenbar wollen wir uns nicht eingestehen, dass wir immer wieder schlechte Entscheidungen treffen, dass das Leben ein gerüttelt Maß Enttäuschungen bereithält, und dass wir bei all unseren Bemühungen nur sehr wenig Einfluss auf den Lauf der Dinge nehmen können.

Die Anthropologin und Hirnforscherin Helen Fisher konnte mit Hilfe von fMRT-Scans aufzeigen, wie unser Gehirn mit Dopamin überflutet wird, wenn wir das Foto eines geliebten Menschen ansehen. Das Dopamin selbst ist nicht Liebe, es macht uns nicht glücklich. Aber weil das Dopamin in bestimmten Hirnregionen andockt, die mit Belohnung und Motivation in Zusammenhang stehen – der *Area tegmentalis ventralis* und dem *Nucleus caudatus* –, schließt Fisher, dass die Liebe ein angeborener menschlicher Trieb sein muss. Das beruhigte mich: Wenn das Bedürfnis nach Liebe fest in unserer Biologie verankert ist, dann musste ich vielleicht das Gefühl haben, dass die Liebe mich beherrschte.

Sexuelles Verlangen oder Durst sind grundlegende Triebe, die uns zum Handeln motivieren. Oder um es biologisch auszudrücken: Es handelt sich dabei um Systeme unseres Gehirns »zur Planung und Verfolgung spezifischer Bedürfnisse«.[3] Fishers Forschungen lassen vermuten, dass sich die Geheimnisse des Herzens tatsächlich im Gehirn verbergen, und dass sich die romantische Liebe entwickelt hat, um die Fortpflanzung zu gewährleisten – und zwar nicht nur beim Menschen, sondern bei allen Säugetieren. Fisher ist auch der Ansicht, dass der Liebestrieb unabhängig vom Paarungstrieb existiert, auch wenn die beiden sich oft ergänzen: Das sexuelle Verlangen treibt uns an, »verschiedene Partner zur Paarung zu suchen«, und die Liebe »motiviert uns, unsere Werbungsenergie auf ganz spezifische Personen zu richten« – womit uns die Evolution Zeit und Energie sparen hilft.[4]

Immer wieder hatte ich darüber gegrübelt, ob Kevin bereits meine einzige große Liebe war. Ich hatte Angst davor, Schluss zu machen und jemand anderen zu finden – mit dem sich die Liebe dann aber irgendwie verwässert anfühlen würde. Als ich mich nun mit den biologischen Mechanismen der Liebe beschäftigte, fand ich das entlastend: Die unromantische Sachlichkeit von Ausdrücken wie »Werbungsenergie« oder »Partnerwahl unter Säugetieren« ließ die Liebe berechenbarer erscheinen. Wenn die Liebe doch von dieser Welt war, dann konnte ich ihr vielleicht etwas von ihrer Macht nehmen, dachte ich.

Als Kevin und ich nach Vancouver zogen, wo viele Paare ohne Trauschein in festen Beziehungen zusammenleben, hörten wir auf, uns als »Freund« und »Freundin« zu bezeichnen. Stattdessen stellte ich ihn nun als »meinen Partner Kevin« vor. Die Einwanderungsbehörde hatte uns zu Ehegatten gemacht. Ein Gatte war für mich immer jemand gewesen, der einen Kombi fährt. Jemand mit Ehering, Zusatzrente – und Handytäschchen am Gürtel. Diese Art von Ehegatte war Kevin definitiv nicht, und so wollte er auch nicht sein. Das hatte mir gefallen, als ich zwanzig war, aber inzwischen fragte ich mich ernsthaft, was eigentlich so schlimm an einem Kombi wäre.

Aber ich wusste auch nicht, ob dieser Wunsch nach einem Ehegatten wirklich mein eigener war, oder ob ich glaubte, dass es in meinem Alter mein Wunsch sein sollte. Was war echt, und was war nur ein Drehbuch?

Mein Gatte und ich verbrachten unsere Abende im Wohnzimmer, er scannte Fotos ein, ich korrigierte Aufsätze oder surfte ziellos durchs Internet. Kevins Maus klickte und sein Scanner surrte. Er hatte vor Kurzem mit Analogfotografie begonnen und brachte Stunden damit zu, seine neuesten Bilder einzuscannen, digital Fussel zu entfernen und Farben und Kontraste nachzubearbeiten. Wenn wir uns gerade gut verstanden, witzelte ich manchmal, dass der Scanner der Soundtrack meines Lebens geworden war. »Stell dir mal vor, wie viel Freizeit du hättest, wenn du die Bilder im Labor einscannen lassen würdest«, sagte ich. Aber ich vermutete, dass es ihm genau darauf ankam: alles unter Kontrolle zu haben.

Genau das gefiel mir an ihm: dass er noch analog fotografierte, während alle anderen auf Digitalkameras umstiegen, und dass er die Fussel auf seinen Bildern ernst nahm, auch wenn ich mir wünschte, dass er die Krümel auf dem Küchentisch weniger ernst nehmen würde. Aber ist das nicht das Problem mit der Liebe? Man findet niemanden, der sich auf sympathische Weise über Staubkörner auf seinen Negativen aufregt, und sich nicht gleichzeitig auf unsympathische Weise über die Krümel auf dem Küchentisch echauffiert.

Das alles betrachtete ich von meiner Ecke auf dem Futon aus. Es war das erste Möbelstück, das wir gemeinsam gekauft hatten – gebraucht, für 80 Dollar. Der Bezug war ausgebleicht und, wie so vieles in unserer Wohnung, von Hundehaaren bedeckt. Ich fand die schwarzen Haare in dem Brot, das ich backte, in der Wattierung meines BHs, und unter der Leertaste meines Computers. So war das Leben in unserem Häuschen an der Ash Street. Es war ein gutes Leben, selbst an einem etwas langweiligen Freitagabend im Juni, denn wenigsten schienen einige Dinge sicher zu sein, zum Beispiel Hundehaare. Und andere Dinge waren vertraut, zum Beispiel der Futon. Wenn ich es wagte, mir ein Leben ohne diese Dinge vorzustellen und ohne das Summen des Scanners und ohne Kevin, der gelegentlich den Bildschirm zu mir drehte und fragte »Was hältst du von dem hier?«, dann spürte ich eine leise Panik aufsteigen.

Im Juni kam ein offizieller Brief, in dem man uns mitteilte, dass wir nun dauerhaft in Kanada leben durften. Seit Monaten hatte ich mir gesagt, dass ich jede Entscheidung über unsere Beziehung aufschieben würde, bis diese Aufenthaltserlaubnis da war. Die Abendsonne schien auf unseren Tisch, als wir mit Pizza und Bier feierten. Ich war voller Zuversicht.

Einige Tage später wachte ich morgens auf, weil Kevin aus der Küche rief: »Haben wir kein Müsli mehr?«

Das kann er doch selbst herausfinden, dachte ich, er kann doch einfach in den Küchenschrank schauen.

Im Sommer stand Kevin immer als erster auf, fütterte den Hund und machte Kaffee. Ich blieb dösend im Bett liegen, bis er hereinkam, seine Tasse aufs Fensterbrett stellte und mir einen Kuss gab.

»Tut mir leid«, murmelte ich und zwang mich an die Tagesoberfläche. »Ich hab vergessen, welches zu kaufen.«

Ich überlegte kurz, ob ich schnell in mein zerknittertes Kleid schlüpfen und zum Laden laufen sollte. Aber irgendetwas in mir wehrte sich dagegen, ihm diesen Gefallen zu tun. Stattdessen verkroch ich mich wieder unter der Decke. Ich schloss die Augen und stellte mir ein Leben vor, in dem es egal war, wenn ich beim Einkauf etwas vergessen hatte. Wenn ich allein lebte und das Müsli vergaß, dann könnte ich mir einfach ein paar Rühreier machen. Oder Haferflocken. Oder Toast mit Marmelade essen oder mir auf dem Weg in einem Café einen Muffin holen. Oder ich könnte ganz auf Müsli verzichten und auf Bagels mit Erdnussbutter und Honig umstellen. Wenn ich es wollte, könnte ich sogar jeden Morgen früh aufstehen und mir Pfannkuchen machen.

Ich recherchierte weiter zum Thema »Liebe« – und durchforstete von der Evolutionspsychologie bis zur Metapherntheorie alles. Dann wendete ich meine Erkenntnisse umgehend auf meine eigene Beziehung an. Das bescherte mir so manches Aha-Erlebnis, aber oft verwirrte es mich nur noch mehr.

So las ich, dass die erste Phase der Liebe – die pulsbeschleunigende, prickelnde und alles verzehrende Verliebtheit – meist nicht allzu lange anhält. Jeder Artikel führte eigene Details an, doch jeder lieferte klare Belege dafür, dass diese Art der Liebe zwischen sechs Monaten und vier Jahren dauert. Helen Fisher nennt es das »Vier-Jahres-Kribbeln«. Sie stellt die These auf, dass die Liebe eine evolutionäre Anpassung ist, die es uns ermöglicht, so lange bei einem Menschen zu bleiben, bis die Kinder aus dem Gröbsten heraus sind. Verliebte Eltern sind eher zur Zusammenarbeit bereit, so die Theorie, und das erhöht die Überlebenschancen des Nachwuchses in den besonders kritischen ersten Lebensjahren.

Mir gefiel der Gedanke, dass die Heftigkeit der Liebe ein vorhersehbares Verfallsdatum hatte. Paare, die über die ersten vier Jahre hinaus zusammenblieben, konnten sich zwar auch noch innig verbunden fühlen, doch die Beziehung ging dann in eine angenehm häusliche Phase der kameradschaftlichen Liebe über. Das schien mir logisch: Wenn wir alle immer dauerhaft leidenschaftlich verliebt wären, gäbe es in unserer Welt zwar eine Menge schmalziger Liebeslieder, aber keine funktionierenden Brücken. Kameradschaftliche Liebe zeichnet sich dagegen durch Stetigkeit und Kooperation aus. Kameradschaftliche Liebe klang gut.

Leider deckte sich diese Theorie nicht mit meiner Erfahrung. Meine ersten Jahre mit Kevin, die strahlend und berauschend hätten sein sollen, wurden von langen Phasen geprägt, in denen wir auf unterschiedlichen Kontinenten lebten. Manchmal, wenn ich jetzt abends von der Uni nach Hause kam, war ich deshalb noch immer erfreut, wenn ich ihn an seinem Schreibtisch sitzen sah, und küsste ihn auf seine Schläfen, sein Gesicht und die weiche Stelle hinter seinem Ohrläppchen. Ich wollte seine Wangenknochen mit meinen Lippen spüren, genauso wie ich den Kuchenteig vom Mixer ablecken wollte, um das Knirschen des Zuckers zwischen den Zähnen zu spüren. Es war körperlich und emotional – nicht erotisch, aber auch nicht häuslich. Waren wir wie eine Schallplatte, bei der die Nadel in einer Rille zwischen dem ersten und dem zweiten Satz der Liebe hängengeblieben war?

Manchmal, wenn wir uns stritten und ich damit drohte, Schluss zu machen – womit ich ihn vermutlich zwingen wollte, sich zu unserer Beziehung zu bekennen oder sie zu beenden –, fragte ich Kevin: Würde er nicht lieber von vorn beginnen wollen, mit einer Frau, die keine Schüsseln in der Spüle stehen ließ? Die dafür sorgte, dass immer Joghurt und Müsli im Haus waren? Aber im Gegensatz zu mir weigerte er sich, über eine bessere Version der Liebe nachzudenken.

»Genau das ist dein Problem«, sagte er. »Solange du nicht weißt, ob du wirklich in dieser Beziehung sein willst, wird es nie funktionieren.«

»Aber ich will nicht einfach nur mit dir zusammenbleiben, weil es mir zu anstrengend ist, jemand anderes zu finden«, gab ich zurück.

Wir diskutierten über den Sunk-Cost-Effekt. Diese Theorie aus der Wirtschaftspsychologie besagt, dass ein Projekt umso schwerer aufzugeben ist, je mehr man vorher bereits investiert hat. Was sich auch auf Beziehungen übertragen lässt. Wir waren uns einig, dass es keine gute Idee war, nur deshalb zusammenzubleiben, weil wir schon so lange zusammen waren.

In der Praxis war das allerdings nicht ganz so einfach. Obwohl wir uns immer wieder in die Haare gerieten, und obwohl wir immer wieder unser Versprechen vergaßen, liebevoll und geduldig zu sein – es fühlte sich einfach gut an, einen anderen Menschen so in- und auswendig zu kennen. Die Aussicht, einen neuen Menschen kennenzulernen –

oder auch nur jemanden zu suchen, der das Kennenlernen wert war – schreckte mich ab. Und die Vorstellung, meinerseits die Unbekannte zu sein, lähmte mich.

Inzwischen war ich fast dreißig, und ich hatte keinerlei Erfahrung mit der Partnersuche. Kevin und ich waren gemeinsam erwachsen geworden. Wer war ich ohne das Gravitationszentrum seiner Gewohnheiten und Vorlieben? Doch ganz allmählich reifte eine Überzeugung in mir heran: In den Augen der kanadischen Behörden waren wir zwar verheiratet, doch im September würde ich keinen neuen Mietvertrag mit Kevin unterschreiben. Auch wenn mir der Gedanke daran Angst machte. Ich hatte keine Ahnung, wo ich wohnen würde, aber ich wusste auch, dass ich keinen weiteren Winter durchstand, in dem Kevin jedes Wochenende ohne mich zum Skifahren ging. Lieber würde ich in eine eigene Wohnung ziehen.

Im wirklichen Leben sind Trennungsgründe selten so klar und eindeutig wie in unseren Geschichten darüber. Es gab keine Liebhaber, keinen Betrug. Ich spürte nur den vagen, aber hartnäckigen Wunsch nach Veränderung. Unsere Streitigkeiten waren keine richtigen Streitigkeiten, sondern eher Meinungsverschiedenheiten über die Wochenendgestaltung. Doch im Laufe eines dieser Gespräche, das sich nicht von Hunderten anderen Gesprächen unterschied, kam ich zu dem Schluss, dass das Getrenntleben ein klein wenig einfacher sein würde als das Zusammenleben.

Das sagte ich Kevin auch so. Und zur Abwechslung stimmte er mir zu.

Es war Anfang Juli, was bedeutete, dass wir noch zwei Monate lang zusammen in unserem Häuschen an der Ash Street leben würden. Keiner von uns beiden konnte es sich leisten, vorher auszuziehen. Da ich noch nie eine Beziehung beendet hatte, staunte ich, wie wenig sich dies auf unsere alltäglichen Routinen auswirkte. Es schien, als hätten die über Jahre hinweg angehäuften Erwartungen die wahre Zärtlichkeit verschüttet, die wir füreinander empfanden. Es fühlte sich an, als hätten wir gemeinsam ein neues Projekt begonnen und als wären wir zum ersten Mal seit Monaten wieder ein Team. Und vielleicht waren es auch diese beiden Monate – die Zeit zwischen der Entscheidung, uns zu trennen, und der tatsächlichen Trennung –, die diese Entscheidung überhaupt erst möglich machten. Es gab ein Zeitfenster, in dem sich noch alles rückgängig machen ließ. Wir hatten einander noch immer. Und wir hatten noch keine Ahnung davon, wie einsam wir sein würden.

In Nick Hornbys Roman *High Fidelity* wird Rob (der im Film von John Cusack gespielt wird) von Laura verlassen. Untröstlich und ratlos besucht er seine fünf Exfreundinnen, um herauszufinden, warum er es nicht schafft, eine dauerhafte Beziehung zu führen. Endlich, wie in zahllosen anderen Romanen und Filmen, kapiert es dann auch der unglückliche Protagonist: Er hat die geliebte Frau nicht zu schätzen gewusst. Und dank dieser schmerzlich gewonnenen Erkenntnis weiß er nun, wie er ein besserer Partner werden kann.

In Liebesgeschichten kommen Menschen zu solchen grundlegenden Einsichten. Sie erkennen erst dann, was sie hatten, wenn sie es nicht mehr haben, oder wenn es zumindest in Gefahr ist. Dann fällt es ihnen plötzlich wie Schuppen von den Augen. Und sie ändern sich. Sie werden selbstlos und liebevoll. Als Dozentin für Literatur kenne ich dieses Handlungsmuster sehr gut. Den Unterschied zu meinen eigenen Erfahrungen zu erkennen, fiel mir da schon deutlich schwerer.

Nachdem wir unsere Beziehung offiziell beendet hatten, ertappte ich mich dabei, wie ich auf Kevins Erleuchtung wartete: Er würde erkennen, wie viel er zu verlieren hatte. Wie sehr er mich liebte. Und er würde der perfekte Partner werden: ein Über-Kevin, Kevin 2.0.

Als er einige Wochen später mit seinen Eltern zu einem Trip in die Wüste von Arizona aufbrach, rief er mich jeden Abend an. Ich wäre bei dem Urlaub gerne dabei gewesen – bei den Schwiegereltern, die mich vom ersten Tag an so herzlich aufgenommen hatten, und bei Kevin, um auf dem Hotelparkplatz neben ihm im Mietauto zu sitzen und gemeinsam ein Bier zu trinken.

»Ich vermisse dich«, sagte er bei jedem Anruf zum Abschied. Vor meinem geistigen Auge sah ich die staubigen Landstraßen und den dramatischen Horizont von Nordarizona. Sah es für ihn noch genauso aus wie vor vier Jahren, als wir von dort aus gemeinsam nach Vancouver aufgebrochen waren?

Wenn ich ehrlich bin, fühlt es sich gut an zu wissen, dass er mich vermisst, schrieb ich in mein Tagebuch. *Ein Teil von mir wünscht sich, dass dies eine dieser Erfahrungen ist, die uns verwandeln und zeigen, wie wir gut zu einander sein können. Liebevoll und großzügig.*

Ich zweifelte daran, dass die Liebe wirklich so funktionierte, aber das hielt mich nicht davon ab, es mir zu wünschen. Während er in der Wüste war und ich in Vancouver, fiel es uns leicht, nicht mehr so unfreundlich und egoistisch zu sein. Im wirklichen Leben war das wieder schwieriger: Wenige Stunden nach seiner Rückkehr stritten wir uns darüber, wer mit dem Klopapierkauf an der Reihe war.

Dass wir einander vermisst hatten, trug nicht dazu bei, dass wir besser miteinander auskamen. Einsicht ist nicht gleich Umkehr.

Vielleicht gibt es deshalb so wenige Geschichten über ambivalente Trennungen – weil sie unserem Traum von der Macht der Liebe widersprechen. Stattdessen machen sie aus der Liebe eine gewöhnliche Erfahrung. Ich habe den Verdacht, dass die Kraft, die wir der Liebe zuschreiben, auch ein Grund dafür war, warum Wissenschaftler so lange einen Bogen um das Thema gemacht haben. Psychologen beschäftigten sich erst seit den Siebzigern und Achtzigern mit dem Thema, und die Biologen stießen gar erst in den Neunzigern dazu. Viele Menschen wollen daran glauben, dass man die Liebe nicht verstehen kann und dass die Geheimnisse des Herzens Geheimnisse bleiben müssen.

Damals wusste ich nicht, wie viele Jahre es mich noch kosten würde, bis all diese Gedanken und Überlegungen zur Liebe und die Geschichten darüber einen tieferen Sinn ergeben würden – und ich tatsächlich in der Lage sein würde, bessere Entscheidungen in Sachen Partnerschaft zu treffen. Kurz bevor ich auszog, saß ich im Wohnzimmer und schrieb: *Ich wünschte, ich könnte zu dem Moment vorspulen, an dem das hier vorbei ist, an dem ich weiß, dass es mir gut gehen wird, obwohl ich nicht mehr auf diesem Sofa sitze und nicht mehr in der Ash Street wohne.* Ich stellte es mir vor wie in einer Filmszene, in der ich nach einem Schnitt wehmütig zurückblickte – froh, dass dieser Lebensabschnitt vorüber ist, aber voller schöner Erinnerungen daran.

Heute, da ich in diesem Moment angelangt bin, weiß ich, dass es richtig war – und »richtig« ist das passende Wort. Es geht mir nicht nur gut, sondern ich bin glücklicher. Es gab tatsächlich eine bessere Version der Liebe. Aber als ich auszog, war ich mir noch nicht sicher. Irgendwann erkannte ich, dass ich moralische Richtigkeit in der Liebe falsch verstanden hatte. Es ging nicht darum, mich für einen guten Menschen zu entscheiden, den ich lieben konnte, sondern darum, gut zu dem Menschen zu sein, für den ich mich entschieden hatte. Eine große Liebe definiert sich nicht durch die Heftigkeit, mit der man einen Menschen will, sondern durch Großzügigkeit und Güte und eine tiefe freundschaftliche Verbundenheit. Man muss den anderen lieben und mögen.

Kurz nachdem wir beschlossen hatten, uns zu trennen, schlich ich den ganzen Tag lang deprimiert durchs Haus, bis Kevin mich fragte, was los war. »Ich bin traurig«, antwortete ich. Er sagte, ich solle die Sache nicht so ernst nehmen und schlug vor, Tennisspielen zu gehen. Nachdem wir eine gute Stunde lang gespielt hatten, saßen wir auf der Bank, tranken etwas und wischten uns den Schweiß von der Stirn. »Ich möchte nur, dass wir glücklich sind«, sagte er sanft. Unser Leben würde sich doch kaum ändern. Wir hätten ja immer noch dieselben Freunde.

Es war mir nicht in den Sinn gekommen, dass einer von uns beiden seinen Freundeskreis verlieren würde. In diesem Moment wurde mir klar, wie viel ich nicht in die Rechnung einbezogen hatte: den Rahmkuchen seiner Mutter, die kratzigen Küsse, die mir sein Vater auf die Wange drückte, Pizza-Abende und Fahrrad reparieren und Plätzchenteig und Klettertouren und eben die gemeinsamen Freunde.

Ich brach in lautes Schluchzen aus, meine Brust hob und senkte sich mit einer Gewalt, die uns kritische Blicke des farblich perfekt abgestimmten Pärchen-Doppels auf dem

Nachbarcourt einbrachte. Kevin schien zu verstehen, während wir unter den Augen der schwitzenden Kanadier nebeneinander auf der Bank saßen, und wartete, bis mein Weinkrampf abebbte.

Wir gingen nach Hause und setzten uns mit einer Dose Bier nebeneinander in die Hängematte auf der hinteren Veranda. Mir wurde klar, dass die Entscheidung sich zu trennen ungefähr so ist, als würde man erfahren, dass ein Stern in einer fernen Galaxie erloschen ist, obwohl man ihn noch am Nachthimmel sehen kann. Man weiß, dass irgendetwas unwiederbringlich verschwunden ist, doch die Sinne sagen einem etwas anderes. Alles sieht noch normal aus. Und an einem Sommernachmittag in einer Hängematte vielleicht sogar besser als normal.

Ich würde mich in einen blassen Dichter verlieben, meinte er. Oder in einen einsilbigen Holzfäller namens Chuck oder Bud. Wir lachten, ein wenig berauscht angesichts unserer ungewissen Zukunft. So sehr ich es auch versuchte, ich konnte mir seine nächste Freundin nicht vorstellen. Sie war hübscher als ich, dessen war ich mir sicher, aber nicht schlauer. Das konnte ich ihm nicht zugestehen.

Dann schwiegen wir und sahen unserem Hund zu, der unter der Veranda herumschnüffelte und auf Kirschkernen herumkaute. Kevin rief ihn zu uns und wühlte in seinem schwarzen, glänzenden Fell, während sich Roscoe an ihn schmiegte. »Ich habe das Gefühl, dass ich viel verliere«, sagte Kevin leise. Ich legte den Kopf in den Nacken und blickte in den dunkler werdenden Himmel.

Zur Abwechslung dachte ich einmal nicht darüber nach, ob wir das Richtige taten. Ich dachte nicht daran, wie schwierig es werden würde. Oder wie traurig ich sein würde. Ich fragte mich nicht mehr, ob »das Richtige« etwas war, das zwei Menschen schon von Beginn an hatten, oder ob es etwas war, das sie im Laufe der Zeit gemeinsam schufen. Wir hatten einen Weg in die Zukunft gefunden und eine Möglichkeit, gut zueinander zu sein. Und ob das richtig war oder falsch, wusste ich nicht, aber es nahm mir eine Last von den Schultern.

Wir standen auf, saugten sein Auto aus und fuhren in ein mexikanisches Restaurant am Commercial Drive. Während wir Sangritas schlürften, musste ich daran denken, dass wir in den Augen der anderen Gäste aussahen wie ein ganz normales Pärchen, das ein ganz normales Abendessen einnimmt: der erloschene Stern, Lichtjahre entfernt, der noch immer leuchtet.

Der Football-Trainer und
die Cheerleaderin

Was ist eine gute Liebesgeschichte?

≈

September 1975.

Er ist groß gewachsen, sein blondes, welliges Haar ragt unter seiner Schildkappe hervor. Obwohl er ein bisschen stämmiger um die Hüften und ein bisschen schmaler um die Schultern ist, könnte man ihn als schlank bezeichnen. Gesicht, Hals und Arme sind braungebrannt von den langen Nachmittagen auf dem Sportplatz. Er trägt dieselben kurzen Shorts wie alle Trainer – enge, graue Polyesterhosen mit zwei Druckknöpfen am hohen Bund. Seine T-Shirts stammen von Ringerwettkämpfen, an denen er an der Uni als Ringrichter teilgenommen hat. Außerdem kaut er Tabak und spuckt in eine leere Colaflasche.

Sie hat ihn schon öfter gesehen. Er ist zielstrebig unterwegs, aber er scheint nie in Eile zu sein. Mit großen Schritten marschiert er durch die Flure ihrer High School, so wie er Freitagabends mit dem Klemmbrett in der Hand am Spielfeldrand auf und ab geht. Doch im Gebäude ist er langsamer, sucht die Blicke der Menschen, denen er begegnet, lächelt sie an, ist freundlich zum Hausmeister und spricht die Bediensteten in der Schulkantine mit Namen an. Obwohl er nicht aus der Stadt kommt, kennt er nach wenigen Wochen schon mehr Leute als sie, die dort aufgewachsen ist.

Sie begreift sofort, warum ihn alle mögen – die Spieler, die Trainerkollegen und die Schüler im Sportunterricht. Er ist locker. Das ist es, denkt sie. Während sie sich in einem leeren Klassenzimmer gegenübersitzen, scheint jede Frage, die sie ihm stellt, ganz natürlich, so als wäre es kein Interview, sondern ein Plausch zwischen zwei alten Freunden, die sich unerwartet über den Weg gelaufen sind, nachdem sie sich ein paar Jahre lang nicht gesehen haben. Er flirtet gern und hat etwas an sich, das ihr und allen, mit denen er spricht, das Gefühl gibt, sie hätten etwas Wichtiges gemeinsam, zum Beispiel eine Schwäche für sonnige Nachmittage oder Blaubeermilchshakes. Wenn sie spricht, blickt er ihr direkt in die Augen. Seine Unbefangenheit wirkt ansteckend. Sie hat das Gefühl, plötzlich charmanter zu sein, und flirtet sogar ein wenig, was sonst gar nicht ihre Art ist. Sie lächelt oft und so breit, dass man die kleinen Lücken zwischen ihren Zähnen sieht. Das Taylor-Lachen, wie es ein Bekannter mal genannt hat und das sie mit ihren fünf Schwestern gemeinsam hat.

Die Nachmittagssonne erwärmt die Jalousien und bringt die Tafel und die Schulbänke ein bisschen zum Leuchten. Es ist ein schwül-heißer Septembertag in den Appalachen von Virginia. Wo er denn herkomme, will sie wissen (sie weiß es schon: aus Wythe County, er ist ein Bauernjunge), warum er hierher gezogen ist, nach Lee County, und was ihm an seiner Arbeit als Trainer am meisten gefällt. Seine Antworten sind direkt – nicht tiefschürfend, dafür druckreif. Das gefällt ihr und erleichtert ihr die Arbeit. Er sagt, die Leute hier seien unglaublich nett, von der Tür seines Häuschens aus habe er einen fantastischen Blick auf die

Berge, die Brötchen in der Kantine schmeckten wie die seiner Mutter.

»Sie müssen dich nicht mögen, es reicht, wenn sie dich respektieren«, sagt er über seine Spieler und blickt dabei nicht streng, aber ernst – und für einen Moment legt er seinen jungenhaften Charme ab. Aufmerksam hört sie zu und streicht dabei unbewusst ihr glattes blondes Haar zurück, das in sie in der Mitte gescheitelt trägt und das ihr bis zur Hüfte reicht. Schließlich legt sie ihr Notizbuch mit den Fragen beiseite und die beiden unterhalten sich einfach. Sie kaut nicht auf ihrem Bleistift herum und starrt nicht auf ihre Fingernägel. Anders als in anderen Interviews muss sie nicht erst lange überlegen, was sie fragen soll. Das Gespräch entwickelt sich zwanglos und so entspannt, wie die Zeiger um die Uhr laufen. Hin und wieder erinnert sie sich daran, dass sie ja ein Profil für die Schülerzeitung schreiben soll, und macht sich ein paar Notizen. Manchmal denkt sie an Connie, ihre beste Freundin und Mitarbeiterin bei der Schülerzeitung, die ihr das Interview überlassen hat: »Ich habe gehört, dass er ein echtes Arschloch ist«, hatte sie dazu bemerkt. Hatte sie wirklich diesen Mann gemeint?

»Oh je!«, ruft er plötzlich aus: »Ich habe einen Termin auf dem Sportplatz!« Er schaut auf die Uhr an der Wand und bedankt sich bei ihr, so als habe sie ihm einen Gefallen getan. »Keine Ursache«, erwidert sie, ehe ihr klar wird, dass eigentlich sie ihm zu danken hat. Er steht auf, richtet sich jedoch noch nicht ganz auf, die linke Hand auf die Schulbank gestützt, und streckt ihr seine Rechte entgegen. Sie ist es nicht gewöhnt, Lehrern oder Freunden die Hand zu geben, aber eigentlich ist er ja weder das eine noch das andere. Seine Hand ist groß, sein Griff fest, fast förmlich. Er nickt, lächelt und schüttelt in einer einzigen fließenden

Bewegung, wie der Pastor nach dem Sonntagsgottesdienst. Als er grinst, schieben sich seine Wangen nach oben und seine hellblauen Augen verengen sich zu Schlitzen.

Der Artikel über den neuen Trainer ist schnell geschrieben. Am Abend braucht sie dazu nur zwei Stunden. Über die Adjektive, mit denen sie ihn beschreiben will, muss sie allerdings etwas länger nachdenken: Ist er nett? Freundlich? Schalkhaft? Ja, ja, das alles, aber trotzdem lässt es sich nicht in einen einzigen Satz packen. Irgendwie scheint er dem Erwachsensein ausweichen zu wollen, es nicht an sich heranlassen zu wollen, denkt sie. Seine Selbstsicherheit, auf der er zu schweben scheint, und seine Art, durch die Stadt zu laufen, als sei er hier aufgewachsen. Sein Vertrauen in die Spielregeln. Aber mehr als seine Lockerheit bewundert sie etwas anderes an ihm: dass seine Welt so geordnet ist. *Trainer Catron liebt Football genauso wie den Sonntagsbraten seiner Mutter,* schreibt sie. *Er ist einer dieser seltenen Menschen, die mit 22 genau das tun, wozu sie geboren wurden. Das fällt schon bei der ersten Begegnung auf.*

Nach allen Regeln der Physik und Biologie ist es natürlich unmöglich, dass ich mich an den Tag erinnere, an dem sich meine Eltern kennenlernten. Trotzdem sehe ich alles vor mir, als wäre ich dabei gewesen. Ich sehe, wie er grinst, als sie sich vorstellt, so als wüsste er schon, dass sie Freunde werden würden. Und wie sie fast sein Lächeln erwidert. Ich sehe die Nachmittagssonne im Klassenzimmer, obwohl ich gar nicht weiß, wo genau das Interview stattgefunden hat. Trotzdem ist es für mich genauso real wie jede andere meiner Erinnerungen.

Ich habe Geschichten immer als Archive verstanden und als eine Möglichkeit, uns an unser Leben zu erinnern. Ich hatte das Gefühl, dass es unsere Pflicht ist, sie zu erzählen, um die Vergangenheit in der Gegenwart lebendig zu machen und uns selbst am Leben zu erhalten. Ich erzähle, also bin ich.

»Meine Mama ist neunundzwanzig«, sagte ich stolz zu meinen Mitschülerinnen in der zweiten Klasse, als wir uns beim Mittagessen in der Schulkantine über unsere Mütter unterhielten. Sie war die jüngste Mutter (wenn auch nicht viel jünger als die anderen), und darauf bildete ich mir etwas ein. »Meine Mama hat meinen Papa kennengelernt, als sie Cheerleaderin war, und er war der neue Football-Trainer an ihrer Schule. Sie kann immer noch ein Rad schlagen!«

Mit sieben war das ja normal, dass ich diese Liebesgeschichte, aus der ich hervorgegangen war, immer wieder allen erzählte. Doch leider bin ich später nicht aus dieser Geschichte herausgewachsen oder ihrer überdrüssig geworden. Und ich brachte noch Jahrzehnte damit zu, sie allen zu erzählen, die sie hören wollten.

Während meiner ersten achtzehn Lebensjahre war ich jeden Freitagnachmittag im Herbst am Spielfeldrand. Als ich neulich Abends von der Arbeit nach Hause ging, war die Erinnerung plötzlich wieder voll da: der Duft des feuchten Herbstlaubs vermischt mit Zigarettenrauch – und ich sah das niedrige Gebäude mit den Umkleidekabinen neben dem Sportplatz in Virginia wieder vor mir. Ich sah die grünlichen Wände, die defekten Handtrockner und die braunen Papierhandtücher auf dem Betonfußboden. In den Pausen standen wir Mädels von der Highschool und die Omas vor den Umkleiden, rauchten zusammen Camel Lights und quatschten miteinander.

Ich erinnere mich daran, wie ich hinter der Tribüne herumlief, in der Hand ein paar feuchte Dollarscheine, um mir einen Teller Nachos mit flüssigem gelbem Käse zu kaufen. Manchmal spendierten die Damen am Essensstand den Trainertöchtern einen Becher Kakao. Manchmal kauften wir Kaubonbons oder süßsaure Lollis, die dir auf der Zunge brannten, wenn du sie ganz in den Mund gesteckt hattest.

Mein Vater lief in seinen Polyester-Shorts an der Seitenlinie entlang, den Schild seiner Baseballkappe nach oben geklappt, in der Hand das Klemmbrett (das seine Töchter mit grünen und goldenen Bubble-Buchstaben verziert hatten). Mit dem Pokerface eines Trainers blickte er ernst, aber ausdruckslos aufs Feld. Ich schenkte dem Geschehen kaum Beachtung, aber wenn das Publikum aufsprang, war ich auch dabei, um zu sehen, wie sich unser Team der Torlinie näherte. Ich wollte gewinnen, weil ich immer gewinnen wollte, und weil es mir gefiel, nach dem Spiel mit meiner Mutter und meiner jüngeren Schwester Casey ins Clubheim zu gehen und den verschwitzten Schaumgummigeruch des Sieges zu atmen. An diesen Abenden durften wir länger aufbleiben, Käsesalat und Wackelpudding essen und fernsehen, während die Trainer und ihre Frauen in irgendeinem Partykeller eines Nachbarn Bier tranken.

Die Ränge im Stadion waren fast immer gut gefüllt, auch wenn die gegnerische Mannschaft von weit jenseits der Hügel kam, denn im Südwesten von Virginia ging man eben Freitagabends zum Football. Ich liebte die ganze Zeremonie: das Gebet, die Nationalhymne und die Nachrichtensender mit ihren Kameras. Das Dröhnen des Ansagers, während die Jungs aufs Feld liefen. Ich liebte den Geruch von Grasflecken und Pepperoni, und das Beben der Tribüne, wenn das Publikum vor dem Anstoß immer schneller mit den Füßen stampfte, um die Spannung zu steigern. Ich liebte die Uniformen und Schwenks des Trommelcorps, und die wirbelnden Farben der Fahnenschwinger. Dass ich Cheerleaderin werden würde und so bald wie möglich meinen Platz in diesem allwöchentlichen Schauspiel einnehmen würde, war von Anfang an völlig klar.

»Für mich war es das Größte, zum Spiel zu gehen«, sagte meine Mutter später über ihre Schulzeit.

Meine Mutter war als Kind nie allein. Nie kamen Freunde zu Besuch. Die einzigen Orte, zu denen sie ging, waren die Schule, die Kirche, Verwandte und der Friedhof, wo sie Seidenblumen auf die Gräber der Veteranen legte. (Auf dem Friedhof wurden auch die Familienfotos geschossen, die Kinder aufgereiht wie die Orgelpfeifen.) Football bedeutete, dass sie nun etwas anderes erleben und mit ihren Freundinnen unternehmen konnte. Bei Auswärtsspielen kam sie aus den Hügeln heraus und übernachtete mit den anderen in einem Hotel.

Wenn man diese Welt nicht kennt, könnte man denken, dass der Football an der High School lediglich eine Art Hintergrundkulisse für die Liebesgeschichte meiner Eltern abgab. Das kann ich inzwischen sogar nachvollziehen. Seit ich in Kanada lebe, ist Football komplett aus meinem Leben verschwunden. Ich gehe nicht ins Stadion und schaue mir auch im Fernsehen keine Spiele an, auch wenn mir mein Vater oft per SMS Fotos von Virigina Tech schickt. Aber als ich jünger war, war die Liebe – die Liebe meiner Eltern, die Liebe unserer Familie und unser gemeinsamer Alltag – untrennbar mit Football verbunden. Für mich war Football der Stoff, aus dem unsere Familie gemacht war.

Als Kind sagte ich oft zu meiner Mutter: »Erzähl mir, was du gemacht hast, als du so alt warst wie ich.« Aber ihre Antworten waren immer dieselben: Es gab nicht viel zu erzählen. Sie hatte nie so schöne Sachen gehabt wie ich und Casey. Wir hatten es so gut – war uns das eigentlich bewusst?

Ich glaube nicht, dass sie sich damit um eine Antwort drücken wollte. Sie erkannte nur nicht, dass gerade das, was ihr so alltäglich vorkam, für mich so faszinierend war: die Schotterwege, die sich durch die Bergtäler zogen. Die Männer, die unter Tage arbeiteten und dort – was genau taten? Schürfen? Ich wollte wissen, wie es war, in einer Hütte aus vier Räumen in den Bergen zu wohnen und mit sieben Geschwistern in einem Zimmer zu schlafen.

Mein Vater machte manchmal Witze über die Kindheit meiner Mutter. Er sagte mir, der Film *Nashville Lady* handele in Wirklichkeit von ihr und behauptete, er habe ihr damals ihr erstes Paar Schuhe besorgt.

Meine Mutter erzählte mir, sie habe Glück gehabt, wenn sie zum Mittagessen einen Moon-Pie-Keks und eine RC Cola bekam. Sie war so dürr, dass die anderen Kinder sie aufforderten, sich seitlich hinzustellen, die Zunge herauszustrecken – und sie dann Reißverschluss nannten.

Ich war zu jung um wirklich zu verstehen, was Armut war. Ich glaubte damals noch, dass arme Leute glücklicher waren als wir, weil mir eine Welt, in der jemand arm *und* unglücklich sein konnte, zu grausam schien, um wahr zu sein. Es kam mir nie in den Sinn, dass die Vergangenheit etwas war, über das meine Mutter lieber nicht sprach.

Als ich älter wurde, fragte ich meine Mutter nicht mehr nach ihrer Vergangenheit, sondern reimte mir ihre Geschichte anhand von Einzelheiten selbst zusammen. Einmal erwähnte sie, dass sie immer mit einem Jeep zur Universität fuhr. Oder sie zeigte mir, wie man Omas Maisbrot backt. Einmal sah sie sich meine Baggy Jeans an und erzählte mir, zu ihrer Schulzeit hätten Mädchen so enge Jeans getragen, dass sie sich aufs Bett legen mussten, um den Reißverschluss schließen zu können. Außerdem hingen überall im Haus Fotos: Sie und ihre Schwestern auf einer Schaukel, ihre Eltern – jung und schlaksig – engumschlungen am Meer, die acht Kinder wie die Orgelpfeifen neben einem Grabstein.

Tatsächlich hat mir niemand je von Anfang bis Ende erzählt, wie sich meine Eltern kennenlernten und ineinander verliebten. Dass es diese Geschichte gibt, ist nur mir zu verdanken. Ich bin die Autorin und Hüterin dieser Erzählung, ich habe sie aus Bruchstücken zusammengesetzt und mit Intuition und Kombinationsgabe die Lücken geschlossen. Ich weiß längst nicht mehr, was ich wirklich gehört und was ich hinzuerfunden habe.

»Connie hat gesagt, er ist ein Arschloch, und hat sich geweigert, ihn zu interviewen«, sagte meine Mutter mir eines Tages. »Also hat sie mich losgeschickt.«

Da ich alt genug für das Wort »Arschloch« gewesen sein muss, kann es nicht das erste Mal gewesen sein, dass sie mir davon erzählte. Doch das ist für mich bis heute der Anfang der Geschichte: ein Interview mit einem Arschloch. Ich kann mich nicht erinnern, dass sie jemals anders anfing, und wenn ich die Geschichte erzähle, betone ich das Wort »Arschloch« immer ganz besonders. Das tue ich vermutlich deshalb, weil es so komplett unpassend ist als Beschreibung für meinen Vater. Mein Vater war und ist so liebenswürdig und beliebt, dass ich als Kind nur ungern mit ihm zum Einkaufen fuhr, weil ich wusste, dass er zwischen den Supermarktregalen unweigerlich Bekannte treffen und in lange Gespräche verwickelt werden würde. Selbst wildfremde Menschen – Kassiererinnen, Reiseführer oder meine Freunde, die ich ihm vorstelle – sind sofort begeistert von ihm.

Mag sein, dass er mit zweiundzwanzig noch die Arroganz des Uni-Sportlers hatte oder die Ernsthaftigkeit eines jungen Mannes, der in seiner Position zum ersten Mal Autorität ausstrahlen musste. Mag sein, dass er damals etwas Arschlochhaftes an sich hatte. »Sie müssen dich nicht mögen, es reicht, wenn sie dich respektieren«, sagte er auch zu mir, als ich zweiundzwanzig war und zum ersten Mal an der Uni vor einem Kurs voller Erstsemester stand.

Dass Connie sich so in meinem Vater täuschte und dass sie damit den Mann beschrieb, den meine Mutter vier Jahre später heiraten sollte, gefällt mir an dieser Geschichte jedenfalls immer noch mit am besten.

In der Highschool hatte meine Schwester Casey zwei Bewunderer, die ihr den Hof machten (etwas, das ich mir mit sechzehn noch nicht vorstellen konnte). Als sie uns um Rat fragte, sah meine Mutter sie an und sagte einfach: »Nimm beide.« Wir falteten gerade zu dritt Wäsche in meinem Zimmer.

»Du bist noch nicht alt genug, um dir über eine feste Beziehung den Kopf zu zerbrechen«, meinte meine Mutter und fügte beiläufig hinzu: »Ich bin auch noch bis kurz vor unserer Verlobung mit anderen Männern ausgegangen.«

»Was?«, rief ich. »Aber das war doch nichts Ernstes!?« Es war halb Aussage, halb Frage.

»Doch«, antwortete sie trocken.

Es war eine Kleinigkeit, eine hingeworfene Bemerkung, doch es war das erste Mal, dass ich die Geschichte hinterfragen musste, die ich seit Jahren rekonstruiert und erzählt hatte. Ich hatte mir immer vorgestellt, dass mein Vater der einzige Mann für meine Mutter gewesen war, und dass sie für ihn ihren Highschool-Freund in die Wüste geschickt hatte. Gab es da wirklich andere Jungen, die im dunklen Kino ihre Hand gehalten hatten? Oder – realistischer, sie war immerhin an der Universität, als sie heirateten – Burschenschaftler bei Saufgelagen? Basketballspieler? Oder sah sie sich einfach gern als eine Frau, die sich alle Möglichkeiten offenhielt? Aber vielleicht dachte sie selbst mit 19 schon zu praktisch, um all ihre Gefühle auf eine Karte zu setzen. Oder vielleicht wollte sie auch nur, dass ihre Töchter so waren.

Das sind die Fakten, so wie ich sie kenne: Meine Eltern lernten sich irgendwann Mitte der 1970er-Jahre an der Pennington Highschool kennen. Meine Mutter war sechzehn, mein Vater zweiundzwanzig. Er war Footballtrainer und Sportlehrer, und es war seine erste Anstellung nach dem Studium. Meine Mutter führte ein Interview für die Schülerzeitung mit ihm, und die beiden waren Freunde, ehe mehr daraus wurde. Mein Vater hatte ein Rendezvous mit meiner Tante Cindy, die zwei Jahre älter war als meine Mutter. Es lief nicht gut. In der Familie erzählt man sich, die beiden seien zu einem Drive-in-Restaurant gefahren und jeder habe gedacht, der andere werde bezahlen. Als die Rechnung kam, hatte keiner genug Geld in der Tasche. Später kam Cindy mit Dan zusammen, er war der Trainerkollege und beste Freund meines Vaters.

Zum Abschiedsball ging meine Mutter mit einem Jungen aus dem Nachbarort Jonesville. Und mein Vater tanzte mit Tante Belinda, die vier Jahre älter ist als meine Mutter. Damals müssen sie mehr als Freunde gewesen sein, denn nach dem Tanz sagte meine Mutter ihrem Tanzpartner, ihre Schwester habe wohl zu viel getrunken und sie müsse sie nach Hause bringen. Dann schlich sie sich mit meinem Vater davon.

Weil mein Opa in der Armee gedient hatte, konnte meine Mutter nach der Schule ein kleines College in Virginia besuchen. Sie hatte weiter eine Beziehung zu meinem Vater und die beiden heirateten im Sommer nach ihrem zwanzigsten Geburtstag. Es war eine Doppelhochzeit in der Bapitistenkirche von Pennington: Mein Vater und meine Mutter sowie Cindy und Dan. Danach gab es im Keller der Kirche eine bescheidene Feier. Wenn ich die Geschichte meinen Schulfreundinnen erzählte, beendete ich sie immer mit einem triumphierenden: »Und dann gab es eine Doppelhochzeit!« Meine Freundinnen liebten dieses Ende.

Meine Mutter schloss das College in einem Sommerkurs ab, und mein Vater bekam eine Trainerstelle in seinem Heimatort, einem kleinen Dorf am Interstate Highway. Meine Mutter verkaufte Anzeigen für eine Tageszeitung der Region und die beiden mieteten ein Haus in der Nähe seines Elternhauses. Meine Mutter erzählte mir, Oma habe sie nicht besonders gemocht, bis ich zur Welt kam, aber zum Glück wurde sie schon nach einem Jahr schwanger.

Mein Vater arbeitete weiter als Trainer und zog von einem Ort zum anderen, bis wir in der Ortschaft landeten, in der ich aufgewachsen bin. Einmal im Jahr spielte seine Mannschaft gegen die von Onkel Dan – das waren meine Lieblingsspiele.

Ich nahm immer an, dass die Geschichte meiner Eltern klare Hinweise dafür lieferte, wohin das Leben sie führen und welche Menschen es aus ihnen machen würde. Aber das glaubte ich schließlich auch von jeder anderen Liebesgeschichte. Im Falle von Cindy und Dan wurde es tatsächlich wahr: Er fand eine Stelle als Trainer und Sportlehrer in einer nahen Kleinstadt und wurde schließlich Schuldirektor. Inzwischen ist er pensioniert, aber er geht immer noch jeden Freitagabend zum Spiel. Cindy fand eine Stelle in einem Bekleidungsgeschäft, und dort arbeitet sie bis heute zum Spaß ein paar Tage in der Woche. Sie zogen in ein kleines Backsteinhaus und wohnen noch immer dort. Einmal im Jahr machen sie Urlaub auf Hilton Head Island, wo sie ihre Flitterwochen verbrachten. Sie haben keine Kinder, doch sie sind verrückt nach ihren Nichten und Neffen. Jedes Jahr ihrer Ehe war ein Abbild des ersten Jahres, mit kleinen Variationen durch gesundheitliche Probleme oder Veränderungen ihrer Lebensumstände. Zumindest von außen sah es genauso aus, wie ich mir eine Ehe immer vorgestellt hatte.

In seinem Buch *The Storytelling Animal* behauptet der Literaturwissenschaftler Jonathan Gottschall, der Mensch habe einen »Erzählsinn«, und das Erzählen von Geschichten sei eine angeborene Fähigkeit. Selbst Grundschülerinnen, die in der Schulkantine zusammensitzen, wissen schon, was eine gute Geschichte ausmacht. Wir wählen sehr genau aus, was wir erzählen und was wir weglassen, ohne lange über die Gründe nachzudenken und oftmals auch ohne es selbst zu merken.

Gottschall bezeichnet sich selbst als Literaturdarwinist, das heißt, er wendet Vorstellungen aus der Evolutionsbiologie auf die Literatur an. Dieser Ansatz hebt manchmal etwas zu sehr auf das Allgemeine ab und vernachlässigt die (wichtigen) Details, doch er hat einige interessante Thesen darüber aufgestellt, wie und warum wir Geschichten erzählen. Gottschall meint, dass uns Geschichten nur dann gefallen, wenn sie ein Dilemma enthalten. Ein solches Dilemma ist natürlich die Liebe und die Frage, wie man sie findet und festhält.

Der amerikanische Schriftsteller Kurt Vonnegut hat einige Grafiken entworfen, mit denen sich fast jede Geschichte erfassen lässt. In einer Erzählstruktur namens »Junge trifft Mädchen« findet die Hauptfigur (nicht unbedingt ein Junge), etwas, das sie haben will (nicht unbedingt ein Mädchen), verliert es wieder und findet schließlich einen Weg, es zurückzubekommen, und zwar für immer.[5]

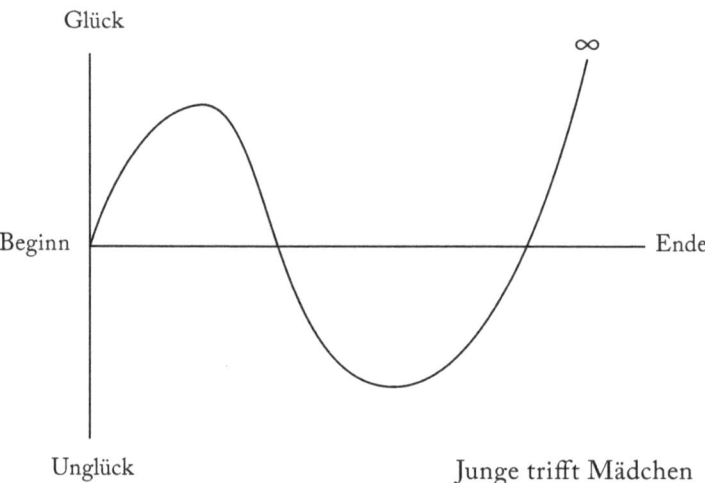

Junge trifft Mädchen

Mir gefiel die Schlichtheit dieser Grafik zwar, aber ich war auf der Suche nach etwas Konkreterem. Ich versuchte einen roten Faden zu finden, der sich in fast jeder Liebesgeschichte findet, sogar in denen ohne Happy End. Und in der Tat wurde ich fündig:

1. Begegnung: Die besten Begegnungen lassen vermuten, dass hier höhere Mächte am Werk sind. In *Brokeback Mountain* begegnen sich Ennis und Jack vor dem Gebäude und sehen sich schweigend an, während sie auf eine Arbeit warten, die ihr Leben verändern wird.[6] Eine Cheerleaderin führt ein Interview mit einem neuen Footballtrainer, weil ihre Freundin keine Lust dazu hat.

2. Erkennen der Liebe: Vielleicht ist es Liebe auf den ersten Blick, vielleicht wird das Gefühl nicht erwidert. Es ist der Moment, in dem Elizabeth Bennet in *Stolz und Vorurteil* den Brief von Mr. Darcy liest. Oder Rachel in *Friends* ein altes Video sieht und feststellt, dass Ross schon in der Schule in sie verliebt war.[7] In der Tradition aller großen Liebesgeschichten hatte ich mir immer vorgestellt, dass meine Eltern vom ersten Moment an ein Knistern gespürt haben müssen.

3. Hindernis: Die böse Stiefmutter gibt der Heldin den vergifteten Apfel. Die Cheerleaderin ist zu schüchtern oder wird zu sehr von gesellschaftlichen Konventionen gehemmt, um ihr Interesse an dem Trainer offen zu zeigen, weshalb sie ihn mit ihrer älteren Schwester verkuppelt. Wie der Schriftsteller Nicholas Sparks, bekennender Fan von Liebesgeschichten, sagt: »Große Liebesgeschichten zeichnen sich durch die Bereitschaft der Liebenden aus, fast alles zu tun, um Hindernisse zu überwinden.«[8] (Die Regel lautet: Je persönlicher das Hindernis – Schüchternheit ist zum Beispiel deutlich individueller als vergiftetes Obst –, umso befriedigender ist schließlich die Lösung.)

4. Vereinigung: Am Ende ist die Liebe zu stark, um sich aufhalten zu lassen. Drachen werden bezwungen, Hürden

genommen. Die Vereinigung bringt den Liebenden mehr Glück, als diese für möglich gehalten hatten. In der Regel wird uns suggeriert, dass ihr Glück ewig hält. Aber selbst wenn nicht alle glücklich bis ans Ende ihrer Tage leben, ist die Vereinigung zumindest das Vorspiel für das tragische Ende: Jack und Rose finden sich auf dem Rücksitz eines Autos, während die *Titanic* dem Eisberg entgegendampft.[9]

Dass dieses Muster so vorhersehbar ist, macht es nicht weniger stark. Und dass es so allgegenwärtig ist, ändert nichts daran, dass es mir Freude bereitet – *Das darf man nur als Erwachsener* kann ich mir auch nach fünfundzwanzig Jahren immer wieder ansehen. Ich freue mich immer noch, wenn ich sehe, wie Jake Ryan auftaucht, um Samantha alles Gute zum Geburtstag zu wünschen. Und es macht mir immer noch Spaß zu erzählen, dass die Cheerleaderin und ihre Schwester beide einen Footballtrainer heiraten, und zwar am gleichen Tag bei einer Doppelhochzeit. Dieser rote Faden ist so vertraut, dass sich fast jede reale Liebesgeschichte in dieses Muster packen lässt.

Die Geschichte der Cheerleaderin und des Footballtrainers, wie ich sie immer wieder erzählt habe, passt so nahtlos in dieses Erzählmuster, dass ihr Leben von höheren Mächten gelenkt zu sein scheint. Nicht nur die beiden Hauptpersonen heiraten, wie man das von Anfang an erwartet, sondern auch Cindy findet einen Mann wie meinen Vater, der wie für sie geschaffen ist. Das Ende ist so überzeugend, dass ein anderes fast undenkbar ist: Der Moment, 28 Jahre und zwei erwachsene Kinder später, in dem aus der Cheerleaderin und dem Footballtrainer eine IT-Abteilungsleiterin und ein Leiter der Sekundarstufe geworden sind, die beschließen, dass ihre Ehe am Ende ist.

Meine Eltern eröffneten mir und meiner Schwester ihre Scheidungspläne spätabends, als ich über das Wochenende zu Besuch war. Ich war sechsundzwanzig und lebte seit einem Jahr in Vancouver. Am nächsten Morgen standen wir alle, so war es seit Langem geplant, um 5 Uhr auf und fuhren auf den Parkplatz eines Supermarkts, um einen Rundflug in einem Heißluftballon zu machen. Casey und ich sahen unseren Eltern zu, wie sie beide die Öffnung des Ballons festhielten, während Ventilatoren die heiße Luft hineinbliesen. Die rosa-blau gestreifte Nylonhülle blähte sich auf wie ein Wal, der an die Meeresoberfläche aufsteigt. »Gut festhalten!«, bellte unsere Pilotin, eine kleine Frau mit Funkgerät am Gürtel. Sie war eine Meisterin dieser seltenen Kunst und hatte zudem ein Talent dafür, uns Anweisungen zu geben. Mein Vater, selbst ein begeisterter Logistiker, war vermutlich ihr idealer Kunde.

Diese Ballonfahrt würde nicht das Letzte sein, was wir gemeinsam unternehmen sollten – doch an diesem Morgen fühlte es sich so an. Ich hatte keine Ahnung, wie eine Scheidung abläuft. Das wusste keiner von uns, aber ich konnte sehen, dass meine Eltern eine gewisse Übung darin hatten, so zu tun, als sei alles in Ordnung. Die Trennung schien einen klar definierten Raum in ihren Gehirnen einzunehmen.

Ich hatte die ganze Nacht nicht geschlafen und den ganzen Morgen kein Wort gesagt. In ein paar Stunden würde ich wieder aufbrechen, um nach Vancouver zurückzufliegen. Aber erst wollten wir diese Ballonfahrt unternehmen, die sie ein paar Monate zuvor in einer Tombola gewonnen hatten. Darauf bestanden sie. Ich war zu wütend, um Nein zu sagen.

Nach dem Start war ich erleichtert, dass der Brenner, der die Luft im Ballon erhitzte, so laut war, dass wir uns nicht unterhalten mussten. Pantomimisch Normalität zu spielen war einfacher.

Wir tippten uns gegenseitig an und zeigten in die Ferne. Schau mal das Kulturzentrum da auf dem Hügel, die Hallen des Flohmarkts, die Kalkgrube mit ihren Kiesbergen, die Löschweiher, die Kirchtürme. Auf einigen Weiden und Tabakfeldern lag noch dichter Bodennebel. Wie beschissen schön das alles ist, dachte ich bitter!

Ich brauchte Jahre um die Ironie der Situation zu begreifen: Ließ sich eine Ehe nicht hervorragend mit einer Ballonfahrt beschließen? Während wir über Siedlungen schwebten, kamen unten Leute in Bademänteln auf ihre Terrassen und blickten herauf, um zu sehen, woher das laute Fauchen unseres Propanbrenners kam. Fröhlich winkten sie uns zu, als seien wir Promis. Und weil wir gerne die Erwartungen der Leute erfüllten, winkten wir kräftig zurück. Und ja, wir freuten uns, hier zu sein. Und ja, danke für den Bodennebel und die Kirchenglocken und die trägen Kühe. Das waren die Appalachen, wie wir sie sehen wollten!

Als ich bemerkte, dass uns die Launen des Windes schließlich direkt auf unser Haus zutrieben, war ich plötzlich total verwirrt. Es hatte etwas von einer Beerdigung, es so zum letzten Mal zu sehen. Wir fuhren durch den klaren Morgenhimmel, doch auf dem Dach unseres Hauses lag noch der langen Schatten der Bäume. Der Wind, der uns auf den kleinen Bergrücken zutrieb, drückte uns nach oben. Während wir weiter an Höhe gewannen, fummelte ich an meiner Kamera herum, in dem verzweifelten Versuch, ein letztes Bild von unserem geliebten Haus zu machen, das meine Eltern wegen der Scheidung nun verkaufen mussten. Aber mit dem Blick auf die Kamera geheftet und dem Zoom bis zum Anschlag sah ich nicht das Haus selbst, sondern nur einen verschwommenen Flecken auf dem Bildschirm.

Wenig später setzte der Korb mit einem Ruck in einem abgemähten Maisfeld auf. Noch einmal richtete sich der Ballon auf und hob uns an, um den Korb dann ein weiteres Mal abzusetzen, diesmal schräg, und uns vier und die Pilotin in den Acker zu kippen. Nach einem Moment der Verwirrung lachte jemand, dann lachten wir alle laut und aufgekratzt. Wir waren das Live-Publikum einer mittelmäßigen Sitcom. Wir waren im Zirkus und sahen Clowns zu, die sich gegenseitig Torten ins Gesicht klatschten. Eigentlich war es gar nicht lustig, aber wir konnten nicht aufhören zu lachen – das leicht hysterische Lachen von Menschen, die wissen, dass sie länger nichts mehr zu lachen haben würden.

Auf meiner Kommode steht ein Foto meiner Eltern, es stammt vom Abschlussball meiner Schwester. Mein Vater nahm als Schuldirektor teil. Sie stehen neben einem Konzertflügel, rechts und links flankiert von Topfpflanzen. Meine Mutter trägt ein schwarzes One-Shoulder-Kleid, das sie sich von mir geborgt hatte – ihr stand es viel besser als ihrer damals zwanzigjährigen Tochter. Mein Vater steht hinter ihr und sieht in seinem frisch gebügelten Anzug aus wie der Chef. Nicht auf dem Bild ist meine Schwester, die sich von ihren Eltern davongemacht hat. Sie lächeln völlig ungezwungen, und ihre ganze Haltung strahlt Selbstsicherheit aus.

In meinen Augen war ihre Beziehung völlig untadelig: Sie war von Güte, Großzügigkeit und Selbstlosigkeit geprägt. Sie hatten nicht nur eine gute Geschichte, sondern sie waren obendrein noch gute Menschen. Sie waren Menschen, die eine gute Ehe führten und rundum glücklich waren, weil sie es verdient hatten.

In den Monaten, nachdem meine Eltern ihre Trennung verkündet hatten, fragte ich mich, ob ich die Kraft der Liebe in dieser Welt nicht überschätzt hatte. Doch dann erinnerte ich mich an das Foto: Sie waren glücklich gewesen, und zwar eine sehr lange Zeit.

Hatten mich meine Annahmen über ihre Ehe daran gehindert, in meine eigene Beziehung mit Kevin zu investieren? Wir hatten zwar auch große Liebesmomente erlebt, aber in unserer Beziehung fehlte es oft einfach an Güte und Großzügigkeit.

Als ich begann, ihre Geschichte aufzuschreiben, erkannte ich allmählich die Schwachstellen in meiner Version. Zum einen hatte ich mir die Cheerleaderin so vorgestellt, wie ich mit sechzehn war – nur etwas schüchterner und deutlich ärmer. Mutter sah mir passenderweise ähnlich, bis hin zu den langen blonden Haaren mit Mittelscheitel. Als ich einmal einen Freund vom College mit nach Hause brachte, sah er das Foto meiner Mutter in ihrer Uniform als Cheerleader und fragte: »Bist du das?« Die einzigen Unterschiede zwischen ihrem Cheerleader-Foto und meinem, das zwanzig Jahre später aufgenommen wurde, sind die Farbe der Uniform und die Form ihrer Pompons (ihre sind zotteliger, meine voller und runder). Die Haltung, der Hintergrund, die dünnen Arme und das breite Lachen sind identisch.

In meiner Version der Geschichte ist meine Mutter zurückhaltend, wohlerzogen und etwas aufgeregt, dass sich ein derart gewandter und charmanter junger Mann für sie interessiert. Ohne es zu merken machte ich sie dabei zu einer der üblichen liebenswerten und passiven Prinzessinnen, die ihren Prinzen fanden, weil sie als richtige Frau zur rechten Zeit am rechten Ort war. Nur meine Mutter stellte sich selbst nie so dar.

Ich hatte meinen Vater niemals nach seiner Version der Geschichte gefragt, vermutlich weil ich annahm, dass es in Liebesgeschichten immer um liebenswerte, bescheidene junge Frauen ging. Nur eine Anekdote hatte ich von meinem Vater: den Teil, in dem er bei Opa um die Hand meiner Mutter anhält. Er fuhr zum Haus meiner Großeltern – einem kleinen Bungalow, in dem Oma bis heute lebt – und sagte zu seinem künftigen Schwiegervater: »Machen wir eine Spritztour?« Daran erinnerte ich mich besonders, denn obwohl ich erst vier Jahre alt war, als Opa starb, habe ich ihn als einen ehrfurchtgebietenden Mann in Erinnerung.

Aus dieser Geschichte meines Vaters schlussfolgerte ich, wie Anstand aussah und welcher Mann einen guten Gatten abgeben würde. Heutzutage wirkt sein Verhalten überholt (und auch etwas problematisch). Aber als Kind fand ich das romantisch und ein Zeichen seiner ehrlichen Absichten. Und ich empfand es als meine Aufgabe, einen Mann zu finden, der mich genauso aufrichtig liebte und genug Mut aufbrachte, dem gestrengen Footballtrainer so gegenüberzutreten.

Ich übersah die Märchenklischees, mit denen ich die Geschichte meiner Eltern ausstaffiert hatte: der strenge Vater, dessen Zustimmung der junge Mann gewinnen muss; die Liebenden, die einander heimlich sehen und um ihrer Liebe willen Gefahren auf sich nehmen; das arme Mädchen, das ihr Glück findet – nicht unbedingt einen Prinzen, aber doch jemand, der sie aus der Armut erlöst. Dass mir ihre Geschichte dabei so vertraut vorkam, sah ich als Beleg ihrer Echtheit. Weil sie in die Schablone der großen Liebesgeschichte passte, musste es die große Liebe sein – nicht nur echt, sondern auch fürs ganze Leben.

Wie Alain de Botton in seinem *Versuch über die Liebe* schreibt: »Die Geschichten, die wir uns erzählen, sind grundsätzlich zu einfach.«[10] Sie lassen keinen Raum für die gewöhnlichen, alltäglichen und manchmal auch unerfreulichen Seiten des Lebens. Ich hatte eine Geschichte darüber erfunden, wie ich meine Eltern haben wollte: eine Geschichte ohne Banalitäten, in der die Liebe so stark war, dass sie große Hindernisse überwand und ein junges Mädchen in ein besseres Leben führte.

Als ich klein war, waren meine Eltern immer sehr liebevoll im Umgang mit mir und meiner Schwester. Aber sie sprachen niemals über komplizierte Themen mit uns – Dinge wie Religion, Sex, Politik oder Tod. (Jahrelang verrieten meine Eltern nicht einmal einander, wen sie gewählt hatten.)

Vor dem Abendessen spielten wir im Hof Baseball. Freitagabends gingen wir ins Stadion. Und Samstagmorgens harkten wir die Blumenbeete. Unsere Zusammengehörigkeit als Familie fand ihren Ausdruck in Zärtlichkeiten, Spielen und moralischen Ermunterungen. Ich fühlte mich bedingungslos von meinen Eltern geliebt, aber ich wusste auch, dass ich mein eigenes Innenleben hatte und sie das ihre.

Meine Eltern wissen schon lange, dass ihre Beziehung der Ausgangspunkt all meiner Forschungen zu Partnerschaften und Liebesgeschichten ist, doch sie wollten meine Texte dazu nie lesen. Umgekehrt bot ich es ihnen auch niemals direkt an. Es ist mir ein wenig peinlich, dass sie beide inzwischen ein neues Leben begonnen und jeweils neue

Partner gefunden haben, während ich mich noch an dieser alten Geschichte abarbeite.

Als ich vor ein paar Jahren über Weihnachten zu Hause war und erst Vater besuchte, gab er mir eine Kiste für meine Mutter mit. Als ich hineinschaute, sah ich unter anderem die Jahrbücher aus ihrer Highschool.

Am Abend blätterten meine Mutter und ich die Bücher durch, und sie zeigte mir Bilder von Freundinnen und erzählte mir dazu Geschichten. Wir lasen auch die albernen Sprüche, die ihre Klassenkameraden auf die erste Seite gekritzelt hatten. Auf einer Seite zeigte sie dann auf das Foto einer hübschen dunkelhaarigen Klassenkameradin. »Das ist Tammy«, sagte sie beiläufig. »Mit der ist dein Vater auch gegangen.«

Verwirrt fragte ich mich, wann das wohl gewesen sein mochte, doch sie ging nicht weiter darauf ein.

Als wir zu den Fotos mit den Cheerleadern kamen, nannte sie mir die Namen sämtlicher Mädchen und fügte hinzu: »Das ist wieder Tammy.«

»Moment!«, sagte ich und legte die Hand auf die Seite, um sie am Umblättern zu hindern: »Papa ist mit einer anderen gegangen?«

»Er hat sie sogar seinen Eltern vorgestellt.« Sie lachte. »Ich glaube, ich war seine zweite Wahl.«

»Was? Echt?«

Meine Mutter nickte und blätterte einfach weiter. Aber ich war baff. Unmöglich, dass meine Mutter nicht die erste gewesen sein sollte, die er an einem Sonntag zum Mittagessen nach Hause mitgenommen hatte. Und war es nicht die ganz große Liebe beziehungsweise eine Art romantische Vorsehung gewesen, die den Footballtrainer und die Cheerleaderin zusammengeführt hatte? Ganz offensichtlich war er ja nicht für diese Tammy bestimmt gewesen!

Ich wusste nicht, was ich davon halten sollte: Mein Vater, der für mich mehr moralische Integrität besaß als irgendjemand sonst, hatte an der Highschool, an der er als Trainer arbeitete, *zwei* Schülerinnen als Freundinnen gehabt. Auch wenn er damals noch ein sehr junger Mann war und sich wohl nicht viel dabei gedacht hat, und auch wenn es für diese Zeit ganz normale Beziehungen waren (und das waren sie sicher), fand ich es trotzdem etwas schräg: allein das Macht- und Sozialgefälle zwischen einem zweiundzwanzigjährigen Mann und einem sechzehnährigen Mädchen, ganz zu schweigen von der unterschiedlichen Lebenserfahrung.

Schließlich beschloss ich, meine Mutter anzurufen und mehr über die Cheerleaderin und den Footballtrainer zu erfahren, als ich mir selbst zusammenreimen konnte. »Ich habe da ein paar Fragen«, sagte ich. Es wurde ein langes Gespräch.

Ich fragte sie, was ihr von ihrer ersten Begegnung mit meinem Vater im Gedächtnis geblieben war.

»Ich habe ihn damals zusammen mit meiner besten Freundin für die Schülerzeitung interviewt«, antwortete sie. Und damit war meine Geschichte schon falsch! Sie war also nicht allein gewesen. Doch sie erinnerte sich an Einzelheiten des Gesprächs – es war ihr also schon damals wichtig gewesen: »Er hatte diese hässlichen gelben Trainingshosen an, und dazu ein weißes Trikot. Sein Haar war richtig strohblond. Man sah, dass er den ganzen Sommer über draußen gewesen war.«

Danach haben sie sich manchmal nach dem Spiel kurz unterhalten, aber es war nie ernst gewesen. (»Dein Vater hat sich mit vielen Mädchen unterhalten.«) Sie hatte damals einen anderen, mit dem sie ausging. Aber im Januar begann sie, sich auch mit Vater zu verabreden.

Sie sagte, mein Vater hatte nach wie vor andere Freundinnen, weil er sie nicht zu Partys oder Schulveranstaltungen mitnehmen konnte. »Wir konnten nicht zusammen ausgehen. Und er ist viel um die Häuser gezogen. Er und Danny haben es ziemlich wild getrieben.«

Ich lachte. »Wo hast du dich denn dann mit ihm getroffen? Bei ihm zu Hause?«

»Ja. Oder im Auto irgendwo.«

»Klingt ja verrucht!«, meinte ich, und sie lachte nur.

Ich fragte sie nach Tammy, der anderen Cheerleaderin. Waren sie und Papa ein Paar gewesen? »Glaube ich nicht. Aber ich denke, vielleicht hätte sie seine erste Wahl sein sollen.« Sie schwieg eine Weile. »Vielleicht. Ich weiß nicht. Aber ich glaube, sie hat ihn nicht so gemocht oder so. Das habe ich alles erst später erfahren.« Dann fügte sie hinzu: »Dein Vater stand immer auf zierliche brünette Frauen. Und Tammy war so eine. Aber ich glaube nicht, dass er viel über sie gewusst hat. Sie war ein rechtes Luder.« Sie lachte trocken. »Oder vielleicht hat er das ja gewusst.« (Ich schätze, dass sie einfach ein typischer Teenager war.)

Wann es denn wirklich ernst geworden sei zwischen ihr und meinem Vater, wollte ich wissen. »Am Tag der Abschlussfeier sind wir zusammen weg. Wir sind einfach am Direktor und den Lehrern vorbeigegangen, und dann saß ich in seinem Auto. Nachdem ich den Abschluss in der Tasche hatte, war es ja egal. Das habe ich zumindest gedacht. Das sagt dir was darüber, wie schlecht dieses Schulsystem war – anderswo hätte er vermutlich eine Menge Ärger bekommen.« Ich musste an die Fotos von ihrer Abschlussfeier denken, und daran, wie sie mit ihrem goldenen Hut und ihrem Talar gestrahlt hatte.

»Aber du hast mir doch mal erzählt, dass du bis zur Verlobung auch mit anderen ausgegangen bist«, sagte ich.

»Nicht nur ich, wir beide. Er hat gesagt, ich wäre noch jung und solle auch noch meine Erfahrungen machen. Also haben wir verabredet, dass wir auch mit anderen ausgehen dürfen. Das war gut so. Ich habe mich mit ein paar Jungs getroffen, aber es war nichts Ernstes.«

Und die Verlobung?

»Wir haben länger darüber geredet. Dann an Weihnachten, ich glaube es war mein zweites Jahr am College, hat er einen Ring gekauft. Wir hatten uns Ringe angesehen, deswegen habe ich gewusst, dass er mir einen Antrag machen würde. Ich habe ihm gesagt, dass er erst Papa fragen soll, also sind sie zusammen los, während ich an Weihnachten zu Hause war. ›Lass uns eine Tour machen‹, hat er gesagt, als er zurückkam. Also sind wir auf einen Hügel gefahren, in der Nähe des Flughafens. Er hat das Auto einfach rechts ran gefahren und hat mir einen Antrag gemacht.«

Sie sagte, sie sei nicht überrascht gewesen, aber sie habe sich trotzdem gefreut. »An dem Abend sind wir auf eine Party gegangen, und er wollte, dass ich den Ring trage.«

* * *

Für meine Mutter waren Tatsachen schon immer wichtiger gewesen als Geschichten, weshalb mein Interview mit ihr einfacher verlief als erwartet. Sie hatte kein Bedürfnis, die Dinge auszuschmücken und sehnte sich nicht nach den Mächten des Schicksals.

Am nächsten Tag rief ich meinen Vater an. »Ich möchte dir ein paar Fragen darüber stellen, wie du mit Mama zusammengekommen bist«, erklärte ich ein wenig nervös. »Ist das in Ordnung?«

Er lachte. »Was hat Mama denn gesagt?«

»Ich habe gestern mit ihr gesprochen. Ich will einfach wissen, wie sich meine Version eurer Liebesgeschichte von euren Erinnerungen unterscheidet. Erinnerst du dich an eure erste Begegnung?«

»Also, um ehrlich zu sein, daran erinnere ich mich nicht mehr. Es muss wohl über Cindy gewesen sein. Du hast vielleicht davon gehört, wie ich mit ihr ins Patio gegangen bin und wir am Ende beide kein Geld dabei hatten.« Er wurde nachdenklich: »Es waren schwierige Zeiten, ganz ehrlich. Wir hatten nicht so viel Geld in der Tasche.«

Ich erzählte ihm von dem Interview, das meine Mutter und ihre Freundin mit ihm geführt hatten. »Ja, ich glaube so war's«, stimmte er zu.

»Kannst du dich daran erinnern, wie ihr Freunde geworden seid?«, fragte ich.

Er lachte laut, zögerte aber. »Was hat dir denn Mama erzählt?«

»Ich will erst deine Antwort hören!«

»Es hat geregnet. Es war Nachmittag, und es hat nur so geschüttet. Ich habe am Stadtrand gewohnt, und nach der Schule hat jemand bei mir geklopft. Sie war mit jemandem im Auto herausgefahren – ich kann mich nicht erinnern mit wem. Aber dann war sie da, und wir küssten uns zum ersten Mal. Mann, wie es geschüttet hat.« Ich konnte hören, dass es für ihn eine schöne Erinnerung war. »Von da an waren wir dann glaube ich mehr als Freunde«, kam er schließlich auf meine Frage zurück

»Wie schön!«, sagte ich. »Wann war das?« Wenn ich nicht aufpasste, würde er mein Schweigen mit Anekdoten füllen.

»Das war irgendwann nach der Schule, ich hatte kein Training, es muss also im Winter gewesen sein. Zu den Playoff-Spielen sind wir alle in einem Bus gefahren. Die Trainer vorne, dann die Cheerleader und hinten die Spieler. Auf der Rückfahrt habe ich mal in der zweiten Reihe gesessen und deine Mutter in der dritten. Ich weiß nicht, ob das Zufall war. Aber auf der Rückfahrt von Norton haben wir uns lange unterhalten.«

Ich fragte ihn, ob er sich noch mit anderen Frauen getroffen hat, während er schon mit meiner Mutter zusammen war. »Ich glaube, ich hatte damals gar keine feste Freundin. Danny und ich, wir haben uns amüsiert, sagen wir's mal so.« Er lachte nostalgisch. »Wir hatten unseren Spaß. Er ist ein großartiger Kerl. Ich habe ihn vermisst in den letzten Jahren.« Er meinte seit der Scheidung. Es klang wehmütig.

»Das heißt, du hattest auch andere Freundinnen?«, hakte ich nach.

»Also, Danny und ich waren dauernd irgendwo eingeladen. Wir sind auf Partys gegangen und hingen mit allen möglichen Leuten herum. Wir haben Softball und Volleyball gespielt.«

»Aber Mama hat mir gesagt, dass es noch eine andere Cheerleaderin gegeben hat, Tammy, die du Oma vorgestellt hast, bevor du Mama mitgenommen hast.«

»Ja, wir waren so ein bisschen zusammen. Aber nichts Ernstes. Dann ist es einfach auseinander gegangen. Sie war kein nettes Mädchen.«

»Mama meint, sie hat immer gedacht, dass sie nur zweite Wahl war.«

»Nein, gar nicht«, erwiderte er eilig. »Sie war viel netter und liebenswürdiger!«

»War es denn ein Problem, dass du als Lehrer mit einer Schülerin ausgegangen bist?«

»Naja, das wurde damals nicht gern gesehen, aber man hat nicht darüber gesprochen. Wenn du mich jetzt fragst, ob das falsch war: Ja, ich glaube, es war falsch. Aber damals, das ist fast vierzig Jahre her, hat das zwar nicht jeder gemacht, aber es war auch nicht ungewöhnlich in Lee County. Da im Kohlerevier, da war es keine große Sache.«

»Hat das vielleicht damit zu tun, dass dort nicht so viele Menschen lebten?«, fragte ich. »Ich meine, mussten die Leute da offener sein mit ihren Beziehungen?«

»Ich glaube schon.« Er machte eine Pause. »Deine Mutter war intelligent, auch wenn sie das selbst nicht gedacht hat. Sie war hübsch, klug, blond, was man sich halt so wünscht. Ein süßes Lächeln. Sehr zurückhaltend, ein bisschen schüchtern. Nicht die typische Cheerleaderin.« Ich lächelte. Es gefiel mir, dass in seiner Stimme keine Reue zu hören war. »Und sie wollte mehr, als Lee County ihr zu bieten hatte. Ich glaube, ich stand ein bisschen stellvertretend für die große weite Welt, und das hat sie angezogen. Ich habe ihr von Dingen erzählt, die außerhalb von Lee County passierten. Ich habe ihr gern davon erzählt. Und sie hat gern zugehört.«

»Komisch, dass das für sie die große weite Welt war, wo du doch nur ein paar Stunden entfernt aufgewachsen bist«, sagte ich. »Das war doch immer noch dieselbe Ecke von Virginia.«

»Aber ihre Leute und meine Leute, die waren doch ganz unterschiedlich. Die Mentalität der Bergarbeiter war ganz anders als mein Leben auf dem Bauernhof. Pennington war oben in den Bergen, es war ein schmutziges Bergwerkskaff. Selbst im Patio, da hat man im Auto gesessen, und die haben einem das Essen ans Fenster gebracht, und man hat seinen Müll einfach aus dem Fenster auf den Boden geworfen. Und ich bin dagegen in einem richtig sauberen Städtchen aufgewachsen.«

Er hatte recht. In den Appalachen sind die regionalen Unterschiede enorm. Die Kleinstadt, in der ich aufgewachsen bin, war ein Mekka der Kunst und Kultur im Vergleich zu den Orten, aus denen meine Eltern kamen. »Ich erinnere mich noch ganz genau an mein Vorstellungsgespräch«, sagte mein Vater. »Der Direktor hat mir damals erklärt, dass er immer dafür sorge, dass in der Mensa genügend Maisbrot und Bohnensuppe bereitstünden. Einige Kinder konnten sich kein Mittagessen leisten, und er wollte nicht, dass jemand hungern musste. Natürlich habe ich den Job genommen, weil sie mir für die Arbeit in einem armen ländlichen Schulbezirk die Rückzahlung meiner Studienkredite erlassen haben. Wir waren zwar auch arm gewesen, aber wir hatten immer genug zu essen, und zwar alles Mögliche, und mit Fleisch. Es war wahrscheinlich das Beste, was mir passiert ist: So bin ich von zu Hause rausgekommen und habe ein bisschen mehr von der Welt gesehen.«

Als ich ihn nach der Entscheidung zu heiraten fragte, erinnerte er sich sofort: »Mama war noch auf dem College, und an einem Sonntagnachmittag habe ich sie zurück zum Campus gefahren. Wir sind dann noch in einen Park gegangen und haben uns darüber unterhalten, ob wir irgendwann heiraten wollen. Später habe ich erfahren, dass sie uns Geschirr und Gläser gekauft hat. Jemand ist ans College gekommen, und sie hat ein Service gekauft.«

»Die Gläser mit den Monogrammen, die wir früher hatten?«, fragte ich.

»Ja. Das gute Service aus dem Esszimmer. Das hat sie gekauft, da waren wir noch nicht mal verlobt. Sieht so aus, als hätte sie unser Gespräch sehr ernst genommen.« Er lachte.

»Hast du den Ring ausgesucht?«

»Danny und ich sind Ringe kaufen gegangen, und ich habe ihn ausgesucht.«

Ich erinnerte mich an den schmalen Diamantring, den meine Mutter immer getragen hatte – das musste damals für ihn eine große Investition gewesen sein. »Weißt du, ich habe damals in Pennington gelebt und im Monat 550 Dollar verdient«, bestätigte er. »Ich hatte einen Vollzeitjob und habe nebenher noch drei Mannschaften trainiert. Ich habe gedacht, wenn ich jemals auf 800 Dollar im Monat komme, dann bin ich reich. Ehrlich, was ich jetzt verdiene, und womit ich mal gerechnet habe, das ist ein Riesenunterschied.«

Wenn man sechsundzwanzig Jahre alt ist, kein Geld in der Tasche und keine beruflichen Aussichten hat, dafür aber eine hübsche, liebevolle Freundin mit einem 0,3-Karat-Diamantring und einem Porzellanservice, dann hat man vermutlich das Gefühl, dass nun das große Glück vor einem liegt. Heute leben meine Eltern getrennt und allein mit ihren Hunden. Ich habe den Eindruck, dass sie mit ihrem Leben zufrieden sind. Aber ich bin mir sicher, dass sie sich ein anderes Leben vorstellten, als sie den Ring und das Service kauften.

Mir gefiel meine Version der Liebesgeschichte meiner Eltern, weil ich mit ihr daran glauben konnte, dass ein kluges und bescheidenes Mädchen auch einen guten, charmanten und beliebten Mann finden würde. Aber das, was eine Liebesgeschichte so überzeugend macht – das Gefühl von

Ordnung und Zugehörigkeit, von Ursache und Wirkung –, ist auch das, was die Geschichte vom wirklichen Leben unterscheidet.

Die Geschichte von der Cheerleaderin und dem Football-trainer lässt sich auch so interpretieren: Es ist die Geschichte zweier anständiger Menschen, die wenig hatten und die es mit ihrer Liebe, Güte und mit harter Arbeit schafften, ein besseres Leben zu führen. Kurt Vonnegut hat auch diesen elementaren Schöpfungsmythos in einem Diagramm dar-gestellt. Darin wird den Menschen von einem göttlichen Wesen das wenige geben, das sie zum Leben benötigen: Sonne und Nahrung, Waffen und Werkzeuge, und natür-lich einen Gefährten. Dieser Mythos ist »im Grunde eine Treppe, eine Geschichte der Anhäufung«, so Vonnegut.[11]

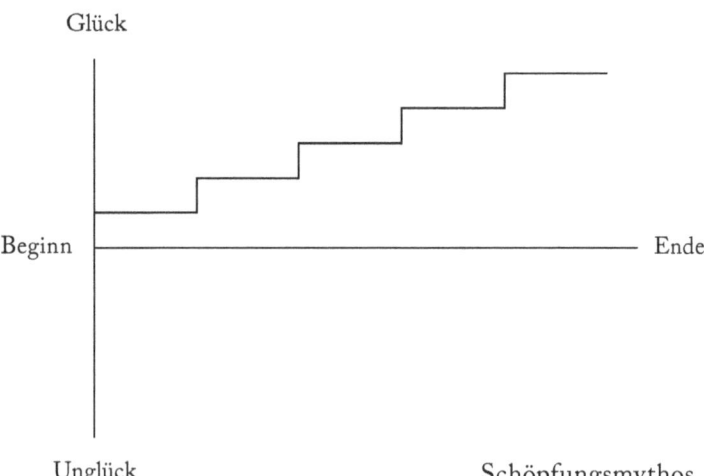

Indem ich die Geschichte meiner Eltern so oft erzählt habe, habe ich vielleicht gehofft, eine direkte Linie des Glücks zu beschreiben, die sich bis in mein Leben fortsetzt.

Nach der Trennung meiner Eltern fing ich an, von Erdbeben zu träumen. Ich war mit Freunden beim Essen, plötzlich schwankte der Untergrund, und tiefe, klaffende Abgründe taten sich auf. Schweißgebadet wachte ich auf. Selbst im Schlaf fühlte ich mich aus der Welt der Sicherheit und des privilegierten Lebens ausgestoßen.

Ich trage den Ehering meiner Mutter. Er erinnert mich daran, welches Glück ich habe, dass meine Kindheit und Jugend von so viel Liebe und Zuversicht begleitet wurde. Als sich meine Eltern verliebten, hatten sie wenig, doch ihre Ehe war der Beginn eines Aufstiegs in ein Leben, das ihren Töchtern mehr zu bieten hatte.

Die besten Geschichten bieten uns eine geordnete Welt: das Gefühl, dass Dinge aus gutem Grund passieren, dass Leid nicht sinnlos ist, und dass jeder seinen Platz hat. Wenn Gott oder das Schicksal die Cheerleaderin und den Footballtrainer zusammengeführt haben, dann war auch mein Leben in den Stoff des Universums eingewebt, ehe er zugeschnitten wurde. Doch in unserem wirklichen Leben gelten andere Gesetze als in unseren Geschichten. Im wirklichen Leben lässt sich aus dem Anfang einer Geschichte nur wenig über ihr Ende vorhersagen, egal wie oft man ihn erzählt. Vielleicht brauchen wir alle einen Schöpfungsmythos und eine Möglichkeit, allen anderen mitzuteilen: So bin ich zur Welt gekommen. Oder anders gesagt: Hier gehöre ich hin.

Die Tochter des Grubenarbeiters

Liebe im Kontext

≈

»Eure Oma hat mit fünfzehn geheiratet, ich mit zwanzig«, sagte meine Mutter zu uns. »Das heißt, dass ihr erst mit fünfundzwanzig heiraten könnt. Und eure Töchter müssen warten, bis sie dreißig sind.«

»Dreißig?« Das klang so absurd, dass ich lachen musste. Als ich vierzehn war, klang es wie ein Witz, dass jemand mit dreißig heiraten sollte. Fünfundzwanzig war gerade noch in Ordnung.

Mit siebzehn hatte ich mein kommendes Lebensjahrzehnt sorgfältig durchgeplant. Ich würde studieren und dann meinen Master machen. Ich würde den Mann finden, mit dem ich mein Leben verbringen wollte, aber erst nachdem ich Karriere als Kuratorin eines Kunstmuseums in meiner Traumstadt Charleston, South Carolina, gemacht hatte. Dort würde ich in einer Remise wohnen und auf eine alte Stadtvilla sparen, mit Veranda natürlich, um die kühle Meeresbrise zu genießen. Mit fünfundzwanzig würde ich heiraten und mit siebenundzwanzig mein erstes Kind bekommen. Das klang alles so einfach und realistisch – ein Jahrzehnt schien so viel Zeit, um ein solches Leben aufzubauen.

Aber mit fünfundzwanzig studierte ich noch immer und

jobbte in einem Café. Ich hatte nicht angenommen, dass ich noch so weit von meiner Vorstellung vom Erwachsenenleben entfernt sein würde. Ich plante, genau so viel zu arbeiten, um die Miete zu zahlen – und wollte den Rest meiner Zeit nutzen, um ein Buch zu schreiben. Ich hatte bestenfalls vage Absichten, zu heiraten und eine Familie zu gründen, aber es würde später schon irgendwie klappen. Müsste ich mich zwischen dem Buch und einem Baby entscheiden, so dachte ich manchmal, dann würde ich das Buch wählen.

Aber als ich neunundzwanzig war und schon an diesem Buch schrieb, hatte sich ein lähmender Zweifel eingeschlichen. Ich liebte Kevin, aber ich wusste, dass ich ihn vermutlich weder heiraten noch mit ihm Kinder bekommen würde. Ich wollte mein Leben nicht verändern, sondern lieber den Film zurückspulen und in Sachen Liebe alles ganz anders machen. Wenn ich noch einmal von vorn anfangen könnte, dann würde ich mich für jemanden entscheiden, dessen Vorstellungen von Ehe und Familie sich einigermaßen mit meinen deckten.

Manchmal dachte ich an die junge Frau, die ich mit siebzehn gewesen war: Ob sie wohl davon beeindruckt wäre, dass ich eine Stelle als Lehrbeauftragte an einer angesehenen Universität hatte? Oder ob sie eher enttäuscht wäre über die Stagnation in meinem Privatleben? Ich stellte mir vor, wie ich mich ihr gegenüber rechtfertigte: Okay, wir hatten kein eigenes Haus und mussten ein Zimmer untervermieten, um die Miete bezahlen zu können. Aber ich war immerhin in Vancouver, im Ausland, und ging an den Wochenenden Skifahren und Klettern. Und mein ungebundenes Leben hatte doch auch etwas Glamouröses und Abenteuerliches.

Mit all dem im Hinterkopf rief ich eines nachmittags meine Oma an, eigentlich um ihr ein paar Fragen zur Liebesgeschichte meiner Eltern zu stellen. Aber stattdessen fragte ich sie plötzlich über ihre eigene Geschichte aus! Ein paar Details kannte ich zwar schon. Sie war fünfzehn gewesen, als sie meinen Opa geheiratet hatte – einen Weltkriegsveteran und doppelt so alt wie sie. Sie hatten sich in einer kleinen Bergbausiedlung niedergelassen und eine Familie gegründet.

Meine Mutter wollte, dass ich auf eigenen Beinen stand, ehe ich heiratete, und dass ich in einer Stadt lebte, die mir gefiel und einem Beruf nachging, der mir zusagte. Diesem Rat war ich gern gefolgt. Ihre Mutter hatte dagegen geheiratet, ehe sie Auto fahren konnte, und sie schien ihre Entscheidung nie bereut zu haben. Darüber wollte ich mehr wissen.

»Erzähl mir, wie du Opa kennengelernt hast«, bat ich sie.

»Also«, erwiderte sie, »da muss ich erstmal ausholen, Schatz.« Das ist typisch für Omas Art Geschichten zu erzählen – sie muss immer ausholen, bevor sie anfängt. Sie sieht ihr Leben nicht als Abfolge von Einzelereignissen, sondern als eine große zusammenhängende Geschichte, die mit dem Tod ihrer Mutter beginnt und mit dem Tod ihres Mannes endet.

Oma verließ die Schule kurz nach Beginn der siebten Klasse, um sich um ihre krebskranke Mutter und ihr zweijähriges Brüderchen Charles zu kümmern. Ihr Vater arbeitete unterdessen den ganzen Tag im Kohlebergwerk. »Mit elf bin ich Hausfrau geworden«, sagte sie.

Nach dem Tod ihrer Mutter heiratete ihr Vater schnell wieder. »Das war Lily«, erklärte sie. »Also, ich habe mich um Charles gekümmert und um die Hausarbeit, und Lily hat mir gesagt, dass ich das einfach alles weitermachen soll.

Sie saß den ganzen Tag bei ihren Eltern auf der Veranda und kam erst spätabends nach Hause, dann nämlich, wenn auch mein Vater von der Arbeit kam. Ich sollte bis dahin das Abendessen zubereitet und das Badewasser angeheizt haben. Irgendwann hatte ich darauf keine Lust mehr, mein Schatz. Und dann habe ich beschlossen, dass ich gehe.«

Sie bat ihren Onkel um Geld für eine Busfahrkarte, um ihren Großvater mütterlicherseits besuchen zu können. »Als ich angekommen bin, habe ich Vater einen Brief geschrieben und ihm mitgeteilt, dass er hier nicht aufkreuzen braucht, um mich zu holen.« Noch mit ihren achtzig Jahren klang sie trotzig. Ich konnte mir nicht vorstellen, wie es war, mit dreizehn sein Zuhause verlassen zu müssen. In diesem Alter hätte ich nicht mal selbst etwas zu essen machen können, geschweige denn einen kompletten Haushalt führen und mich um ein Kleinkind kümmern.

In dem neuen Dorf klapperte sie die gesamte Nachbarschaft ab und fragte, ob sie beim Waschen, Bügeln oder Putzen helfen könne. Damit verdiente sie genug Geld, um ein paar Monate später wieder nach Hause fahren zu können. »Ich bin an Weihnachten nach Hause gefahren, aber Lily und ich haben uns gleich wieder mächtig gestritten – und das war's dann.« Sie machte eine effektvolle Pause. »Also bin ich nach Benedict. Das war am 20. Dezember 1944.« Damit begann ihre Geschichte.

Benedict war eine Bergarbeitersiedlung wie viele andere in den Appalachen. In diesen Außenposten der Zivilisation lebten Familien in Hütten der Grube, sie kauften in Läden der Grube ein und bezahlten oft sogar mit Anteilsscheinen der Grubengesellschaft, die dort als eigene Währung dienten. Sie gingen in die Kirche, die von der Grube errichtet worden war, und wenn sie krank waren, besuchten sie den Arzt der Grube. Irgendwann hatten viele Familien Schulden bei der Grube, die ein Monopol auf ihre Zeit und Arbeitskraft hatte. Die meisten dieser Siedlungen verschwanden wieder, als die Gruben in der zweiten Hälfte des 20. Jahrhunderts schlossen.

Aber 1944 war die Siedlung überfüllt. Zwei Familien mussten sich eine Hütte teilen, eine Familie belegte die ersten beiden Zimmer, eine andere die nächsten beiden. »Wir haben in einer Ecke der Siedlung gewohnt, die Buzzard's Roost hieß«, erinnerte sich Oma. »Dort haben sich die Kumpel jeden Morgen getroffen und sind mit der Seilbahn den Berg hinauf zu den Stollen.«

Oma zog also wieder zu ihrem Onkel und dessen Frau nach Benedict. Und als sie ein paar Tage später aus dem Fenster sah, geschah es: »Da habe ich einen großen, gut aussehenden Soldaten gesehen.« Also tat sie das, was jede junge Frau an ihrer Stelle getan hätte: Sie nahm den Wassereimer und machte sich auf den Weg hinunter zum Brunnen. »Ich habe mir richtig Zeit gelassen dabei. Und dann ist er endlich wieder aus dem Haus seiner Mutter auf die Straße gekommen. Ich habe mir weiterhin so viel Zeit gelassen wie nur möglich. Irgendwann dachte ich, so, wahrscheinlich sollte ich wieder rauf zum Haus. Aber er hat mich weiterhin angesehen und gelächelt.« Ich hörte das Lächeln in Omas Stimme. Sie konnte die Gefühle eines Mannes schon immer sehr gut einschätzen, auch mit dreizehn Jahren.

»Am Nachmittag musste ich dann zum Einkaufen in den Laden. Und als ich die Gasse entlanggehe, kommt er mir entgegen. Und er sagt zu mir« – sie ging in eine tiefere Stimmlage – »Ähm … hallo.«

»Und ich sage auch ›Hallo‹.« Ihr Stimme bekam etwas liebliches. »Und er sagt: ›Schöner Tag, nicht wahr?‹ Ich sage: ›Ja, ein sehr schöner Tag.‹ Und dann sage ich: ›Ich wünsche ich Ihnen einen guten Tag!‹«

Kein Dialog auf Jane-Austen-Niveau, aber ich bin trotzdem gefesselt von der Geschichte.

Der Soldat war damals gerade auf Heimaturlaub von der europäischen Front. Es musste um 1943 gewesen sein, auch wenn Oma gerade noch von 1944 geredet hatte. Ich unterbrach sie aber deshalb nicht.

Kurz darauf fragte er Omas Freundin Bernice, wer denn dieses blonde Mädchen sei. Und Bernice erwiderte, das ist Pauline. Und dann fragte Bernice ihn, ob er sie kennenlernen wollte. »Oh ja«, antwortete er.

»Ich habe draußen gearbeitet, als Bernice zu mir kam und sagte: ›Du kriegst Besuch.‹ Gegen sieben Uhr abends klopft es an der Tür – und draußen steht dein Opa.« Während sie erzählt, bin ich fasziniert von ihrer Begeisterung und von der Selbstsicherheit, mit der sie ihre Lebensentscheidungen getroffen hat.

Oma und Opa – Pauline und Tip – unterhielten sich die ganze Nacht hindurch und verbrachten die gesamten weiteren Tage seines Heimaturlaubs zusammen. Opa war 29 Jahre.

Als er zwei Jahre später offiziell aus der Armee entlassen wurde, »ist er natürlich heimgekommen und hat mich besucht. Und ich habe mich über beide Ohren in ihn verliebt. Ich habe gedacht, das ist der attraktivste Mann, den ich je gesehen habe. Und er hat so gut ausgesehen, Schatz. Er hat einen Goldzahn gehabt, einen der vorderen Zähne, und wenn er gelächelt hat, dann hat dieser Zahn geglänzt wie neues Geld.«

Ich unterdrückte ein Kichern. Obwohl ich erst vier Jahre alt war, als er starb, hatte ich natürlich viele Fotos gesehen und er sah damals wirklich gut aus, vor allem in Uniform. Nur die Sache mit dem Goldzahn war mir neu.

Leider ließ das Gold in seinem Mund keine Rückschlüsse auf seinen Geldbeutel zu: »Er hat sein Portemonnaie herausgeholt und gesagt: ›Ich habe kein Geld, aber ich will, dass wir morgen heiraten.‹ Stell dir vor, er hatte gerade mal *sieben Dollar*!« Das regte sie noch heute auf. Oma zählte mir jeden einzelnen auf, von dem er sich Geld leihen wollte, und am Schluss bekam er einen Kredit vom Vater seiner Exfreundin. »Tip hat ihn gefragt, ob er ihm Geld borgen könne, und er hat gesagt: ›Ein bisschen. Wozu brauchst du es?‹ Und Tip hat gesagt: ›Ich will morgen früh heiraten.‹«

Mit einem anderen Pärchen teilten sie sich ein Taxi in das etwa fünfzig Kilometer entfernte Harlan in Kentucky. Dort konnten sie am selben Tag einen Trauschein beantragen, einen Bluttest machen und vor den Standesbeamten treten. (Wer heiraten wollte, wurde vorher auf Syphilis getestet, die vor allem unter heimkehrenden Soldaten verbreitet war.)

»Als wir auf dem Gericht in Harlan waren, um den Trauschein zu beantragen, haben sie ihn gefragt, wie alt er ist. ›Einunddreißig‹, sagte er. Dann haben sie mich gefragt, und ich habe gesagt: ›Einundzwanzig‹. Da hat er mich angeschaut: ›Einundzwanzig? Ich habe nicht gedacht, dass du schon so alt bist!‹ Ich habe ihm unter dem Tisch einen Tritt gegeben und gesagt: ›Halt die Klappe, sonst fährst du ohne Frau nach Benedict zurück!‹«

Sie war fünfzehn, als sie heiratete, und siebzehn, als sie meine Tante Margie als erstes von acht Kindern zur Welt brachte.

Von ihren Kindern sagte sie: »Ich habe ihnen drei Mahlzeiten am Tag gekocht.« Dann zählte sie mir eine Reihe typischer Gerichte aus den Appalachen auf: »Bohnensuppe, Maisbrot, Salzkartoffeln, Bratkartoffeln, Ofenkartoffeln.« Sie lachte über diese armselige Aufzählung. Opa hatte einen Gemüsegarten, und sie machte alles ein, was sich einmachen ließ. Als ich sie fragte, ob es ihr nicht zu viel wurde, sich um so viele Kinder kümmern zu müssen, wurde sie sehr ernst: »Schatz, wenn ich etwas zu ihnen gesagt habe, dann haben sie gehört. Als sie groß genug waren, um das Geschirr zu spülen, habe ich sie auf einen Stuhl vor die Spüle gestellt.«

Sie erzählte mir vom Tod ihres Vaters. Er wurde bei einem Grubenunglück schwer verletzt und starb zwölf Tage später. Und von einer anderen Pauline aus dem Dorf ihres Vaters (»die reiche Pauline«), der Oma einmal ins Gesicht schlug, weil sie versuchte, ihr die Zeitungsroute streitig zu machen. In einem so kleinen Dorf war nur Platz für eine Pauline. Ihre Erzählung wechselte vom Tragischen zum Komischen und klang eher wie ein Roman als eine wahre Lebensgeschichte. Doch bei all dem schien sie sich sicher, dass sie das verdiente Happy End bekommen hatte. Mit ihrer tyrannischen Stiefmutter und dem hübschen Soldatenprinzen war Oma eine Art Appalachen-Aschenputtel – es fehlte nur noch die gute Fee.

Als ich meine Mutter später fragte, wie sich ihre Eltern kennengelernt hatten, klang die ganze Geschichte allerdings wenig romantisch. »Es waren vor allem die Umstände, die sie zusammengebracht haben. Mama war dreizehn und quasi das Dienstmädchen der Familie«, sagte sie und deutete damit an, dass die Heirat vor allem die Chance war, aus dieser misslichen Lage zu entkommen. Eine Tante meinte sogar mal, Opa habe sich »wegen ihrer Situation« mit Oma eingelassen, und er habe sie vor allem aus Mitleid geheiratet.

Nur Oma nannte es Liebe.

In den dreißig Jahren seit Opas Tod hatte Oma keine Beziehung mehr zu einem anderen Mann (worauf sie sehr stolz ist), auch wenn es nicht an Interessenten mangelte. Einmal erzählte mir Oma von einem Mann, der ihr vom Krankenhaus bis nach Hause folgte. Sie hatte dort ihren Bruder Jimmy besucht und im Aufenthaltsraum »einen netten älteren Herrn« kennengelernt. Zwei Tage später stand er vor ihrer Tür. Oma schien sich nicht zu wundern, dass dieser Mann eine mehrstündige Fahrt zu ihr nach Hause auf sich genommen und bei ihr geklingelt hatte. Und ganz ehrlich, wer fände nicht Gefallen an einer lebenslustigen Achtzigjährigen, die noch alle Zähne im Mund hat und behauptet, niemals ihre Haare gefärbt zu haben? (»Tönen ist nicht nicht dasselbe wie Färben«, erklärte sie an dieser Stelle immer.)

»Er war sehr nett«, sagte sie von ihrem Verehrer. »Aber er war ein Landei. Und er hatte so einen großen struppigen Vollbart, in dem die Krümel hängenbleiben. Der ist nicht Omas Typ.« Obwohl Oma nie in einer Stadt gelebt hatte, war sie alles andere als ein Bauernmädchen. Nachdem sie vor gut zehn Jahren eine Hüftoperation über sich ergehen lassen musste, riet ihr der Arzt, auf ihre geliebten goldenen Stiefeletten mit den hohen Absätzen zu verzichten und auf Sneakers zu wechseln. Das kam bei ihr gar nicht gut an.

Nach ein paar dezenten Hinweisen war ihr neuer Bewunderer zwar bereit, sich den Bart zu stutzen und ein frisches und gebügeltes Hemd anzuziehen. Doch Oma war nicht mehr umzustimmen.

Bei den Sonn- und Feiertagsessen meiner Kindheit war immer ein freundlicher Herr namens Marshall zugegen. »Er hätte alles für mich getan, Schatz. Wenn ich gesagt hätte, ›Marshall, knie nieder und leck diesen Stein ab‹, dann hätte er gesagt: ›Gern, Pauline.‹ Aber wir waren nur gute Freunde.«

Nach Marshalls Tod hatte sie einen anderen Freund, Raymond. Wie Marshall schien auch er Oma zu verehren. Aber wie sein Vorgänger blieb er nur ein Freund, bis auch er starb.

»Ich habe einfach niemanden gefunden, mit dem ich mich einlassen wollte. Opa war meine erste große Liebe.« Doch dann unterbrach sie sich. »Stimmt nicht! Er war nicht meine erste Liebe. Pat war meine erste Liebe.«

»Noch vor Opa?«, fragte ich erstaunt.

Pat und Oma gingen damals zusammen aus. Pat war achtzehn, und Oma zwölf. *Zwölf!*, dachte ich. Sie erzählte mir, dass Pat nach der Rückkehr aus dem Krieg nach ihr gesucht habe, aber da hatte sie ihr Dorf schon verlassen. Er lernte später eine Frau namens Virginia kennen, heiratete sie, und zog mit ihr nach Pennsylvania. »Aber obwohl er Virginia geheiratet hat, war ich die Nummer eins«, flüsterte sie, als könnte Virginia sie hören. Aber als Pat nach Virginias Tod zurückkam, um nach Oma zu suchen, die ebenfalls verwitwet war, heiratete sie auch ihn nicht. »Er hat mir gesagt, dass er mich lieben würde bis ins Grab«, erzählte sie mit dramatischem Tonfall: »Und so war es auch.«

Niemand in meiner Familie schien sich je über den Altersunterschied zwischen Oma und Opa gewundert zu haben. Dieser Unterschied war eben typisch für diese Zeit. Auch als Oma mit fünfzehn heiratete, hat sich, soweit ich es weiß, in ihrer Familie niemand Gedanken darüber gemacht.

Nach ihrer Hochzeit zogen sie in ein leerstehendes Haus in Benedict, auf dem Hügel über dem Haus ihrer Tante und ihres Onkels. Als sie einige Wochen später im Bett lagen, hörten sie, wie jemand die Stufen heraufkam und an die Tür klopfte.

»Hey Mädchen«, sagte eine Stimme, als sie öffnete. Vor ihr standen ihr Vater und Lily. »Ich habe gehört, ich habe einen Schwiegersohn«, sagte er. »Ich wollte ihn kennenlernen und mal sehen, wie es euch geht.«

»Uns geht's gut, Papa«, sagte Oma. Sie machte sie mit ihrem Mann bekannt, der kaum jünger war als ihr Vater, und damit war die Sache erledigt.

Als ich sie nach dem Altersunterschied fragte, sagte sie einfach: »Schatz, ich habe ihn mehr geliebt als alles. Das Alter war mir einfach egal.« Und ich könnte schwören, dass es so auch gewesen ist. Als ich sie schließlich fragte, warum sie so viele Kinder hatten, musste sie lachen: »Wir hatten keinen Fernseher. Irgendwie mussten wir uns doch beschäftigen.«

Weil ich so tief in dieser Geschichte stecke, fällt es mir schwer, die Rolle des unbeteiligten Beobachters einzunehmen, doch die Umstände dieser Ehe sind mir nicht ganz geheuer. Sie war viel zu jung um zu heiraten. Das hätte ein einunddreißigjähriger Mann wissen müssen. Wie konnte sie es sich zutrauen, mit fünfzehn eine derartige Verpflichtung einzugehen? Und warum Tip? Warum hatte sie nicht auf Pat gewartet? Eine naheliegende Antwort ist, dass eine Heirat die Rettung aus einer unsicheren Situation war. Damit erlangte sie eine gewisse Unabhängigkeit. Außerdem heirateten viele Mädchen der Gegend in diesem Alter. Aber das kommt mir zu einfach vor. Oma war nie besonders impulsiv oder naiv, und sie interessierte sich nicht sonderlich für das, was andere taten. So jung sie damals auch war, sie hatte sicher bereits ihren starken Willen und besaß eine gewisse Reife.

Tatsächlich fragte ich mich, ob sie in der Liebe etwas richtig gemacht hatte, was wir übrigen falsch gemacht hatten. Es bereitete ihr solche Freude, ihre Geschichte zu erzählen, und sie erinnerte sich an den großen attraktiven Soldaten, als wäre es gestern gewesen – und nicht vor einem ganzen Leben. In ihrer Stimme war nicht ein Hauch von Reue zu spüren. Wenn es darum geht, ein glückliches Leben zu führen, schien sie eine beneidenswerte Strategie gefunden zu haben.

Doch zwischen ihrer Version, und dem, was meiner Ansicht nach wirklich passiert sein musste, gibt es aus meiner Sicht eine Diskrepanz: Sie war als Jugendliche von zu Hause weggelaufen und hatte sich auf der Suche nach Sicherheit und Struktur mit einem viel älteren Mann eingelassen. Später war sie eine Mutter mit wenig Freiheiten in einer von Krieg und Armut geprägten Ehe. Und sehr wahrscheinlich erlebte sie mehr Kampf und Schmerz als sie zugab.

Als ich mit einem Freund über Omas Geschichte sprach, schlug er mir vor, dass ich mir den Film *Coalminer's Daughter* (auf deutsch *Nashville Lady*) über das Leben der Countrysängerin Loretta Lynn ansehen solle. Als ich schließlich die Zeit dazu fand, war ich erstaunt, wie sehr Lynns Jugend der meiner Oma glich. Lynn war in einem Bergarbeiterdorf namens Butcher Hollow in Kentucky zur Welt gekommen. Sie war das zweite von acht Kindern, und wie Oma hatte sie mit fünfzehn einen heimkehrenden Soldaten geheiratet. Innerhalb von nur fünf Jahren brachte sie vier Kinder zur Welt. Über ihre Ehe schrieb Lynn: »Ich war noch ein Kind, als ich Doo geheiratet habe, aber von dem Moment an war er mein Leben ... Er hat mich für etwas ganz Besonderes gehalten, und das hat er mich nie vergessen lassen.«[12]

Bei all seiner Liebe zu seiner Frau war Doo aber auch ein Alkoholiker und Frauenheld. Es gibt zahlreiche Geschichten über Gewalttätigkeiten zwischen den beiden. Loretta Lynns Lieder sind ein Spiegel ihres Lebens – es geht um die Rivalität zwischen Frauen, die Geburt von Kindern und den Alkoholismus. Mir imponiert ihre Ehrlichkeit und ihre Fähigkeit, in ihren Texten ihr Leben zu feiern, ohne dabei die schwierigsten Seiten auszublenden. Das spricht dafür, dass die Episoden aus Omas Leben, die mir so fremd vorkommen – ihre Heirat mit fünfzehn, ihre Prügelei mit der »reichen Pauline« und die harte Arbeit als Hausfrau und Mutter – damals wirklich normal waren.

Die Ehe ist mehr als eine Liebesgeschichte, sie ist auch eine sozioökonomische Einrichtung. Und »diese Einrichtung unterscheidet sich erheblich von Ort zu Ort – und hat sich vor allem im Laufe der Zeit stark verändert«, wie Marina Adshade in ihrem Buch *Dollars and Sex: How Economics Influences Sex and Love* (auf Deutsch erschienen unter dem Titel *Warum man weniger lernen sollte, um mehr Sex zu haben*) schreibt.[13] Meine Vorstellungen von der Ehe haben wenig zu tun mit den Hoffnungen einer Jugendlichen, die während der Weltwirtschaftskrise zur Welt kam und in einer Bergarbeitersiedlung aufwuchs.

In ihrem Buch *Marriage: A History* (auf Deutsch erschienen unter dem Titel *In schlechten wie in guten Tagen*) weist die Historikerin Stephanie Coontz darauf hin, dass die Ehe erst seit relativ kurzer Zeit so eng mit der Liebe verquickt ist.[14] Für den größten Teil der Menschheitsgeschichte diente sie eher dazu, Ressourcen zu managen, Familien zu gründen und Wohlstand zu schaffen; nur wenigen Menschen wäre es in den Sinn gekommen, gesellschaftliche oder politische Allianzen auf dem schwankenden Grund der Liebe zu errichten. Wenn sich Konservative also die »traditionellen Werte der Familie« zurückwünschen, dann beziehen sie sich damit auf einen ziemlich kurzen und noch recht jungen Moment in der langen Geschichte der Ehe.

Im Laufe des vergangenen Jahrhunderts hat sich die Einstellung gegenüber der Ehe unter dem Eindruck breiter kultureller und wirtschaftlicher Veränderungen gewandelt. Liebe und Kameradschaft sind wichtiger Bestandteil der ehelichen Zufriedenheit, aber sie waren nicht immer das wichtigste, wie der Soziologe Andrew Cherlin weiß: »In den 1950er Jahren empfanden es Männer und Frauen als befriedigend, ihre ehelichen Rollen gut auszufüllen: als gute Ernährer, gute Hausfrauen und verantwortungsbewusste Eltern.«[15] In dieser Zeit wurden die Aufgaben nach Geschlechtern verteilt. Solange die Familien noch groß waren, ermöglichte die Arbeitsteilung zwischen Ernährer und Hausfrau die größtmögliche Produktivität – bis die Pille und die Waschmaschine aufkamen. Oma war vermutlich als Jugendliche eine richtig gute Partie, weil sie im Alter von elf Jahren einen Haushalt führen konnte und gesund genug war, um körperlich hart zu arbeiten und Kinder zu bekommen.

In der Generation meiner Mutter wechselten die Frauen vom Haushalt in die Arbeitswelt. Dank der wirtschaftlichen Unabhängigkeit der Frauen wurde die Ehe so zu einer Selbstverwirklichungseinrichtung, sagt der US-amerikanische Psychologe Eli Finkel. In einem Artikel, der 2014 in der *New York Times* erschien, schrieb Finkel, in den vergangenen zwei Jahrhunderten seien unsere Erwartungen an die Ehe langsam die Maslowsche Bedürfnispyramide hinaufgeklettert.[16] Die Ehe begann als Einrichtung zur Befriedigung der existenziellen Bedürfnisse wie Ernährung und

Behausung, doch die kameradschaftliche Ehe von heute müsse höhere Bedürfnisse wie Liebe, Selbstachtung und Selbstverwirklichung bedienen. Im 21. Jahrhundert erwarten wir von unseren Partnern nicht nur, dass sie zuverlässige Miterzieher und monogame Sexualpartner sind. Wir wollen zudem, dass sie uns bei unserer Selbstverwirklichung unterstützen. Immer mehr sehen wir die Ehe als einen wichtigen Bestandteil für ein erfülltes Leben.

Stephanie Coontz konstatiert, dass unsere außergewöhnlich hohen Erwartungen an Liebe, Ehe und Sex im geschichtlichen und kulturellen Vergleich »extrem selten« auftauchen.

Diese hohen Erwartungen an Partner (er soll auf die Kinder aufpassen, während Sie am Samstagmorgen einen Töpferkurs belegen, *und* er soll ein anregendes Gespräch über das neue Buch von Malcolm Gladwell führen können, *und* er soll ein aufmerksamer und fantasievoller Sexualpartner sein) können nach Ansicht von Finkel nur selten erfüllt werden, was oft zu herben Enttäuschungen führt. Angesichts unserer gewaltigen Erwartungen müssten wir daher viel mehr Zeit und Energie in unsere Beziehungen investieren, wenn wir denn so viel von ihnen erwarten.

Doch Coontz und Cherlin weisen auf einen sonderbaren Widerspruch hin: Während unsere Erwartungen in die Höhe schießen, nimmt die Zahl der Ehen ab. »Die Übertragung dieser beispiellosen Erwartungen auf die Ehe hatte nicht vorhergesehene und revolutionäre Konsequenzen, die seither die Stabilität der gesamten Institution der Ehe gefährden«, schreibt Coontz.

Über Menschen, die ihre Hoffnungen ein wenig zu hoch geschraubt haben, sagt man in Appalachien, sie »wollen über ihren Stand hinaus«. Diese Einstellung hatte ihren praktischen Nutzen in einer Gesellschaft, in der die Menschen seit Generationen arm waren und kulturell an den Rand gedrängt wurden. Wir sind Bergbewohner und misstrauisch gegenüber Standesdünkeln und zu viel Ehrgeiz. Fremden und neuen Ideen begegnen wir mit Argwohn. Vielleicht kein Wunder, wenn man bedenkt, wie viele Heilsbringer von außen schon vergeblich versucht haben, die vielfältigen Probleme der Region zu lösen.

Wer mit dem eigenen Los zufrieden ist – etwa ein Leben mit acht Kindern in einem Haus ohne fließend Wasser –, für den ist das harte Leben erträglicher. Wer nicht mehr vom Leben erwartet, dem fällt es leichter, das zu tun, was nötig ist, damit die Familie gesund und satt ist. Meine Mutter hat mir einmal erzählt, sie habe zwar gewusst, dass sie arm waren, doch sie habe sich nie arm gefühlt, weil es keine Wohlhabenderen gab, mit denen sie sich hätte vergleichen können. Wenn ich mich als Kind darüber beklagte, dass ich den Rasen mähen musste, oder wenn ich um einen Schokoriegel bettelte, dann musste ich mir oft anhören, wie gut es uns ging, und wie viel schlechter es uns gehen könnte. Das sagen vermutlich alle Eltern, aber es ist irgendwie überzeugender, wenn es jemand sagt, der als Kind nur ein Plumpsklo hatte. Ich habe so viel, dachte ich – welches Recht habe ich, unglücklich zu sein? Welches Recht habe ich, in einer Beziehung zu einem Menschen, den ich liebe, unzufrieden zu sein?

In einer Gemeinschaft, in der man nicht wählerisch sein konnte, musste man auch mit seinem Partner zufrieden sein. Zu sagen, etwas sei nicht gut genug, war eine Art von Verrat. Und man begeht keinen Verrat an einem Menschen, dem man Treue bis ans Ende seiner Tage geschworen hat! Damit würde man in gewisser Weise auch die Gemeinschaft und Familie verraten. Wenn das Leben für alle schwierig ist – mit welchem Recht beklagt man sich, wenn man doch alles hat?

Während meiner ersten Studienjahre kämpfte ich immer wieder mit depressiven Verstimmungen. Es war keine schwere Depression, aber ich war eben nicht zu hundert Prozent zufrieden und sorglos – und hatte deshalb Schuldgefühle, weil ich glaubte, es sei meine Pflicht, glücklich zu sein. War es nicht unser aller Pflicht als menschliche Wesen, mit dem zufrieden zu sein, was uns die Welt zu bieten hatte? Erst als ich meinen Heimatort verließ, wurde mir klar, dass diese Vorstellung nicht allzu verbreitet ist.

Als ich Kevin kennenlernte, war er gerade von einem Auslandsjahr in Deutschland zurückgekommen und sah seine (und meine) Heimat mit anderen Augen. Er kritisierte Dinge, die ich nie auch nur hinterfragt hätte: Etwa, dass wir mit dem Auto zu Orten fuhren, die wir spielend zu Fuß oder mit dem Fahrrad erreichen konnten, dass wir zu viele Plastiktüten verwendeten oder dass wir zu viel Fleisch aßen. Die Professoren an seiner großen deutschen Universität hatten weder die Anwesenheit ihrer Studenten überprüft noch sich die Mühe gemacht, sich ihre Namen zu merken – für Kevin ein Zeichen, dass wir an unserer kleinen Provinzuniversität verhätschelt wurden. Das mochte ja sein, dachte ich, aber diese Uni hatte mir auch ein großzügiges Stipendium gegeben, da durfte ich doch nicht daran herummäkeln, oder? Es wäre mir nie in den Sinn gekommen, dass ich sie tatsächlich kritisieren durfte. Und dass ich etwas (oder jemanden) wertschätzen konnte, ohne seine Schwächen oder Fehler verschweigen zu müssen.

Nun mache ich beruflich genau das: Ich sehe mir Familiengeschichten mit fremden Augen an und hinterfrage genau die Beziehung, die mich gelehrt hat, die Welt kritisch zu sehen. Manchmal glaube ich, dass ich zu weit gegangen bin, wenn ich Vorstellungen wie das »nicht über meinen Stand hinauswollen« abgelegt habe, und dass ich es mit meiner Kritik übertrieben habe. Ich weiß, dass es ein Luxus ist, zwischen so vielen Konsumgütern wählen zu können, so viel Zeit zum Schreiben zu haben, und in einer schönen, sauberen und fortschrittlichen Stadt zu leben. Es bräuchte viel, um mich dazu zu bringen, das alles wieder aufzugeben. Aber ich frage mich, ob es nicht leichter wäre, einen Partner fürs Leben zu finden, wirklich in eine Beziehung zu investieren und meine Angst in den Griff zu bekommen, nicht den Richtigen zu finden, wenn ich weniger Wahlmöglichkeiten hätte. Anders als Oma kann ich wählerisch sein, und ich habe sogar die Wahl, überhaupt nicht zu heiraten.

Das ist vielleicht der größte Unterschied zwischen meinem Leben und dem meiner Großmutter: die Wahlmöglichkeiten. Ich habe jede Menge davon, sie hatte so gut wie keine.

Als Opa starb, war ich vier Jahre alt, und Casey war gerade ein paar Wochen zuvor zur Welt gekommen. Dieser Tag ist eine meine ersten klaren Erinnerungen, wie ein Album im Gedächtnis, das ich jederzeit hervorholen und durchblättern kann. Meine Erinnerungen an Opa selbst sind jedoch verschwommen, er ist mehr Mythos als Wirklichkeit. Ich erinnere mich, dass ich ihn im Haus an der Jocelyn Street besucht habe, wo Oma bis heute wohnt. Er saß in einem Sessel, und ich glaube, manchmal habe ich da auf seinem Schoß gesessen. Aber ich erinnere mich weder daran, wie sich seine Kleider anfühlten, noch daran, wie seine Stimme klang. Ich sehe einen düsteren Raum und einen ausgebleichten grünen Veloursessel. Oder war er aus Brokat? Der grüne Stoff hat sich mir jedenfalls ins Gedächtnis eingegraben – kann sein, dass ich ihn nach seinem Tod auf Fotos gesehen habe. An ihn selbst erinnere ich mich weder gehend noch stehend, noch essend. Ich sehe ihn nicht als Menschen aus Fleisch und Blut, sondern als einen Archetypen: der Großvater. Ein Erinnungsbild wie eine Ferrotypie.

Oma wohnte in einer Wohnung in der Nähe. Ich erinnere mich an eine Fliegengittertür, die in eine kleine, sonnige Küche mit einem Resopaltisch aus den Fünfzigern führte. Ich fand es komisch, dass die beiden nicht zusammenlebten, aber weil niemand darüber sprach, fragte ich auch nicht nach.

Eines Samstagmorgens klingelte im Wohnzimmer das Telefon. Ich ging dran. Meine Tante Ginny und meine Cousine Angela waren zu Besuch. Meine Eltern waren vermutlich mit Casey beschäftigt, die gerade erst ein paar Wochen alt war. Ich freute mich, Omas Stimme zu hören, doch sie klang sonderbar: »Kann ich mit deinem Papa reden, Schatz?« Weinte sie?

Weil er der Herr des Hauses war, oder vielleicht weil er kein Kind von Opa war, teilte sie die Nachricht von Opas Tod zuerst ihrem Schwiegersohn mit. Ich erinnere mich, dass meine Mutter leise weinte. Mein Vater und Ginny gingen durch den Garten, er hatte den Arm um ihre Schulter gelegt, und ich dachte, wenn jemand stirbt, dann muss es wohl ein Brauch sein, im Vorgarten Runden zu drehen, denn das war etwas, das ich bis dahin noch nie gesehen hatte. Es war sonderbar, dass mein Vater den Arm schützend und liebevoll um Ginnys Schultern legte, so wie er sonst nur meine Mutter anfasste. Der Tod machte uns still und liebevoll.

Meine Mutter saß auf dem Bett, und ich stand neben ihr und fragte mich, was ich tun sollte. »Opa ist heute Morgen gestorben. Er hatte einen Herzinfarkt«, sagte sie mir. So als hätte ich nicht längst gehört, wie die anderen darüber sprachen. Ich nickte. Das hatte ich schon im Film gesehen: Wenn jemand starb, kam er nicht mehr zurück. Aber sie erklärte es mir trotzdem. Opa sei nun im Himmel, sagte sie mir, aber das wusste ich auch schon. Trotzdem war es sonderbar, ihn mir da oben vorzustellen. Vor allem fragte ich mich, warum Oma am Telefon so traurig gewesen war, obwohl sie und Opa doch nicht mehr zusammenwohnten.

Danach besuchten wir Oma im Haus an der Jocelyn Street, und die sonnige Wohnung wurde nicht mehr erwähnt. Sie stellte sein Bild auf das Kaminsims – das Schwarzweißfoto eines jungen Soldaten. Als Jugendliche fragte ich mich oft, ob sie tatsächlich getrennt gelebt hatten oder ob ich mir das nur eingebildet hatte.

Ich hatte beschlossen, nach Hause zu fliegen, meine Oma (und meine Mutter und Schwester) zu besuchen, um mit ihr durch Lee County zu fahren und mehr über ihr Leben in Erfahrung zu bringen. Kurz nachdem wir sie abgeholt hatten, verließen wir die Straße und hielten auf einer staubigen Brache. Hier hatte das Haus ihres Vaters gestanden, sagte sie und zeigte auf ein paar Steine, die noch aus dem Boden ragten. Und da drüben war das Haus ihres Onkels gewesen, fügte sie hinzu und zeigte auf einen Hügel und die Überreste einer Straße, die inzwischen zugewuchert war. Hier ging auch ihre Zeitungsroute entlang. Während wir am Straßenrand standen und Autos an uns vorbeirauschten, zeichnete Oma ihre Welt auf die sichtbare Welt. Es war erst Mai, aber es war schon schwül.

Über kleine Landstraßen fuhren wir zu den Holzhütten, in denen Opa aufgewachsen war, und fanden ein kleines Doppelhaus, früher weiß gestrichen, und heute grau wie Abwaschwasser. Unterwegs kamen wir an der Stelle vorüber, an der die Grundschule meiner Mutter gestanden hatte, bevor sie abgebrannt war. Wir fuhren durch die Hauptstraßen von Pennington Gap und Jonesville, den beiden größten Ortschaften hier: Ich erinnerte mich daran, wie wir zum großen Umzug während des Tabakfestes hierhergekommen waren, und wie der ganze Ort auf der Straße gestanden hatte, um der Militärkapelle der Highschool zuzujubeln und die Tabakkönigin in einem offenen Mustang-Cabrio vorbeifahren zu sehen. Heute ist hier nichts mehr – alle Fenster sind leer, eingeschlagen oder mit Brettern vernagelt.

Wir fuhren zum Friedhof, auf dem Omas Eltern begraben sind, und sahen, wie sich mächtige dunkelgraue Wolken über den Hügeln auftürmten. »Ich habe nie woanders gelebt als in Benedict und St. Charles und Ben Hur und Pennington«, hatte Oma mal gesagt. Diese Ortschaften befinden sich in einem Umkreis von fünfundzwanzig Kilometern in einem verarmten ländlichen Bezirk im westlichsten Zipfel von Virginia. Ich hatte mir damals nicht vorstellen können, was es bedeutete, achtzig Jahre lang in dieser verlassenen Gegend zu leben. Aber jetzt, als wir hier auf dem Hügel im niedrigen Gras standen, konnte ich plötzlich nachvollziehen, wie man sein Leben hier verbringen konnte, weitab vom Rest der Welt. In jeder Richtung gab es nichts als eine endlose Folge von Bergen und Tälern, Hängen und Weiden.

Als wir durch die Reihen der Grabsteine gingen, zeigte Oma auf die Gräber von Bekannten. Die meisten waren schon seit vierzig Jahren tot. Hin und wieder stieß ein Sonnenstrahl durch die Wolken und das dichte Laub der Bäume. Hier ist man immer in den Bergen, nie auf ihnen.

Zu Mittag aßen wir im Ben Hur Café, wo es den ganzen Tag über Hamburger und Fassbier gibt. Während meine Mutter und Casey noch fertig aßen, erteilte Oma mir bereits eine Lektion im Billard. Das hätte ich schon an der Art absehen können, wie sie nach dem Queue griff (das ebenso lang war wie sie hoch) und sich lässig auf ihn stützte, während ich die Kugeln sortierte.

Kaum saßen wir wieder im Auto, als es bedrohlich dunkel wurde und ein Gewitter mit seinem sonderbaren metallischen Geruch heraufzog. Wir waren gerade am Weltkriegs-Memorial angekommen, als sich die Schleusen öffneten und ein Wolkenbruch die Blätter von den Bäumen riss. Oma stand Arm in Arm neben Casey, die einen großen Golfschirm hielt, und zeigte auf die Mauer aus gravierten Steinen: einer für Opa, einer für ihren Bruder Jimmy, einer für ihren Bruder Charles und ein letzter für ihren Sohn, meinen Onkel Stevie. »Veteran: Ein anderes Wort für Freiheit« stand auf einer großen Tafel. Auch wenn mir der Sinn nicht ganz klar war, verstand ich doch, was damit gemeint sein sollte.

Als wir am Stone Face Rock vorüberfuhren, stellte ich eine Frage, die mich schon lange beschäftigte: »Ich erinnere mich, dass wir dich vor Opas Tod immer in einer Wohnung an der Main Street besucht haben.«

»Oh ja, Schatz«, erwiderte Oma. »Ich erinnere mich an die kleine Wohnung.«

»Warum hast du denn nicht bei Opa gewohnt?«

Sie machte eine Pause, dann antwortete sie: »Schatz, ich wollte einfach nicht dabei sein, wenn er getrunken hat. Aber er war der beste Mann, den man kriegen konnte.«

Nostalgisch fuhr sie fort: »Manchmal habe ich morgens im Bett gelegen, und das Telefon hat geklingelt, und er hat gesagt, ›Pauline, lass uns eine Tour machen‹. Und ich habe mich auf den Ellenbogen gestützt, und wir haben uns einfach unterhalten. Wir haben es geliebt, den ganzen Tag miteinander zu verbringen. Wir haben im Drive-Thru ein Frühstück mitgenommen, dann haben wir irgendwo am Straßenrand gehalten und im Auto gefrühstückt. Nur wir zwei. Und dann sind wir einfach durch die Gegend gefahren.« Ihre Stimme klang weich und verträumt.

»Warum hast du eigentlich nach seinem Tod nicht wieder geheiratet?«, fragte ich. Sie schwieg.

»Ich habe deinen Opa immer geliebt«, antwortete sie schließlich. »Und ich denke, ich liebe ihn immer noch.« Diesen letzten Satz fügte sie an, als habe sie das gerade erst bemerkt. Außerdem, erklärte sie, hätte sie die Armeerente verloren, von der sie die ganzen Jahre gelebt hatte. Aber das war zweitrangig, und sie wischte es schnell beiseite. Sie lachte leise: »Er hat immer gesagt, ›Wenn mir was passiert, dann hast du einen Neuen, so einen mit haarigen Beinen, bevor ich noch kalt bin und in der Erde liege.‹ Und ich habe gelacht und gesagt: ›Natürlich!‹«

Ihre Ehe war so vieles auf einmal gewesen: zärtlich und liebevoll, problematisch und praktisch, bereichernd und schwierig. Omas Erfahrungen erinnern mich daran, dass unsere Vorstellung von der Liebe – unsere Erwartungen an das, was sie uns geben und wie sie sich anfühlen sollte – eng mit unseren Lebensumständen zusammenhängt. Die Liebe lässt sich unmöglich aus ihrem Kontext herauslösen. Es ist die Geschichte einer Frau und eines Mannes, aber es ist auch eine größere Geschichte: die der Appalachen in Virginia am Ende des Bergbaubooms.

Eine wissenschaftliche Untersuchung aus dem Jahr 1996 erforschte die Auswirkungen von idealisierenden Vorstellungen in Paarbeziehungen und stellte dabei fest, dass bei Frischverheirateten, die ihre Partner idealisieren, die Zufriedenheit mit der Partnerschaft im Laufe der ersten drei Ehejahre höher ist als bei Paaren, die sich von Anfang an realistisch sehen.[17]

In meiner Beziehung mit Kevin habe ich mich immer sehr darum bemüht, ihn objektiv zu sehen. Ich war mir des starken Sogs bewusst, den die Liebe ausübt, aber es war mir sehr wichtig, dass andere mich nicht für naiv und verträumt hielten. Wenn Kevin einen derartigen Einfluss auf meine Gefühle ausüben konnte, dann wollte ich mich wappnen, indem ich seine Schwächen registrierte. Kevin machte es vermutlich nicht anders. Partner hätten die Aufgabe, sich gegenseitig auf ihre Schwächen aufmerksam zu machen, damit sie an ihnen arbeiten könnten, sagte er dazu. Wir waren richtig gut darin, uns gegenseitig auf unsere Schwächen aufmerksam zu machen.

Kevin schien sich nie allzu viele Gedanken um unsere gemeinsame Zukunft zu machen. »Ich wache jeden Morgen auf und will mit dir zusammen sein«, sagte er einmal zu mir. »Reicht das nicht?«

Es reichte nicht. Aber ich wusste nicht, wie ich ihm das erklären sollte.

In einem Artikel in der *New York Times* vertrat der Philosoph Todd May die Ansicht, die Liebe könne sich nur entwickeln, wenn sie den Gedanken an den Tod einbeziehe.[18] Wenn wir das ewige Leben hätten, dann könnten wir unendlich viele Menschen lieben, oder wir könnten denselben Menschen bis in alle Ewigkeit lieben. Doch in beiden Fällen würde die Liebe ihre Intensität verlieren. Als Beleg führte May den von Bill Murray gespielten Charakter aus dem Film *Und täglich grüßt das Murmeltier* an: Obwohl die Hauptfigur Phil Connors einen Tag nach dem anderen hat (auch wenn es immer derselbe Tag ist), um seine Liebe zu Rita (die von Andie MacDowell gespielt wird) zu entwickeln, verfügt er nicht über einen Zukunft, um aus dieser Liebe eine echte Leidenschaft zu machen: »Die ewige Wiederkehr des Groundhog Days bot ausreichend Zeit. Sie versprach sogar eine Ewigkeit. Aber es war die falsche Art von Zeit. Es gab keine Zeit, um ein Zusammenleben zu entwickeln. Stattdessen gab es immer mehr vom Gleichen.«

Erst im Angesicht des Todes wird eine Bindung – ich denke hier an die Ehe – wirklich sinnvoll. Wir haben nur ein Leben und damit nur eine begrenzte Menge an Zeit; wirklich in eine Beziehung zu einem anderen Menschen zu investieren bedeutet, alle anderen potenziellen Beziehungen oder Zeitinvestitionen dafür zu opfern. Eine lebenslange Beziehung, egal wie unvollkommen und fehlerbehaftet sie sein mag, bietet mehr Möglichkeiten für die Liebe, als jeden Morgen aufzuwachen und zu dem Schluss zu kommen, dass man noch mit dem anderen zusammen sein möchte.

Nach Ansicht von May ist die Intensität der Liebe kein Phänomen, das immer wieder von einem Moment zum anderen neu entsteht. Die Intensität der Liebe benötigt vielmehr den Weg in eine ungewisse und endliche Zukunft.

Wenn ich in die Zukunft blickte, dann wusste ich nicht, ob Kevin noch darin vorkam oder nicht, weshalb ich nicht wirklich in unsere Liebe investieren wollte. Als Oma heiratete, waren sie und Opa so aufeinander angewiesen, dass sie vermutlich nicht allzu viele Gedanken an ihre Zukunft verschwendeten.

Andrew Cherlin bemerkt dazu: »Die interessante Frage ist nicht, warum heutzutage so wenige Menschen heiraten, sondern warum immer noch so viele heiraten oder eine Heirat planen oder auf eine Heirat hoffen, wenn die Ehe ohne Trauschein oder der Status als Alleinerziehend weitestgehend akzeptierte Lebensentwürfe sind.« Für Oma war die Ehe der Weg zu einem bescheidenen Maß an Unabhängigkeit, finanzieller Sicherheit und gesellschaftlichem Status – während ich das alles mehr oder weniger allein erreichen konnte. Mir ihre Optionen in Sachen Liebe vor Augen zu führen, die meinen diametral entgegengesetzt waren, gibt mir mehr Klarheit über meine eigenen Bindungsängste: Will ich überhaupt eine lebenslange Bindung? Und wenn ja, werde ich sie finden?

Ich will Omas Leben und ihre Ehe nicht verklären. Aber ich sehe, dass ihre Geschichte im Rückblick besser wird. In den Jahren nach Opas Tod besaß sie alles, was sie in den Anfangsjahren nicht hatte: genug Geld für ein angenehmes Leben, einen Drei-Zimmer-Bungalow für sich allein, und Freizeit, die sie nach Lust und Laune gestalten konnte. Sie züchtete preisgekrönte Rosen und sah sich den Shopping-Kanal im Fernsehen an. Selbst ohne Ehemann wurde sie dreißig Jahre lang von guten Männern umsorgt. Warum sollte sie noch einmal heiraten?

Vielleicht verbirgt sich hinter Omas Liebesgeschichte eine andere, wahrere Geschichte: die Geschichte von Frauen ohne Geld und Schulbildung, die große Anstrengungen auf sich nahmen, um ein eigenständiges Leben zu führen. Ich habe ihre Entscheidung, allein zu leben, immer als Zeichen der Treue gegenüber Opa verstanden, aber in Wirklichkeit war sie wahrscheinlich in erster Linie jemand anderem treu: sich selbst. Wenn die Institution der Ehe wirklich in der Krise ist, dann vielleicht deshalb, weil sie nicht mehr der einzige oder gar der beste Weg ist, ein glückliches Leben zu führen.

Ich weiß nicht, ob für mich diese lebenslange und staatlich institutionalisierte Form der Bindung jemals Sinn machen wird. Aber Omas Geschichte hat mir gezeigt, dass Eigenständigkeit ebenso stark sein kann wie eine so mächtige Institution.

Girl meets boy

Das Drehbuch der Liebe

≈

Die Geschichte von Kevin und mir war anders als alle anderen Liebesgeschichten, die ich kannte.

Kevin sprach mich während einer Redaktionssitzung unserer Universitätszeitung an. Ich war achtzehn und gerade aus der Kleinstadt in Virginia, in der ich zur Welt gekommen war, in eine andere zwei Stunden entfernte Kleinstadt in Virginia gezogen. Obwohl ich ein Stipendium bekommen hatte, um an unserem kleinen College Roanoke zu studieren, war ich so eingeschüchtert, dass ich nur dann mit älteren Studenten sprach, wenn sie mich ansprachen. Auch bei dieser Sitzung hörte ich schweigend zu, um herauszufinden, was die anderen von mir erwarteten, ehe ich ihnen etwas über mich preisgab.

»Ich würde vorschlagen, dass sich die neuen Redaktionsmitglieder erst einmal vorstellen«, sagte der Chefredakteur. Als ich an die Reihe kam, nannte ich meinen Namen und meinen Heimatort, und ein Student auf der anderen Seite des Raums blickte auf und lachte überrascht. Es war Kevin.

»Abingdon?«, fragte er. »Das kenne ich.«

Ich habe keine Ahnung, warum er überhaupt etwas sagte. Viele unserer Kommilitonen kamen aus dem Nordosten von Virginia, und vielleicht war er einfach nur überrascht, dass jemand aus derselben Ecke des Bundesstaates kam wie er.

Vielleicht flirtete er auch mit mir. Ich erinnere mich nur noch daran, dass er mich anschaute und etwas in mir zu flimmern begann. Ich kannte ihn aus meinem Linguistikseminar, er wirkte klug und ironisch und tat vertraut mit dem Professor. In den letzten Semesterwochen hoffte ich, dass er mich noch einmal ansprechen würde, aber das tat er nicht.

Das nächste Mal begegneten wir uns erst anderthalb Jahre später. Inzwischen war ich feste Redakteurin bei der Zeitung geworden. Es war der erste Freitag des neuen Semesters und wir waren alle auf der Wiese hinter der Mensa, um Burger zu essen und Frisbee zu spielen. Als sich ein Typ mit langen Haaren und Bart in der Nähe hinsetzte, dachte ich erst, dass es sich um einen Austauschstudenten handelte. Er trug unmodische Nylonshorts und schien so anders zu sein als die anderen Jungs mit ihren Cargoshorts und rosa Polohemden, dass er nicht von hier sein konnte. Nach dem Essen wurde mir schlagartig klar: Das war Kevin. Er hatte in Deutschland studiert, nun war er wieder da, und er war attraktiver und weltgewandter geworden.

Vielleicht war es diese aufregende Mischung aus Vertrautem und Exotischem, aus einem Hillbilly aus den Appalachen und einem Europäer, die mich dazu brachte, etwas für mich ganz und gar Untypisches zu tun: Ich erfand einen Vorwand, um ihn anzuquatschen.

»Hi, Kevin, richtig?«, sagte ich, als er neben dem Tisch mit den Keksen stand. »Du hast mich wahrscheinlich vergessen, ich bin Mandy –«

»Klar erinnere ich mich«, sagte er lässig und lächelte, aber ich fuhr fort, als hätte er gar nichts gesagt.

»Ich bin jetzt Redakteurin für die Uni-Zeitung, und wir brauchen einen Fotografen. Ich weiß nicht, ob du noch interessiert bist, aber wir treffen uns am Sonntagabend. Warum schaust du nicht mal vorbei?«

Er sagte, er wisse es noch nicht, und schrieb mir seine E-Mail-Adresse auf einen Zettel.

Als Redakteurin der Kulturseite hatte ich zwar nichts mit den Fotografen zu tun, aber das war mir egal. Ich hatte seine E-Mail-Adresse, die ich in meiner Tasche wie etwas streng Geheimes verstaute. Für mich war das ein Dokument der Möglichkeiten, etwas, das mir ein neues Leben versprach, wie ich es mir noch nicht erträumt hatte. Ich sollte Recht behalten.

An diesem Sonntagabend kam Kevin nicht, und die übrigen Redaktionsmitglieder merkten gar nicht, dass ich diesmal nicht in meinen üblichen Trainingshosen erschien, sondern mir bei der Auswahl meiner Kleidung besondere Mühe gegeben hatte. Aber damit hatte ich immerhin einen Vorwand, Kevin eine Mail zu schicken. Er habe kommen wollen, schrieb er mir zurück, doch er habe sich in der Uhrzeit geirrt. Diesmal schickte er mir seine Telefonnummer. Eine gute Woche später sah ich ihn wieder. Ich war beim Bingoabend gewesen, als Brian – ein Freund, in den ich hartnäckig verliebt war – mit seiner neuen Freundin erschien. Meine Wangen brannten vor Scham, diesem alten Gefühl, das sich einstellt, wenn man jemanden will, der einen nicht will. Ich vermied es, die beiden anzusehen, doch ich hatte das Gefühl, dass mich alle dabei beobachteten, was es noch schwerer machte, nicht hinzusehen. Nach dem Ende der Runde sagte ich meinen Freunden, ich hätte Magenschmerzen, und ging.

Meine Zimmergenossin übernachtete bei ihrem Freund, und die Stille des Wohnheims an einem Freitagabend wirkte erstickend. Ich dachte an Kevin. Er wohnte nicht auf dem Campus, und vielleicht war er ja auch allein. Er hätte mir seine Nummer nicht gegeben, wenn er nicht wollte, dass ich ihn anrief, dachte ich mir.

Während das Telefon klingelte, hielt ich den Atem an, in der Hoffnung, er könne unterwegs oder beschäftigt sein. War er aber nicht.

»Hallo?«, antwortete er. Unwillkürlich musste ich denken, dass er so klang, als erwarte er einen Anruf. Als ich an Brian mit seiner neuen Freundin dachte – eine Studentin, die so beliebt war, dass ich sie schlecht hassen konnte – spürte ich den Mut der Verzweiflung. Ich würde mich nicht traurig vor meinen Computerbildschirm setzen und E-Mails schreiben. Ich wollte mit jemandem ausgehen, der dank seiner langen Haare, seiner schrägen Klamotten und seiner langen Abwesenheit absolut cool und geheimnisvoll war.

»Hi«, sagte ich und zwang mich, in den Hörer zu lächeln. »Hier spricht Mandy.«

»Ah, du bist's«, sagte er, als würde ich dauernd bei ihm anrufen.

Ob er beschäftigt war, wollte ich wissen. Ob er Lust hätte, einen Film auszuleihen oder so? Hatte er.

Ich holte ihn in seiner Wohnung ab, und auf dem Weg in mein Wohnheim gingen wir in einer Videothek und einer Pizzeria vorbei. Kevin stand nicht auf Small Talk, weshalb sich unsere Bekanntschaft rasant entwickelte, sobald er ins Auto gestiegen war. In den ersten Monaten fühlte ich mich in Kevins Gegenwart nie entspannt, aber ich hatte das Gefühl, dass er mich wirklich kennenlernen wollte.

»Wieso hat jemand wie du an einem Freitagabend nichts vor?«, fragte er. Die Frage implizierte die Annahme, dass ich eine Mitläuferin war. Er hatte Recht.

»Naja, ich war beim Campus-Bingo«, sagte ich. »Aber ich hatte keine Lust zu bleiben.«

Er nickte. »Sie haben ihre ganzen XXL-T-Shirts verlost?«

»Nein. Ich würde eher sagen, die Uni hat ihr Budget für extragroße T-Shirts verdoppelt, während du weg warst. Wenn du willst, können wir hingehen und eins für dich gewinnen.«

Er lachte.

»Und du? Warum bist du nicht mit den Jungs unterwegs, mit denen ich dich immer in der Mensa sehe?«

Er sagte, es falle ihm schwer, sich nach seinem Jahr in Deutschland wieder einzuleben. Er fühle sich den Freunden, die er dort kennengelernt hatte, viel näher als den Freunden von hier.

Er zog es vor, allein zu sein als sich mit Leuten zu treffen, die er nicht mochte. Und trotzdem wollte er mit mir zusammen sein.

Das Video, das wir uns ausgeliehen hatten, erzählte die Lebensgeschichte von Jackson Pollock. An den Film erinnere ich mich nicht mehr, aber ich erinnere mich noch sehr genau, wie sich Kevins Haare zwischen meinen Fingern anfühlten. »Es gibt einen Unterschied zwischen einem normalen und einem französischen Zopf«, erklärte ich ihm. »Ich flechte dir einen französischen Zopf.« Während ich ihm mit dem Finger durch die Haare fuhr und sie teilte, spürte ich, wie mir das Gesicht bis zum Hals hinunter brannte.

»Haben sie dir das im Cheerleader-Camp beigebracht?«, neckte er mich.

»Nein«, sagte ich. »Sowas kann man schon vorher.«

Der Abend fühlte sich schicksalhaft an. So als ob sich unser beider Leben langsam aber zielstrebig auf diesen Abend zu bewegt hatten, an dem wir uns unsere Geschichten erzählten. Ich war doppelt aufgeregt, als mir klar wurde, dass niemand wusste, wo ich war, und mit wem ich zusammen war.

Nachdem der Film zu Ende war, legten wir uns auf das Bett meiner Mitbewohnerin, von dem aus man den besten Blick auf den Fernseher hatte, unsere Köpfe dicht nebeneinander auf dem Kissen. Er knöpfte sich die Hose auf und legte seinen Arm auf meinen Oberkörper, als sei es das Natürlichste der Welt. Ich spürte seinen Atem an meinem Ohr. Ich konnte nicht einschlafen und spürte die Wärme und das Gewicht seines Arms. Es war ein Anfang, dachte ich. Und ich war mir sicher, dass er mich zum Abschied küssen würde. Aber als er ein paar Stunden später aus dem Auto stieg, lächelte er mich nur an.

Einige Tage später rief er mich an und fragte, ob ich nicht vorbeikommen wolle. Ich zögerte. »Ich schreibe gerade an einem Aufsatz für einen Englischkurs. Und ich bin schon im Schlafanzug.«

»Na und?«

Ich legte auf und ging zum Auto.

»Magst du Schokokekse?«, fragte er, als er die Tür öffnete.

»Ist das eine Frage? Wer kann schon Nein zu Keksen sagen?«

Er ging in die Küche und schaltete den Backofen ein.

»Als ich klein war, habe ich zusammen mit meiner Mutter immer Kekse gebacken«, sagte er. Ich wusste, dass seine Eltern ganz in der Nähe wohnten, aber weil er gesagt hatte, dass er sie nicht oft besuchte, wunderte ich mich über den nostalgischen Tonfall und die Zärtlichkeit in seiner Stimme. Er schlug Eier in eine Schüssel und mischte den Teig mit den Händen. Als er fertig war, hielt er seine klebrige Hand hoch.

»Magst du?«

Ich zögerte, dann nahm ich mit dem Finger ein bisschen Teig von seiner Fingerspitze und steckte ihn in den Mund.

Dieses Mal schliefen wir unter der Decke, und sein Körper schmiegte sich enger an meinen. Aber küssen wollte er mich immer noch nicht.

So ging das einige Wochen lang. Ich brachte meine Hausaufgaben mit, und er kochte – indisches Essen, was ich bis dahin noch nie gegessen hatte, oder Nudeln. Wir sahen einen Arthouse-Film und hielten Händchen unter der Decke. Wir hörten deutschen Trip Hop und er erklärte mir die Musik Schicht für Schicht. Ich erzählte ihm von einer Kurzgeschichte, die ich schrieb, oder was ich für mein Seminar über Afrikanische Diasporaliteratur las, auch wenn ich die Bücher nicht mehr zu Ende las, seit wir uns sahen. An zwei oder drei Abenden in der Woche schlüpften wir in sein Bett, doch wir kamen kaum zum Schlafen, weil wir so viel zu reden hatten.

Während dieser Wochen fiel hin und wieder auch der Name Helen. Über seinem Bett hatte er Fotos aus Deutschland aufgehängt, als Erinnerung an das Leben, das ihm so gefallen und das er zurückgelassen hatte. Er nannte mir die Namen der Gesichter auf den Bildern, Freunde aus den Vereinigten Staaten und Europa, die ebenfalls für ein Jahr in Deutschland studiert hatten. Sie kamen mir vor wie Figuren aus einem Roman. »Das ist Helen«, sagte er. »Sie ist meine beste Freundin.« Auf dem Bild, das in Deutschland aufgenommen worden war, berührten sich ihre Gesichter an der Schläfe. Sie wirkten sehr zufrieden auf mich.

Kevin wusste, dass Virginia nicht seine Heimat war, auch wenn er hier zur Welt gekommen war. Es war Ende September 2001, kurz nach den Anschlägen auf das World Trade Center, und es schien so, als ob dieses Ereignis sowohl das Beste als auch das Schrecklichste aus unserem Land herausholen würde. »Es gefällt mir an dir, dass du nie darüber sprechen willst«, sagte er einmal und meinte damit die Zwillingstürme, die Politik und den Terror. Stattdessen unterhielten wir uns über andere Länder. Er lernte Spanisch und bewarb sich auf eine Stelle beim Peace Corps. Er plante ein Leben voller Abenteuer. Ich würde im Januar nach London ziehen, obwohl ich noch nie aus den Bergen von Virginia herausgekommen war und nie weiter als eine kurze Autofahrt von meinen Eltern entfernt gewohnt hatte.

Kevin ließ hin und wieder deutsche Wörter in unser Gespräch einfließen und ich sollte ahnen, was sie bedeuteten. Er erzählte mir davon, wie er Nächte hindurch zu elektronischer Musik getanzt hatte, Zug gefahren war und dunkles Bier getrunken hatte – er schilderte mir ein Leben, das so viel authentischer schien als unseres mit seinen Einkaufsmeilen und SUVs.

Manchmal ärgerte mich seine Verachtung für das Leben in Amerika auch. Ich lebte in Amerika. Und wir hatten uns unter denkbar banalen Umständen kennengelernt, aber wenn wir zusammen waren, war nichts banal, alles schien Bedeutung zu haben.

Nur an Sonntagabenden konnten wir uns nicht sehen, weil er dann mit Helen telefonierte. Sie lebte in Minnesota, und ich vermutete, dass sie seine Unzufriedenheit auf eine Weise verstand, wie ich das nicht konnte. Er wollte sie in den Herbstferien besuchen, und sie sollte an Thanksgiving nach Virginia kommen.

Es dauerte eine ganze Weile, bis ich verstand, dass Helen Teil meiner Beziehung zu Kevin war, in der wir wochenlang bis spät in die Nacht quatschten, die nackten Beine ineinander verschränkt, aber ohne je diese unscharfe Linie zu überschreiten, ab der die Berührungen zu weit gehen würden. Wie unsere Beziehung schwebte seine Beziehung zu Helen ebenfalls irgendwo zwischen Freundschaft und Liebe. Mit dem Unterschied, dass sie diejenige war, die er küsste. Das sagte er mir nicht, aber es wurde mir eines Tages plötzlich klar. Dass ich das übersehen hatte, war mir anschließend so peinlich, dass ich niemandem davon erzählte.

Wenn andere (meine Eltern, die Mitstudentinnen im Wohnheim) ihn als meinen Freund bezeichneten, dann wich ich aus: »Es ist nichts Ernstes. Außerdem gehe ich im Januar nach London und er will zum Peace Corps.«

Aber es gefiel mir, als Freundin eines kommenden Peace-Corps-Freiwilligen zu gelten. Es kam mir ungeheuer romantisch vor, dass sich jemand an einen unbekannten Ort in einem Entwicklungsland schicken ließ, um dort zwei Jahre lang allein zu verbringen. Ich war mir sicher, dass ich niemals so mutig sein würde wie Kevin. Aber mit zwanzig war mir auch noch nicht klar, dass man auf viele Weisen mutig sein konnte.

Als ich ankündigte, dass ich Thanksgiving bei meinen Eltern verbringen würde, fragte mich Kevin, ob ich nicht bleiben wolle, um Helen kennenzulernen. »Ich glaube, du wirst sie mögen«, sagte er fröhlich. »Ich habe ihr alles von dir erzählt.«

»*Alles* von mir?«, fragte ich.

»Naja, ich meine halt, sie weiß, dass wir richtig enge Freunde sind. Und sie weiß, dass du manchmal hier übernachtest.« Er sah mich nicht an, als er das sagte, aber er klang betont beiläufig. Sie wusste also von meiner Existenz – aber was fühlte sie? Wenn sie anrief, während er mit mir unterwegs war, fühlte sie sich dann so wie ich, wenn er an meinem Schreibtisch saß und eine Mail an sie schrieb – wie ein schwaches und knisterndes Radiosignal? Ich wusste viel von ihr – dass sie sich an Halloween als kleines Mädchen verkleidet hatte, dass sie süchtig nach Modezeitschriften war und dass sie es für eine Umweltsünde hielt, Kuhmilch zu trinken. Ich wusste, dass sie dünn war, aber weiter abnehmen wollte. Aus den Bruchstücken unserer Gespräche hatte ich mir ein Bild von ihr zusammengebaut – doch es kam mir sonderbar vor, dass sie vielleicht dasselbe mit mir gemacht hatte.

Ich erinnerte Kevin daran, dass die Wohnheime über Thanksgiving geschlossen waren. »Wo soll ich denn übernachten, wenn ich hierbleibe – im Bett bei dir und Helen?« Ich lachte trocken. Er antwortet nicht.

Mehr Unzufriedenheit über unsere Art der Beziehung wagte ich nicht zum Ausdruck zu bringen.

Diese Geschichte lässt sich auf ganz unterschiedliche Weise lesen. Die einfachste Deutung handelt von Täuschung und Betrug, mit Kevin als Täter und mir oder Helen – oder uns beiden – als Opfer. Aber das wäre zu simpel. Schließlich wussten Helen und ich voneinander.

Meine Geschichte mit Kevin hatte wie gesagt keine Ähnlichkeit mit den anderen üblichen Geschichten. Inzwischen kannte ich die Geschichte des Typen, der nach der Party am Samstag noch mit zu dir kommen will, und dich dann am Montag in der Mensa ignoriert. Oder die Geschichte des guten Freundes, der mit dir gehen will und dir sagt, wie wunderbar du bist, aber dann fies wird, wenn du ihm sagst, dass du es lieber bei der Freundschaft belassen würdest. Oder die Geschichte des Mitbewohners des Freundes der Mitbewohnerin, mit dem du ein bisschen herumalberst, wenn du ihn zufällig triffst und ihr beide etwas getrunken habt. Oder die von dem Typen, in den du ganz offensichtlich verknallt bist, der aber nur dann anruft, wenn er deinen Rat zu der Frau hören will, in die er ganz offensichtlich verknallt ist, und dem du natürlich weiterhilfst, in der Hoffnung, dass er deshalb eines Tages erkennt, was für ein wunderbarer und liebenswerter Mensch du doch bist. Aber die Geschichte des Typen, der die Nacht mit dir im Bett verbringen will, ohne Sex mit dir zu haben, der dir Plätzchen backt, dir den Rücken massiert und dir eine Beziehung andeutet, ohne sie wirklich eingehen zu wollen, die kannte ich noch nicht. Aber mein brennender Wunsch, diese Geschichte zu verstehen, führte mich immer wieder zurück zu Kevin.

In diesen Monaten wäre es mir nie in den Sinn gekommen, Kevin um irgendetwas zu bitten. Vermutlich nahm ich an, dass ich ihn mit der Bitte um einen Kuss, Klarheit oder ein offenes Gespräch von mir weggestoßen hätte. Oder vielleicht wollte ich auch gar kein offenes Gespräch, weil ich fürchtete, er könnte mir sagen, dass er in Helen verliebt sei und nicht in mich. Ich habe keine Ahnung, wie er damals auf eine direkte Frage reagiert hätte. Aber ich habe jahrelang fest daran geglaubt, dass wir schließlich auch deshalb zusammengekommen sind, weil ich am Anfang so wenig verlangt habe. Mit zwanzig machte mir kaum etwas mehr Angst, als einem anderen zu sagen, was ich wollte – nicht, was ich wollen sollte, sondern was ich mir im tiefsten Innern wünschte. Und damals wünschte ich mir nichts sehnlicher, als von Kevin zu hören, dass das, was da zwischen uns passierte, zumindest ein bisschen mit Liebe zu tun habe. Küsse schienen mir der angemessenste Ausdruck dafür zu sein, doch das kam ja irgendwie nicht infrage. Also klammerte ich mich an andere romantische Gepflogenheiten, die er mir bot: die Geheimnisse, die er mir anvertraute; das Essen, das er kochte; ein bestimmter, um Antwort heischender Blick; und die Art und Weise, wie er meine Hand hielt, wenn wir einen Film sahen.

Wenn ich mit anderen Freunden wegging, tanzte ich mit anderen Männern und knutschte in dunklen Ecken. Davon erzählte ich Kevin nichts, aber er fragte ja auch nicht danach. Diese Beziehungen, so kurzlebig sie auch waren, gaben mir das Gefühl, stark und unabhängig zu sein. An diesen Abenden war es mir egal, was Kevin mir bot und was nicht. Ich hatte meine eigenen Geheimnisse und fand andere Lippen, die ich küssen konnte.

Wenn ich mir eine Zukunft vorstellte, dann nur für Kevin und Helen. Sie würden mit zwei Katzen und einem Hund in einer entlegenen Region der Dritten Welt zusammenleben, während ich meinen Master machte und den Mann fand, der wirklich für mich bestimmt war. Kevin war meine Ablenkung von Brian, von meinem banalen Leben und von den surrealen Folgen des 11. September, und ich war seine. Unsere Freundschaft war überraschend und bisweilen verwirrend, aber sie war zu intensiv, um sie mit einem Schulterzucken abzutun. So erklärte ich mir die Geschichte selbst.

Da ich keine eigenen Erfahrungen hatte, stammte mein damaliges Wissen über die Liebe aus der Teenie-Zeitschrift *Seventeen*, der Sonntagsschule und Fernsehserien wie *The Real World* und *Friends*. Ich ging davon aus, dass kein Mensch sagte, was er oder sie in einer Beziehung wollte oder beabsichtigte. Es war offenbar normal, dass die Liebe verwirrend und kompliziert war, zumindest für junge Menschen. »Liebe ist eine bloße Tollheit«, sagt Rosalind in Shakespeares *Wie es euch gefällt*. Britney Spears und Beyoncé Knowles und Van Morrison und Aerosmith und Patsy Cline und sogar Frank Sinatra – sie alle besangen die Verrücktheit der Liebe. Je nervöser mich die Beziehung zu Kevin machte, umso sicherer war ich mir wiederum, dass das, was ich da fühlte, wirklich Liebe war. (Dieser Trugschluss sollte mich noch jahrelang verfolgen. Später deutete ich unsere dauernden Streitereien als ein Zeichen der Liebe. *Wenigstens sind wir uns nicht gleichgültig*, sagte ich mir. Als ob es nur die Wahl zwischen Drama und Gleichgültigkeit gäbe.)

Kevin schenkte mir seine Aufmerksamkeit und sein Vertrauen, und das war mehr als jeder andere zuvor. Es gefiel mir, dass er wusste wie es sich anfühlte, sich an dem einzigen Ort, den ich meine Heimat nannte, nicht wohl zu fühlen. Ich war froh, dass er mich nie mit meinem Schnarchen aufzog und dass er es nicht einmal erwähnte. Ich freute mich, dass er mich interessant fand, dass er meine Texte interessant fand und dass er Schreiben für eine lohnende Tätigkeit hielt. Ich liebte es, im Dunkeln seinen Körper neben meinem zu spüren. Kevin hatte diese tiefe Wertschätzung gegenüber der Ästhetik jeglicher Wahrnehmung – das Verhältnis von weißem zu braunem Zucker in einem Schokokeks, die Schichten der Musik in einem Techno-Track. Er hatte dieses Bedürfnis nach Schönheit, und vor allem das konnte ich nachvollziehen.

Wenn er sich eine Beziehung wünschte, in der die Grenzen zwischen Freundschaft und Liebe nicht klar gezogen wurden, warum konnte ich nicht einfach mitmachen? Es war nicht so, als hätte ich damals den Mann fürs Leben gesucht. Warum sollten wir aus unserer ungewöhnlichen Art der Intimität nicht das machen, was wir wollten?

Wenn ich gewusst hätte, dass aus meiner Beziehung zu Kevin mehr werden würde als ein kurzer Flirt, und dass unsere Beziehung ein ganzes Jahrzehnt lang halten würde, dann wäre ich möglicherweise anders an die Sache herangegangen. Vielleicht wäre ich bestimmter aufgetreten. Oder hätte offenere Kommunikation eingefordert. Zumindest rede ich mir das heute ein.

Aber damals war es mir unangenehm, so viel von jemandem zu verlangen, der mir so wenig schuldig war. Also bat ich um nichts, und er versprach mir nichts.

Im Rahmen ihrer Forschungen zur künstlichen Intelligenz wollen Roger Schank und Robert Abelson herausfinden, wie wir Wissen schaffen und abspeichern. In einem wissenschaftlichen Aufsatz entwickeln sie die Theorie, dass wir das über eine Art von Drehbüchern machen: Sie definieren diese Drehbücher als eine »Reihe von Erwartungen darüber, was in einer vertrauten Situation als nächstes passieren wird«.[19] Wenn Sie zum Beispiel ein Restaurant betreten, dann spult der Kellner sein Kellner-Drehbuch ab und Sie das des Gastes. Sie beide wissen, was Sie zu tun und zu sagen haben, ohne lange darüber nachdenken zu müssen. Die Drehbücher unterscheiden sich minimal: In einem Fastfood-Restaurant verhalten Sie sich natürlich etwas anders als in einer normalen Gaststätte, aber nach ein paar Anläufen haben die meisten Menschen diese Rollen verinnerlicht. (Ich erinnere mich beispielsweise noch gut daran, wie mir zum ersten Mal klar wurde, dass man in einem Restaurant den Wein zunächst probiert, ehe er eingeschenkt wird – das stand nicht in dem Drehbuch, das ich aus dem Gasthaus

kannte, in dem ich als Kind mit meinen Eltern immer war.)
Solange wir wissen, in welchem Drehbuch wir mitspielen,
machen die Handlungen und Kommentare der anderen Beteiligten Sinn.

Was Kevin so faszinierend machte, war unter anderem
seine Weigerung, sich an bestimmte Drehbücher zu halten. Ich hatte noch nie jemanden kennengelernt, der sich so
wenig verpflichtet fühlte, seine Rolle als Student, Freund,
Sohn oder Amerikaner zu spielen. Er war sich durchaus bewusst, was andere von ihm erwarteten, doch er tat nie etwas, wenn er es nicht wirklich wollte. Das wurde schon an
seiner Kleidung deutlich (einmal kaufte er zum Beispiel im
Laden der Heilsarmee ein rosa Mädchen-T-Shirt mit Glit-
zerblümchen und trug es auch), aber auch an den Dingen,
die er nicht tat. So fuhr er zum Beispiel nicht mit dem Auto
zur Uni, aß kein Fleisch und beteiligte sich nach den Anschlägen des 11. September nicht an den Gedenkveranstal-
tungen. Hausaufgaben der Dozenten, die ihm sinnlos erschienen, machte er nicht. Er hörte keine Popmusik, und er
betrank sich nicht auf Feten.

Ich fand es sehr anziehend – dass sich jemand einen Dreck
um die Erwartungen anderer Menschen scherte. Aber mir
selbst lag es nicht. Als Tochter eines Football-Trainers und
späteren Schuldirektors war ich vor allem jemand, der den
Anweisungen folgte, und ein erheblicher Teil meiner Identität bestand darin, Autoritätspersonen gefallen zu wollen.

Natürlich folgt auch die Liebe Drehbüchern, und ich
begann damals bereits, mir Gedanken darüber zu machen,
wie sehr uns diese Drehbücher einschränken können. Wir
haben feste Vorstellungen davon, wann wir anrufen, was
wir dann sagen und wie viel Interesse wir zeigen können.
Und diese Drehbücher können sehr trügerisch sein: Sie

ermöglichen uns, Liebe vorzuspielen, ohne sie wirklich zu empfinden. Das hatte ich mit Anfang zwanzig bereits durchschaut – denn ich hatte festgestellt, dass mich diese Drehbücher der Liebe bisher keinen Schritt näher gebracht hatten. Deshalb gefiel mir der Gedanke, sie hinter mir zu lassen.

Das Problem ist nur, dass du dich ohne Drehbuch auch leicht verirren kannst. Es kann ungemütlich werden, weil du nicht weißt, wie du dich verhalten sollst, was du sagen und was du erwarten sollst. Mir gefiel die Vorstellung, mich nicht von romantischen Konventionen einschränken zu lassen. Kevin musste mir keine Blumen schenken, er musste mich nicht zum Essen oder ins Kino einladen. Aber je länger wir uns über die Art unserer Beziehung ausschwiegen, umso mehr wollte ich wissen, worin sie genau bestand. Trotzdem hatte ich große Angst davor, konventionell zu erscheinen oder etwas so Gewöhnliches wie einen festen Freund zu wollen. Also akzeptierte ich Kevins Freundschaftsversion ohne Klagen. Dabei wünschte ich mir in Wirklichkeit etwas derart Klischeehaftes, dass ich es mir nicht einmal selbst eingestehen wollte: Ich wollte mich von ihm auserwählt fühlen, ich wollte etwas Besonderes sein. Kevin hielt mich vermutlich tatsächlich für etwas Besonderes – zumindest im Rückblick scheint mir das offensichtlich –, doch ohne ein Drehbuch und ohne darüber zu reden, konnte ich mir darüber nicht sicher sein.

Kevin war mir weder einen Kuss noch eine Liebeserklärung schuldig, aber irgendwann küsste er mich schließlich doch noch. Und er sagte mir, dass er mich liebte. Es war eines Abends während der Weihnachtsferien, kurz bevor ich nach London aufbrach. Damals hielt ich das für einen romantischen Abschied, doch heute sehe ich das nüchterner. Wir zogen auf unterschiedliche Kontinente, und er konnte mir sagen, dass er mich liebte, ohne irgendeine Verpflichtung eingehen zu müssen.

Der Kuss war aufregend und befriedigend und jegliche Distanziertheit zwischen uns schien aufgehoben zu sein. Er hatte seinen Abschluss gemacht, seine Stelle beim Peace Corps bekommen und sollte im Februar aufbrechen. Bis dahin mietete er ein möbliertes Zimmer von einem Freund, eine zugige Kammer, die früher eine Veranda gewesen war. Einige Tage vor meinem Flug übernachtete ich bei ihm, und wir schliefen miteinander.

Ich hatte die Vorstellung, dass Sex der angemessene körperliche Ausdruck unserer Nähe war, eine bedeutungsvolle Geste. Etwas, das ich ihm schenken wollte. Ich dachte dabei weniger an Lust oder Spaß. Ich war nervös und ungeschickt, und als es vorbei war, drehte er sich weg. »Ich habe das Gefühl, dass ich gerade jemandem weh getan habe, der mir sehr wichtig ist«, sagte er zur Wand.

Er meinte Helen.

Schweigend lag ich neben ihm und fragte mich, warum er überhaupt mit mir hatte schlafen wollen. Ich wünschte mir, dass er sich einfach umdrehen und mich in die Arme nehmen würde, wie er es das ganze Semester über getan hatte. Küsse – und jetzt Sex – waren ein ziemlich schlechter Ersatz für seine Zuneigung. Ich starrte an die Bretterwand, die große amerikanische Flagge über dem Bett und die Regale, auf denen er seine wenigen Klamotten gestapelt hatte. Durch die Ritzen zog die Januarluft herein, während ich reglos neben ihm lag und darüber nachdachte, wie verschieden wir doch waren, und wie wenig ich in der Lage wäre, in ein Dorf am Ende der Welt zu ziehen. Ich war froh, dass ich Kevin kennengelernt hatte, und genauso verblüfft über den Unterschied zwischen dem, wie ich mir unseren letzten gemeinsamen Abend vorgestellt hatte, und dem, was wirklich passierte.

Mir war klar, dass er sich in diesem Moment mein Mitgefühl wünschte, oder zumindest, dass ich seine Schuldgefühle gegenüber Helen abmilderte. Erst Monate später, als wir durch Kontinente voneinander getrennt waren, wurde ich endlich wütend darüber. In den frühen Morgenstunden träumte ich oft, dass Kevin neben mir im Bett lag. Unter der warmen Decke und im Dämmer des Halbschlafs freute ich mich immer, ihn zu sehen. Aber wenn ich aufwachte, war ich wütend. Wütend auf ihn, weil er es wagte, in mein Bett zu kommen, und wütend auf mich selbst, weil ich ihn hereingebeten hatte. Ich würde gern behaupten, dass ich etwas aus unserem unbefriedigenden Abschied gelernt hatte: Dass heftige Gefühle uns nicht aus der Pflicht entlassen, aufrichtig und gut zueinander zu sein. Oder dass ich das Recht hatte, mehr von der Liebe zu verlangen, und mich nicht mit ein paar halbherzigen romantischen Gesten abspeisen lassen musste.

Doch in Wirklichkeit litt ich noch lange unter den Verletzungen dieser Nacht. Manchmal glaube ich, dass ich in all den Jahren, die wir zusammen waren, nicht darüber hinwegkam. Und immer gab ich Kevin die Schuld dafür, dass ich während der ersten Monate so passiv gewesen war.

Jahre später fragten mich meine Freundinnen Molly und Claire eines Abends, wie ich Kevin kennengelernt hatte. Sie hatten den Eindruck, dass wir schon seit Ewigkeiten zusammenwaren.

»Wir waren so jung«, nickte ich und erinnerte mich daran,

wie sicher ich mir acht Jahre zuvor gewesen war, dass meine Beziehung zu Kevin nicht von Dauer sein würde.

Ich erzählte ihnen von den Nylon-Shorts, wie ich ihn für einen Austauschstudenten hielt, und wie es mir erst eine Stunde später im Wohnheim klar wurde, dass er der Typ aus dem Linguistikkurs war und der Fotograf der Uni-Zeitung, der mir so gut gefallen hatte.

»Ich weiß nicht warum, aber ich hatte das Bedürfnis, sofort mit ihm zu sprechen«, erzählte ich. »Also bin ich in die Mensa und habe mich an der Nachtisch-Theke herumgedrückt, bis er vorbeigekommen ist. Ich habe ihm gesagt, dass wir bei der Uni-Zeitung noch einen Fotografen brauchen, was nicht so ganz gestimmt hat. Zum Glück war ich gut mit dem Chefredakteur befreundet. Und als ich ihm später gesagt habe, dass ich einen Fotografen gefunden habe, hat er mir gesagt, ›Klar, du kannst ihm seinen Auftrag geben, wenn du dich morgens umdrehst.‹ Zwinker, zwinker. Ich bin knallrot angelaufen. Aber ich habe Kevins Nummer bekommen.«

Ich erzählte gern von unserer ersten Begegnung. Meine Version glättete die Ambivalenzen, und ich erinnerte mich dabei an unsere lange Geschichte.

Ich erzählte meinen Freundinnen, wie ich ihm an unserem ersten gemeinsamen Abend einen Zopf gemacht habe. Claire kicherte und versuchte, sich Kevin mit vollerem jugendlichen Gesicht und schulterlangen Haaren vorzustellen, so wie ein europäischer Hippie. Ich erzählte ihnen, dass ich bei unserem Abschied einige Monate später davon ausging, ihn nie wiederzusehen. Das gefiel meinen Zuhörern immer – aus einer kurzen Liebelei an der Universität wurde eine ernsthafte Beziehung! Und damals schien das auch zuzutreffen: für das ganze Leben. Den größten Teil meines

Erwachsenendaseins hatte ich ihn geliebt, und auch wenn wir nie darüber sprachen, wie lange wir zusammenbleiben wollten, konnte ich mir die Zukunft ohne ihn nicht vorstellen.

Ich war gut darin, unsere Geschichte zu erzählen, denn schließlich arbeitete ich schon seit dem Tag, an dem ich Kevin kennengelernt hatte, an ihr. *Ich bin verliebt*, schrieb ich damals meiner besten Freundin Erin. Es war der Nachmittag, an dem ich ihn um seine E-Mail-Adresse bat. Von meinem Wohnheimzimmer aus schaute ich hinaus auf den Hof, wo er mit Freunden saß. Diese Worte tippte ich, ehe ich ein weiteres Mal mit ihm gesprochen hatte. Dass ich in Wirklichkeit noch gar nicht verliebt war, spielte keine Rolle. Es zählte nur, dass es ihn gab, dass er anders war als alle, die ich kannte, und dass ich einen Vorwand gefunden hatte, mit ihm zu sprechen. Das war alles passiert, und ich musste es jemandem mitteilen. Vom ersten Tag unserer Bekanntschaft an war er einer dieser lebhaften, unberechenbaren Menschen, deren Zuwendung auf mich wie ein Sonnenstrahl wirkt – etwas, von dem man gar nicht wusste, wie sehr es einem gefehlt hat, bis man es spürt, und etwas, das man in sich aufsaugen will, um in den kommenden Monaten davon zu zehren.

Ich erzählte Molly und Claire vieles, aber Helen erwähnte ich genauso wenig wie den Abend, an dem er mir die Hand mit dem Plätzchenteig vor mein Gesicht hielt und ich nicht wusste, ob ich den Teig mit dem Finger nehmen oder ablecken sollte. Ich erzählte ihnen auch nicht, wie einsam ich mich in den folgenden Monaten fühlte, in denen wir weit weg voneinander getrennte Leben führten, oder wie verzweifelt ich seine E-Mails nach einem Hinweis durchsuchte, dass er sich genauso einsam fühlte wie ich.

Ich verschwieg ihnen auch, dass ich nur wenige Tage zuvor aus unserer gemeinsamen Wohnung geflüchtet war, mich weinend in mein Auto gesetzt und an meine Eltern gedacht hatte – daran, welche Kraft sie wohl hatten aufwenden müssen, um sich zu trennen. Ich wollte eine makellose Geschichte erzählen. Ich wollte selbst das Gefühl haben, dass ich den Richtigen gefunden hatte, und dass uns die Liebe zugeflogen war.

Als wir dann schließlich in derselben Stadt lebten, sagten Kevin und ich einander oft, dass wir uns liebten. Wir waren berauscht und fasziniert voneinander. Wir sprachen unsere Liebe nun offen aus, doch noch immer sprachen wir kaum über unsere Erwartungen – weder an Treue noch Ehe oder Sex und schon gar nicht an die Zukunft. Erst Jahre später lernte ich, meine eigenen Wünsche so selbstbewusst anzusprechen, als wären sie genauso viel wert wie seine Wünsche.

Ich wünschte, ich könnte diese Zwanzigjährige von damals heute anrufen und ihr sagen: Du hast das Recht, verletzt zu sein, wenn jemand beim Fernsehen deine Hand hält, aber eure Beziehung nur als Freundschaft bezeichnet. Und du hast das Recht, geradeheraus zu fragen: *Was willst du eigentlich wirklich von mir?*

Wir suchen alle nach Zeichen, um unsere Erfahrung in Liebesdingen zu deuten. Die konventionellen Gesten aus dem Drehbuch der Liebe – seien es Blumen oder Liebeserklärungen – helfen uns oft, diese Erfahrungen einzuordnen. Vor allem in der Anfangsphase der Liebe, in der direkte Kommunikation noch so riskant erscheint.

Mit zwanzig wünschte ich mir fast genau so sehr eine Liebesgeschichte wie die Liebe selbst. Ich hatte kein passendes Drehbuch, um diese ersten Monate mit Kevin zu verstehen, aber im Laufe der Zeit gelang es mir, die Zweifel und Unklarheiten herauszustreichen und unser Leben in eine Version der klassischen Girl-meets-boy-Geschichte zu verwandeln – und mir so etwas von der Handlungsfreiheit zuzuschreiben, die ich mir gewünscht hätte.

Vielleicht gab ich mich mit weniger zufrieden, als ich eigentlich von Kevin und der Liebe erwartete, weil er mir genug gab, um eine gute Geschichte erzählen zu können. Und einige Jahre lang fühlte sich diese gute Liebesgeschichte fast so an wie Liebe.

Das Aschenputtel-Dilemma

Warum wir
so besessen davon sind

≈

Bei Familienausflügen lag ich auf der Rückbank unseres Minivans und las stundenlang John-Grisham-Romane, während meine vier Jahre jüngere Schwester Casey auf der mittleren Bank mit Barbiepuppen spielte. Gelegentlich sah sie über die Lehne nach hinten, um meine Aufmerksamkeit zu bekommen.

Einmal, ganz weit weg von Hollywood, fragte meine Schwester, die damals so um die sechs Jahre alt gewesen sein muss: »Mandy, weißt du, als was Barbie arbeitet?« Ich sah zu, wie Ken zu Barbie ging, ihr Geld gab, und dann wieder verschwand. Dann kam Skipper vorbei, gab ihr ebenfalls Geld, und ging wieder.

»Keine Ahnung«, antwortete ich. »Als was denn?«

»Sie ist eine Nutte!«, rief Casey.

Wir hatten *Pretty Woman* zum ersten Mal gesehen, als ich in der fünften und Casey in der ersten Klasse war. Wir hatten eine VHS-Kassette mit dem Film, und er war sofort einer unserer Dauerbrenner, neben *Aladdin* und *101 Dalmatiner*. Ich wusste nicht wirklich, was Prostitution war, oder dass es sich bei dem Film um eine moderne Fassung des Märchens vom Aschenputtel handelte, doch die Grundzüge verstand ich: Es ging um eine Frau, die wenig hatte, und einen Mann, der ihr viel zu bieten hatte. Wo meine Schwester eine Geschäftsfrau erkannte, sah ich eine Prinzessin.

Ich weiß nicht mehr, wann ich dem Aschenputtel zum ersten Mal begegnete, aber man muss nicht sonderlich lange suchen, um auf die Geschichte zu stoßen. Sie ist derart verbreitet, dass man sie quasi per kultureller Osmose aufnimmt. In den Nachrichten hörte man, Hillary Clinton habe »Aschenputtel gespielt«, als sie auf einer Treppe in Frankreich einen Schuh verlor. Auch Basketballmannschaften, die als Außenseiter ein Turnier gewinnen, oder kleine Start-up-Unternehmen, die zum Liebling von Silicon Valley werden, bezeichnet man gerne als »Aschenputtel«. Das geht zwar am Kern der Geschichte vorbei, doch es macht deutlich, wie fest dieses Märchen als kultureller Bezugspunkt verankert ist.

Das Aschenputtel hält sich erstaunlich hartnäckig. Es ist vermutlich das beliebteste Märchen der Welt. In Ägypten, den Philippinen, Korea, China und vielen anderen Kulturen haben Historiker Geschichten von verfolgten Heldinnen mit verlorenen Schläppchen ausfindig gemacht. Schon 1893 listete die Märchenforscherin Marian Roalfe Cox 345 Varianten der Geschichte auf, die im Aarne-Thompson-Index zur Klassifizierung von Märchen und Schwänken als Typ 510A aufgeführt wird. Inzwischen sind es mehr als dreitausend. Der Disneyfilm des Jahres 1950 basiert auf Charles Perraults »Cindrillon« aus seiner Märchensammlung von 1697. Perrault führte den magischen Kürbis, die gute Fee und die *pantoufle de vair*, den Pantoffel aus Eichhörnchenfell ein, der später irrtümlicherweise zum *pantoufle de verre* oder Glaspantoffel mutierte.[20] Die Italiener haben ihre

»Cenerentola« von Giambattista Basile und die Deutschen eben das »Aschenputtel« der Brüder Grimm.

Wenn ich an die Filme zurückdenke, die ich in meiner Kindheit geliebt und wieder und wieder gesehen habe, dann folgen die meisten dem Aschenputtel-Schema. *Dirty Dancing* zum Beispiel, in dem die gutherzige, aber naive Baby in Verruf gerät, weil sie Penny zu einer Abtreibung verhilft, und gleichzeitig eine gute Tänzerin wird, die das Herz von Patrick Swayze alias Johnny Castle gewinnt. Oder *Das darf man nur als Erwachsener*, der damit beginnt, dass der Geburtstag der unscheinbaren Samantha im Hochzeitstrubel ihrer Schwester untergeht; zum Glück wird noch alles gut, weil der ältere Jake, in den sie hoffnungslos verliebt ist, seine hübsche, aber langweilige Freundin verlässt und ihr einen Geburtstagskuchen bringt. Oder die Chauffeurstochter *Sabrina* in dem gleichnamigen Film, die in ihrer kleinen Wohnung über der Garage von der weiten Welt träumt, dann nach Paris geht, erwachsen und attraktiv zurückkommt, und das Herz der reichen Larrabee-Brüder gewinnt.

Aber das Aschenputtel muss nicht zwingend eine Frau sein. Da ist zum Beispiel Jack, der unter Deck der *Titanic* lebt und in seinem Frack der reichen Rose ins Auge sticht. Oder der tollpatschige Buchhändler Will, der in *Notting Hill* das Herz der berühmtesten Schauspielerin von ganz Hollywood gewinnt.

In jeder dieser Geschichten wird ein herzensguter Mensch von einem außergewöhnlich attraktiven Menschen erkannt und schließlich geliebt – aber dieser andere ist nicht einfach irgendjemand, sondern der oder die Angesehenste des gesamten Hotels, Schiffs oder Badeorts. So findet der Held oder die Heldin nicht nur die Liebe, sondern stellt ganz nebenbei das gesamte soziale Gefüge auf den Kopf und erhält die gesellschaftliche (und finanzielle) Anerkennung, die er oder sie schon immer verdient hat. Wir lieben Aschenputtel-Geschichten, weil wir alle davon träumen, erkannt zu werden. Und weil es so einfach ist, sich mit Helden zu identifizieren, die nicht trotz, sondern gerade wegen ihrer Gutherzigkeit übersehen werden – weil sie sich durch ihre Bescheidenheit und Loyalität auszeichnen und die Bedürfnisse anderer über ihre eigenen stellen.

Diese Aschenputtel-Geschichte ist so allgegenwärtig und derart eng mit unseren Vorstellungen von Liebe verwoben, dass wir sie kaum noch wahrnehmen. Jahrelang habe ich geglaubt, dass mich schon irgendjemand bemerken wird, wenn ich mich nur bemühe, gut, nett, bescheiden – und vor allem unscheinbar zu sein. Als ich meine erste feste Beziehung einging, verstand ich nicht, dass es meinem Freund darum ging, ein interessanter Mensch zu werden, indem er interessante Erfahrungen sammelte – während ich glaubte, interessant zu werden, indem mich der interessanteste Mensch, den ich kannte, liebte: nämlich er.

Wenn ich im Gespräch die These aufstelle, dass wir aufgrund der Liebesgeschichten schlechtere Liebesbeziehungen führen, dann stimmen mir viele sofort zu. Die meisten zitieren dann das Klischee vom glücklichen Leben »bis ans Ende ihrer Tage«, eine Konstante in Märchen und Liebeskomödien, die der Einfachheit halber den Beziehungsalltag mit seinen Verhandlungen und Kompromissen unter den Tisch fallen lassen. Dass so viele Menschen darauf hinweisen, lässt vermuten, dass den meisten von uns klar ist, dass Beziehung Arbeit bedeutet.

Wer märchenhafte Geschichten als Vorbild für seine Beziehung heranzieht, dem könnte man sehr leicht Naivität vorwerfen. Natürlich ist es unrealistisch zu glauben, dass ein Mann nach einem einzigen Ballabend eine Frau fürs Leben wählt. Und noch absurder wäre es anzunehmen, dass dieser Mann seine Partnerin anhand eines Schuhs erkennt, oder dass jemand eine ganze Nacht lang in Glasschuhen tanzen kann. Wir alle können sehr gut jene fantastischen Elemente erkennen, die definitiv nichts mit dem wirklichen Leben zu tun haben, doch das Problem dieser Geschichten sind nicht die offensichtlich unrealistischen Aspekte, sondern etwas viel Subtileres.

Filmkritiker sind sich einig, dass *Pretty Woman* 1990 eine neue Ära des romantischen Optimismus in Hollywood einläutete. Wenn es mit einer Prostituierten und einem Unternehmer klappte (und der Fim nebenbei 460 Millionen Dollar einspielen konnte), dann funktionierte das vielleicht auch mit jedem anderen attraktiven weißen Paar. Also wuchs ich auf mit vielen dieser ungleichen Liebenden, die trotz scheinbar unüberwindlicher Hindernisse zueinander fanden. Ich würde zwar gerne von mir behaupten, den Unterschied zwischen einer Hollywood-Fantasie und dem wirklichen Leben zu kennen, doch die Forschung zeigt, dass diese Filme einen erheblichen Einfluss auf unsere Wahrnehmung der Welt haben.

Eine neuere Analyse von Liebeskomödien stellte beispielsweise fest, dass sie Stalking verharmlosen, indem sie selbst extreme Nachstellungen (Werfen von Steinchen ans Schlafzimmerfenster, Herumlungern vor dem Büro, Belästigung der Freunde) romantisch verklären.[21] Untersuchungen wie diese werden oft von der Presse aufgegriffen, vermutlich weil wir uns so gern über dieses Genre lustig machen (was nach Ansicht der Medienkritikerin Chloe Angyal daran liegt, dass die Liebeskomödie das einzige

Genre »für und über Frauen« ist).[22] Sehr viel interessanter ist jedoch die Erkenntnis der Psychologinnen Laurie Rudman und Jessica Heppen: Sie fanden bei Frauen zwischen zwanzig und fünfundzwanzig Jahren einen Zusammenhang zwischen unbewussten romantischen Fantasien und schwachem persönlichen Ehrgeiz.[23] Nach Ansicht der Autorinnen könnten die jungen Frauen aus ihren romantischen Fantasien den Schluss ziehen, »dass ihr wirtschaftlicher und gesellschaftlicher Erfolg von Männern abhängt«.

Es ist an dieser Stelle auch bemerkenswert, wie befriedigend es ist zu sehen, wenn jemand anderes sich verliebt, vor allem wenn es sich um eine fiktive Person handelt. In seinem Buch *Woher wir wissen, was andere denken und fühlen* beschreibt der Hirnforscher Marco Iacoboni, wie die sogenannten Spiegelneuronen uns dabei helfen, die neurochemischen Auswirkungen der Liebe zu erleben, ohne uns selbst zu verlieben.[24] Iacoboni und andere Forscher glauben, dass wir mithilfe dieser Neuronen Lust und Leid unserer Mitmenschen nachempfinden können, ja, dass sie sogar der neuronale Sitz des Mitgefühls seien. Deshalb muss ich immer wieder unwillkürlich lächeln, wenn Patrick Swayze sagt: »Niemand stellt Baby in eine Ecke.« Denn das ist so, als würde er über mich sprechen.

Wir leiden mit den Filmfiguren, weil unser Gehirn so reagiert, als handele es sich um unsere eigenen Erfahrungen. Wenn sie sich küssen, dann regt dies dieselben Gehirnzellen an wie ein echter Kuss. Die Liebeskomödien bieten keine Lust aus zweiter Hand: Wir stellen uns nicht nur vor, wie sich dieser Kuss anfühlen könnte, sondern wir empfinden es selbst.

Manchmal vermute ich deshalb, das größte Problem dieser Filme könnte nicht der Inhalt sein, sondern vielmehr die heftigen Emotionen, die sie auslösen. Zu Beginn einer neuen Liebesbeziehung ist die Lust so groß und neurochemisch so berauschend, dass wir gar nicht anders können, als uns im wirklichen Leben das zu wünschen, was wir fühlen, wenn wir einen Film sehen.

In der Mittelschule erklärte mir einmal die Mutter meiner besten Freundin, warum ich keinen Freund hatte. Es lag nicht daran, dass ich zu schüchtern war oder zu zurückhaltend oder zu besorgt, das Falsche zu tun, oder zu jung, um mir Gedanken über die Liebe zu machen. Nein, ich hatte ihrer Meinung nach keinen Freund, weil ich »zu schlau« war.

»Jungs fühlen sich eingeschüchtert von Mädchen wie dir. Stimmt's, Schatz?«, sagte sie zu ihrer Tochter, die mit ihren zwölf Jahren schon allein mit Jungs weggehen durfte. Zum ersten Mal wurde mir klar, dass andere wahrnahmen, wie Jungs auf mich reagierten. Schlau zu sein war völlig in Ordnung – das brachte mir die Anerkennung der Erwachsenen ein, was für mich damals ein wichtiges Ziel war. Aber wenn die Mutter meiner Freundin bemerkt hatte, dass Jungs nicht auf mich standen, dann war das vielleicht auch anderen nicht entgangen. Ich begann zu verstehen, dass sich die Mädchen in meiner Klasse in zwei Kategorien aufteilen ließen: diejenigen, mit denen Jungs ausgehen wollten, und der Rest. Irgendwie war ich in die falsche Gruppe geraten.

Diese Sorge, dass Jungs etwas an mir grundsätzlich unattraktiv finden könnten, verfolgte mich durch meine gesamte Schulzeit. In der Highschool entwickelte ich das Warten auf die Zuwendung des anderen Geschlechts zu einer Kunstform. Ich demonstrierte ihnen meine Liebenswürdigkeit, indem ich die Proben ihrer beschissenen Bands ertrug, spätabends am Telefon ihren endlosen Gitarrensolos lauschte oder mir ihre Basketball- oder Baseballspiele ansah. Es kam mir nie in den Sinn, dass ich nicht trotz, sondern gerade wegen meiner Interessen liebenswert sein könnte. Wenn mir ein Junge gefiel, dann war mein erster Reflex, nie mehr wieder mit ihm zu sprechen oder auch nur Blickkontakt aufzunehmen. Stattdessen lernte ich, zu warten. Und zu hoffen.

Ich wartete darauf, dass Jungs anriefen oder den ersten Schritt machten. Ich sagte Nein, selbst wenn (oder gerade wenn) ich Ja meinte. Je mehr ich jemanden mochte, umso mehr tat ich so, als könnte ich ihn nicht ausstehen.

Das ist natürlich eine denkbar schlechte Strategie, doch damals glaubte ich das, was ich wohl aus zahllosen Aschenputtel-Geschichten gelernt hatte: Es reicht vollkommen aus, ein gutes Mädchen zu sein, denn irgendwo gibt es irgendjemanden, der meine Schüchternheit ohne weitere Erklärungen versteht und mich dafür lieben wird. Ich muss nur Geduld haben.

Als ich an die Uni kam, konnte ich fast rundherum zufrieden sein: Ich hatte gute Freundinnen, liebevolle Eltern und ein Stipendium für ein kleines College. Aber ich hatte noch nie eine feste Beziehung gehabt. Und die Unsicherheit, die ich deshalb empfand, überschattete mein gesamtes Sozialleben. Chronisch single zu sein, fühlte sich an wie eine gewaltige Last. Dabei sehnte ich mich gar nicht so sehr nach einem Freund, sondern eigentlich mehr nach dem Status, der damit zusammenhing, die Freundin von jemand zu sein. Wie sollten die anderen denn sonst mitbekommen, dass ich interessant war? Ich war überzeugt, dass Singles nicht nur die wichtigste Erfahrung des Lebens verpassen, sondern dass ihnen eine entscheidende Eigenschaft abging: Sie waren nicht begehrenswert.

Wenn schließlich jemand daherkam und mir mit der erwünschten Hartnäckigkeit und Unverschämtheit den Hof machte, dann stellte ich überrascht fest, dass ich das nicht romantisch, sondern nur nervtötend fand.

Patrick, ein Mitstipendiat meines Colleges, war der erste, der mir sagte, ich sei schön. Dauernd rief er mich spätabends an, um mir mitzuteilen, was er von mir dachte. Wenn ich nicht ans Telefon ging, schickte er meiner Mitbewohnerin SMS, um zu sehen, ob ich zu Hause war. Wenn ich nicht da war, fragte er sie, wohin ich gegangen war und mit wem. »Liebst du mich?«, fragte er mich immer wieder. Aber alles, was ich antworten konnte, war ein unbehagliches »Ich weiß nicht«.

Mit achtzehn wünschte ich mir so sehr, geliebt zu werden, dass ich meinte, ich müsste Patrick für seine Zuwendung dankbar sein – auch wenn ich ihn gar nicht liebte, auch wenn er mir sagte, ich solle doch mehr Vintage-Klamotten tragen, und auch wenn er mich wissen ließ, dass ich mir ruhig mehr Gedanken über ein Weihnachtsgeschenk für ihn hätte machen können – denn er hatte die ganzen Markierungen übersehen, die ich in dem e. e. cummings-Band, den ich ihm geschenkt hatte, angebracht hatte, um ihn auf die besten Gedichte aufmerksam zu machen.

Trotzdem dachte ich, er habe irgendetwas in mir erkannt, das den anderen entgangen war. Dass er mich auserwählt hatte.

Und ich erkannte mich in Patrick wieder – ich erkannte den Schmerz der nicht erwiderten Liebe. Also bemühte ich mich wochenlang, meinen Mangel an Interesse irgendwie wegzudiskutieren. Bis er eines Abends wieder anrief um mich zu fragen, ob ich ihn liebte. Wenn nicht, dann wolle er nicht mehr leben, erklärte er mir. Er wollte einfach nicht auflegen. Er verlangte eine Antwort. Er drohte damit, sich etwas anzutun. In diesem Moment verstand ich, dass er gar nicht nett zu mir war, sondern dass er mich manipulieren wollte. Er setzte meine eigene Romantik und meine Angst davor, nicht geliebt zu werden, gegen mich ein.

In seinem Buch *The Storytelling Animal* behauptet Jonathan Gottschall, wir Menschen seien süchtig nach Geschichten.[25] Unsere Träume sieht er als Beleg dafür, dass wir uns fortwährend Geschichten erzählen – sogar im Schlaf. »Das erzählende Gehirn ist eine entscheidende evolutionäre Anpassung«, schreibt er. »Mit seiner Hilfe nehmen wir unser Leben als in sich geschlossen, geordnet und sinnvoll wahr.«[26] Ich finde das spontan sehr einleuchtend.

Nach Ansicht von Gottschall sind Geschichten dazu in der Lage, uns langfristig zu tiefmoralischen Wesen zu machen – und zwar wirkungsvoller als alle religiösen oder politischen Dogmen. Mit anderen Worten: Geschichten machen uns zu besseren Menschen. Mir gefällt diese Vorstellung sehr. Ich würde gern glauben, dass die Menschheitsgeschichte einem mächtigen moralischen Handlungsstrang folgt und unsere Geschichten immer den Weg zu einem besseren Ich weisen. Aber wenn ich mir unsere Liebesgeschichten ansehe, habe ich Zweifel.

Gottschall räumt selbst ein, dass ein Happy End »uns belügt, in dem es so tut, als sei die Welt gerechter als sie es wirklich ist«.[27] In diesem Punkt stimme ich vollkommen mit ihm überein. Er hält diese Lüge jedoch für nützlich, weil sie uns suggeriert, gutes Benehmen würde belohnt werden, und weil sie uns so motiviert, uns entsprechend zu verhalten. Aber hat diese Lüge nicht weitere Konsequenzen? Ist es nicht etwas problematisch zu suggerieren, dass die romantische Liebe eine gerechte Sache sei und dass sie nur denjenigen zuteil wird, die sich ihrer würdig erweisen?

Wenn wir glauben, dass Geschichten uns motivieren, ihre Helden nachzuahmen, damit wir denselben Lohn erhalten wie sie (Liebe, Reichtum, Aufstieg, Verbündete), dann müssen wir auch daran glauben, dass diese Helden großartige Menschen sind. Doch warum ist dann in so vielen Geschichten die Liebe der Lohn für Unauffälligkeit und Passivität?

Zum Beispiel Aschenputtel. Jenseits ihrer Herzensgüte hat sie im Grunde keine besonders hervorstechenden Persönlichkeitseigenschaften, und diese Herzensgüte wird im Grunde nur im Kontrast zu ihren bösen Stiefschwestern erkennbar. Gottschall könnte nun argumentieren, dass uns ihr Happy End dazu motiviert, uns moralischer zu verhalten – mehr wie Aschenputtel und weniger wie ihre Stiefschwestern. Aber abgesehen von ihrer Tierliebe, die uns allen nicht schaden würde, liegen ihre Qualitäten irgendwo auf der Skala zwischen ziemlich unauffällig (ein gewisses Talent zu singen und zu tanzen) und nicht wünschenswert (Passivität gegenüber Misshandlungen). Ihre Stiefschwestern sind dagegen zwar hartherzig und egoistisch, aber sie haben auch einige Eigenschaften, die ich auch bei meiner Tochter fördern würde, wenn ich eine hätte: Sie sind durchsetzungsfähig, ehrgeizig und haben mächtig Selbstbewusstsein.

Linda Holmes vom Radiosender NPR meint, weil die Aschenputtel-Geschichte so fadenscheinig und dünn sei, habe man sie in einigen Fassungen mit sprechenden Mäusen oder Tanzeinlagen aufgepeppt. Diese Einlagen »zeigen, was für ein Aschenputtel es ist und für wen sie gemacht wurde«.[28] Holmes bezeichnet die Geschichte als »eine Art kulturelles Tofu, das den Geschmack von allem annimmt, was man dazumischt«. Aus dieser Sicht scheint es klar, dass der Disneyfilm aus dem Jahr 1950 eine sanfte und bescheidene Weiblichkeit à la Miss America abbildet. Und es ist verlockend, diese Version der Geschichte als Relikt einer vergangenen Zeit abzutun – wäre sie nicht 2015 für ein modernes Publikum noch einmal genau so reinszeniert worden, und wären nicht so viele andere aktuelle Erzählungen von *Bridget Jones* bis zu den Musikvideos von Taylor Swift Abwandlungen davon: das liebe Mädchen, das nicht gewürdigt wird, bis ein mächtiger Mann sie auserwählt.

Für die Neufassung aus dem Jahr 2015 ist »Tofu« eine treffende Beschreibung. Ihr auffälligstes Merkmal ist ihre Harmlosigkeit, die der Filmkritiker Norman Wilner so auf den Punkt bringt: »Für einen Film, der im Grunde keine Existenzberechtigung hat, ist Disneys *Cinderella* ausreichend erfreulich.« Was ihm an Tiefe und Spannung abgeht, das macht er durch Stil wett: Optisch ist er tadellos. Vom Hosenlatz des Prinzen bis zu den karikaturhaft großen Zähnen der Fee wurde alles bis zur unverfänglichen ästhetischen Perfektion durchgestylt. (Gerüchte besagen, dass Teile des Prinzen »hingebogen« werden mussten, um den Charme zu seiner wesentlichen Eigenschaft zu machen.) Und natürlich hatte der Film eine Existenzberechtigung: An den Kinokassen spielte er über 500 Millionen US-Dollar ein.

Ich denke an all die fünfjährigen Mädchen, die jetzt zu Hause sitzen und sich wieder und wieder diesen Film ansehen. Sicher, er ist weitgehend harmlos. Doch Cinderellas weiblich-zurückhaltende Freundlichkeit scheint mir nicht sonderlich empfehlenswert. Ich war von fünf bis fünfzehn Jahren genau so ein »gutes Mädchen«, weil meine Eltern und mein gesamtes Umfeld das so wollten. Und das bedeutete, mich an die Regeln zu halten, nett zu sein, den Erwachsenen zu gefallen und ihre Wünsche stets über meine zu stellen. Aber nicht nur meine Eltern und Lehrer waren daran interessiert, dass ich ein gutes Mädchen war, sondern die gesamte Kultur war es. Und ist es noch heute.

Wenn wir von guten Mädchen sprechen, dann meinen wir damit eine von der Kultur gebilligte Form einer jungen Frau. »Gut« hat in diesem Zusammenhang nichts mit Freundlichkeit oder Großzügigkeit zu tun. Unter einem »guten Mädchen« versteht man vor allem eines, das Menschen in Machtpositionen gefällt: Eltern, Lehrern und, ja, auch Jungs – vor allem Jungs mit höherem sozialen Status. Während meiner Studienzeit schien es fast keinen Unterschied zu geben zwischen einem guten Menschen und einer guten Freundin. Ein guter Mensch stellt seine Bedürfnisse zurück, ist anspruchslos und bittet um nichts, was nicht angeboten wird. Und eine gute Freundin hat keine eigenen Bedürfnisse, sondern ist verfügbar; sie nörgelt nicht, sondern nimmt dankbar Kritik an; und sie ist vor allem pflegeleicht. Dieses Verhalten hatte ich nicht in früheren Beziehungen gelernt, sondern aus den Geschichten, in denen das gute Mädchen am Schluss den Mann bekommt.

Selbst wenn es stimmt, dass sich Geschichten langfristig positiv auf die moralische Entwicklung der Menschheit auswirken, ist es genauso wahr, dass die Geschichten, die wir heute konsumieren, von der und für die Gesellschaft geschaffen wurden, in der wir leben. Und unsere Aschenputtel-Geschichten scheinen mir nicht dazu zu dienen, prosoziales Verhalten zu fördern, sondern sollen den Status quo erhalten, in dem sie patriarchale Normen zementieren.

Gottschall stellt fest, dass uns die Geschichten, denen

wir im Fernsehen oder in Märchen begegnen, gemeinsame kulturelle Werte und Normen vermitteln. Das sehe ich auch so. Aber ich zweifle daran, dass uns diese Werte und Normen zu besseren Menschen machen.

»Ich finde, du hast es verdient, glücklich zu sein«, sagte mir mein Vater am Telefon, nachdem ich ihm endlich gestanden hatte, dass meine Beziehung zu Kevin nicht mehr funktionierte. Ich war 29 und hatte das Gefühl, in einer totalen Sackgasse zu stecken.

»Das finde ich nicht!«, schnauzte ich zurück.

Damit wollte ich nicht sagen, dass ich es verdient hatte, unglücklich zu sein. Damit wollte ich ausdrücken, dass »verdienen« in der Liebe keine Rolle spielt.

Ich wollte meinem Vater erklären, dass ich doch schon so viel hatte: Gesundheit, ein angenehmes Zuhause, eine befriedigende Arbeit und kaltes Bier. Verglichen mit dem Rest der Welt lebte ich ein luxuriöses Leben – wie konnte ich da noch Liebesglück verlangen? Doch in diesem Moment, in dem ich fürchtete, dass mein Wunsch nach einer besseren Beziehung nur meiner Anspruchshaltung entsprang, fand ich einfach keine Worte dafür.

Vermutlich wollte mein Vater mir sagen, dass er mich bei meiner Suche nach dem Glück rückhaltlos unterstützen würde. Doch vor allem wenn es um die Liebe geht, sprechen wir allzu gern vom »Verdienen«. Wenn eine Freundin mit einem Fiesling Schluss macht, wiederhole auch ich unweigerlich das Mantra wohlmeinender Freunde in aller Welt: Du hast etwas Besseres verdient!

Ich habe eine Weile gebraucht, um zu verstehen, dass mich diese Gleichsetzung von Liebe und Verdienst deshalb so ärgert, weil sie zur gleichen Idee gehört, die Verdienst mit dem braven Mädchen gleichsetzt. Und ich wollte nicht mehr nur geliebt werden, weil ich gut war. Ich wollte eigentlich auch nicht mehr gut sein.

Als ich *Pretty Woman* zum ersten Mal als Erwachsene wiedersah, ging ich davon aus, dass mir der Film nicht gefallen würde. Ich nahm an, dass man manche Dinge einfach nicht mehr genießen kann, wenn man sie erst einmal aus kritischer Distanz betrachtet hat. Stattdessen empfahl ich danach allen, sich den Film noch einmal anzusehen, weil er irgendwie richtig gut war. Zugegeben, der Genuss war zum Teil pure Nostalgie. Als Richard Gere in seinen Lotus Esprit stieg und die ersten Takte von »The King of Wishful Thinking« erklangen, durchströmte mich eine Welle der Euphorie und Freude. Aber am meisten wunderte ich mich, dass ich mein kritisches Gehirn gar nicht abstellen musste, um den Film genießen zu können – es ist tatsächlich ein ziemlich guter Film mit Qualitäten, die ich als Kind noch nicht zu schätzen wusste.

Zum Beispiel ist die damals noch relativ unbekannte Julia Roberts einfach hinreißend. Es ist kein Wunder, dass sie mit dem Film zum Star und später auch für einen Oscar nominiert wurde. Sie ist komisch und süß, authentisch und charmant. Man kann gar nicht anders, als ihr die Daumen zu drücken.

Der Film ist ganz offensichtlich eine Aschenputtel-Geschichte: Richard Gere in der Rolle des skrupellosen Geschäftsmanns Edward Lewis ist der Prinz, Julia Roberts alias Vivian die geschmähte Heldin, und Hector Elizondo in der Rolle des Hoteldirektors die gute Fee, die Vivian mit einem Crashkurs in Tischmanieren die Tür zu Edwards Welt öffnet. Doch der Film spielt auch bewusst mit der Vorlage.

Als Vivian ihrer besten Freundin und Mentorin Kit gesteht, dass sie sich in Edward verlieben könnte, meint diese: »Das gibt's doch nur für Aschenputtel!« Der Film scheint zu wissen, dass er eine etwas unglaubwürdige Geschichte erzählt – und das ist sie ja auch! Trotzdem hat man als Zuschauer nie den Eindruck, dass sie völlig unmöglich ist, trotz des superkitschigen und absolut unironischen Märchenendes. Einer der Gründe ist sicher, dass die Chemie zwischen beiden so überzeugend ist – sie haben sich ihre Intimität schließlich in langen Gesprächen in Edwards Penthouse hart erarbeitet. Wenn Vivian Edward dazu bringt, etwas menschlicher zu werden (er ist ein kaltherziger Workaholic, der vom Geld besessen ist), dann ist das überzeugend. Vivian ist mir auch deshalb sympathisch, weil sie nicht »gut« im konventionellen Sinne ist. Sie schämt sich nicht für ihre Sexualität, sie ist nicht höflich und anständig, sondern zäh und klug, und es ist ihr egal, was mächtigere Menschen von ihr halten – zumindest zu Beginn des Films. Und zu meiner Überraschung freue ich mich sogar, dass mir diese Frau als Zehnjährige gefallen hat.

Zum 25. Jubiläum des Films berichteten die Medien über seine erstaunliche Entstehungsgeschichte. Ursprünglich sollte der Film *3000* heißen (nach der Summe, die Edward Vivian für eine Woche bezahlt) und war laut *Vanity Fair* gedacht als »finstere Fabel über das finanziell zerrüttete Amerika und die Korrumpierung eines Menschen durch den Kontakt mit der Welt der Reichen«.[29] In dieser Fassung war Vivian eine Drogensüchtige, und Edward suchte aktiv nach einer Prostituierten (während er sie in *Pretty Woman* nur zufällig aufsammelt, weil er sich ins falsche Viertel verirrt). Und natürlich gibt es auch kein Happy End. Erst als Regisseur Garry Marshall den Dreh übernahm und die Hauptrollen mit Gere und Roberts besetzte, wurde er zu der leichten Romanze, die wir heute kennen.

Doch die dunkle Seite verschwand nicht völlig. Bei allen märchenhaften Zügen lässt der Film nie vergessen, dass Vivian eine Prostituierte ist. Nicht nur in ihrer ungeschliffenen Art, die sich dann bessert und ihrer immer eleganteren Garderobe anpasst (was nicht unrealistisch ist, denn ihre Arbeit besteht unter anderem darin, das zu sein, was ihre Freier von ihr verlangen), sondern auch, wenn Jason Alexander in der Rolle des unheimlichen Stuckey sie immer wieder daran erinnert, dass die Gesellschaft sie verachte. Als Stuckey gegen Ende des Films versucht, Vivian zu vergewaltigen, ist das ein verstörender Moment, der in fast jeder anderen Liebeskomödie fehl am Platz gewesen wäre; hier ist es eine passende Erinnerung daran, dass auch Sexarbeiterinnen ihre Einwilligung geben müssen.

Auf dem romantischen Höhepunkt des Films, als Edward die Limousine anhält, um Blumen zu kaufen, hören wir, wie sich Kit mit einer neuen Kollegin unterhält. »Hast du viel Zeug?«, fragt sie. »Nein«, erwidert das Mädchen beiläufig. »Carlos hat das meiste verbrannt, als ich ihm gesagt habe, dass ich ausziehe.« Selbst in dem Moment, in dem Vivian das erträumte Happy End erlebt, geht die Gewalt auf dem Hollywood Boulevard weiter. Wie Darrin Franich in einem Artikel in *Entertainment Weekly* bemerkte, sind Stuckey und Kit der korrupte Geschäftsmann und die zynische Prostituierte aus dem wirklichen Leben und geben Edward und Vivian damit die Möglichkeit, Märchenversionen dieser Rollen zu verkörpern – Menschen, die auf wunderbare Weise nicht von ihrer finsteren Umwelt korrumpiert wurden.[30]

»Wir sind uns sehr ähnlich«, meint Edward etwa in der Mitte des Films zu Vivian. »Wir legen Leute für Geld aufs

Kreuz.« Vielleicht macht ja gerade ihre Art, in der moralischen Grauzone zu leben, ihre Beziehung so glaubwürdig und lässt die Zuschauer hoffen, dass sie einander retten werden.

Doch obwohl man viel Gutes über den Film sagen kann, hat er auch seine Schwächen, und zwar eine ganze Menge.

Als der Film gedreht wurde, war Julia Roberts zweiundzwanzig und Richard Gere vierzig. Das funktioniert, weil Vivian im Grunde keinen Ehrgeiz und keine Pläne für ihr Leben hat – sie kann ihren Hochschulzugangstest machen und Edward gleichzeitig zum Polo begleiten. Sie stößt sich nicht an seiner eher väterlichen Zuneigung. Als Kind störte mich das nicht, heute fühlt es sich komisch an. Heutzutage erwarten wir mehr Ehrgeiz und Unabhängigkeit von unseren Heldinnen.

Man kann den Film kaum sehen, ohne zu bemerken, wie besessen er ist vom Geld. Wenn man Geld hat, gilt man etwas in der Welt von *Pretty Woman*. Und wenn nicht, dann nicht. Es ist das Geld und alles, was man dafür kaufen kann, das Vivian schließlich rettet und sie zu einer geeigneten Partnerin für Edward macht. Die berühmte Einkaufsszene, die bis heute nichts von ihrem Unterhaltungswert verloren hat, ist eine schamlose Verherrlichung des Konsums. Als Edward dem Geschäftsführer verspricht, er wolle eine »obszöne« Summe ausgeben, fällt mir auf, dass er sich die Kleider (darunter ein Cocktail- und ein Abendkleid) mehr kosten lässt als ihre Gesellschaft. Würde Vivian das nicht irgendwann während der Einkaufstour bemerken? Unwillkürlich frage ich mich, ob sich ein sympathischer Held heute, in Zeiten von Occupy Wall Street, derartige Extravaganz leisten könnte.

Als ich neulich meine Mutter besuchte, zeigte mir meine

Schwester ein Foto von sich und einer Freundin in Verkleidung. »Das war meine *Pretty-Woman*-Kluft«, sagte sie lachend. Auf dem Bild war sie sieben oder acht, sie trug einen kurzen Rock und die kniehohen schwarzen Lederstiefel, die unsere Tante in der Highschool-Band getragen hatte.

Wenn wir uns Sorgen machen, welchen Einfluss die Popkultur auf das Leben von Kindern hat, dann sprechen wir meist über solche Themen. Was bedeutet es, wenn eine Siebenjährige als Prostituierte verkleidet durch ihr Kinderzimmer stolziert? In Caseys Fall gar nichts. Sie dachte nie daran, auf den Strich zu gehen, und verstand Jahre lang nicht einmal, dass es in dem Film um Sex ging. »Wenn sie die Kondome aus dem Stiefel zieht, habe ich immer gedacht, das sind Lutscher«, gestand sie.

Pretty Woman stiftet Mädchen nicht zur Sexarbeit an. Aber wenn sie zehn oder zwanzig oder fünfzig Filme sehen, in denen der Wert einer Frau erst durch die Liebe eines Mannes bestätigt wird, dann hat das tatsächlich eine Wirkung. So war das zumindest in meinem Fall. Ich habe lange geglaubt, dass ich mir die Liebe verdienen muss, indem ich ein gutes Mädchen bin. Und es dauerte eine ganze Weile, bis ich verstand, dass es diese kausale Beziehung so nicht gibt.

Vivian war zwar kein »gutes Mädchen« im konventionellen Sinne, aber sie war verfügbar, anspruchslos und umstandslos bereit, die Bedürfnisse anderer zu befriedigen. In einer Szene beschuldigt Edward sie, Drogen hinter ihrem Rücken zu verstecken. Doch als er ihr mit Gewalt die Hand öffnet, sieht er, dass es Zahnseide ist – unsere Heldin ist also nicht nur clean, sondern sie reinigt sich auch noch gründlich die Zähne! Außerdem ist sie bereit, sich um die emotionalen Bedürfnisse von Edward zu kümmern und ihn zu einem besseren und zufriedeneren Menschen zu machen. Kit ist dagegen drogenabhängig und wirkt gegen Ende des Films peinlich vulgär neben Vivian. Wie eine böse Stiefschwester hat sie keine Liebe verdient, und im Vergleich zu ihr scheint Vivian, die im Laufe der Woche ihr Prostituiertendasein restlos abgelegt hat, sie umso mehr zu verdienen.

Wenn unsere Liebesgeschichten uns tatsächlich dazu animieren könnten, moralisch bessere Menschen zu werden, dann könnte ich vielleicht darüber hinwegsehen, dass sie Singles so darstellen, als wären sie irgendwie nicht liebenswert und selbst an ihrem Schicksal schuld. Aber *Pretty Woman* demonstriert klar, dass die Liebenswürdigkeit einer Heldin oft an ganz spezifische kulturelle Werte zu einer bestimmten Zeit an einem bestimmten Ort geknüpft ist. Im Falle von Vivian heißt das, dass sie hübsch, geistreich und gesund zu sein hat – und dass sie gleichzeitig vor allem danach strebt, Edward zu einem besseren Menschen zu machen. Daher lehnt sie gegen Ende des Films Edwards Angebot einer Wohnung und monatlicher Zuwendungen ab: »Ich will mehr«, sagt sie. »Ich will das Märchen.«

Beim Polo lernt Vivian die bösen Schwestern des Films kennen, Gwen und Gretchen, die die Jagd nach der guten Partie zu einer Kunstform erhoben haben, wie Edward sagt. Sie sind unsympathisch, weil sie unverhohlen nach Status streben, im Gegensatz zu Vivian, die Liebe sucht. Eine sonderbare Botschaft: Wenn du nur Geld willst, hast du keine Liebe verdient – aber wenn du Liebe willst, hast du Geld verdient.

Wenn die Liebe echt sein soll, dann kann sie nur ein Motiv haben, nämlich die Gegenseitigkeit. Aber sie darf einem auch nicht einfach zufallen. Sie muss ihren Wert unter Beweis stellen, indem sie Hindernisse überwindet, Opfer bringt und Verwandlungen bewirkt. Zwar kann die Liebe auch im wirklichen Leben Opfer verlangen und verwandeln, doch diese Opfer sind eher subtil, und die Veränderungen erfolgen über Jahre, nicht Tage.

Die meisten dieser Geschichten basieren auf einem Paradox: Wahre Liebe bedeutet die ultimative Anerkennung und persönliche Verwandlung, doch ein gutes Mädchen stellt ihr nie direkt nach. (Männer in der Aschenputtelrolle dürfen dagegen offen um die Geliebte werben, und müssen es sogar.) Liebe ist der Weg, auf dem Vivian, Samantha und alle anderen Aschenputtel das bekommen, was sie wollen: Status, Reichtum, Anerkennung. Doch sie erhalten ihren Lohn, indem sie die Liebe *nicht* aktiv suchen, sondern im Stillen verliebt sind und abwarten. Wenn Vivian Edwards monatliche Zahlung ablehnt und »das Märchen« verlangt, dann drückt sie ihre Wünsche direkter aus als die meisten anderen verfolgten Heldinnen – doch obwohl sie aus dieser Rolle ausbricht, sehnt sie sich danach. Die meisten Heldinnen laufen vor der Liebe davon (oft buchstäblich beim zwölften Glockenschlag) und finden sich mit einem Leben ohne Mann ab. Dann tritt eine Kraft von außen auf den Plan – der Hoteldirektor, ein chinesischer Austauschschüler, ein Trupp fetter Mäuse – und hilft dem Prinzen, seine Prinzessin zu finden. Seit Jahrzehnten kritisieren Feministinnen Märchen, weil sie die Prinzessinnen als passiv darstellen, aber selbst in unseren modernen Geschichten sind sie kaum aktiver.

Was uns die großen Erzählungen unserer Zeit als die wahre Liebe verkaufen wollen, ist in meinen Augen alles andere als das. Aber es ist nachvollziehbar, warum dieser Liebeskult so wirkungsvoll ist. Wie schön wäre es, wenn die Welt unsere inneren Werte erkennen und unsere Wünsche erfüllen würde! Der Gedanke, dass die Liebe genau das kann, ist verführerisch.

Meine erste feste Beziehung brachte ich vor allem damit zu, Kevin zuzusehen. Ich übernahm seine Hobbys, aus Furcht, dass er Klettern, Skifahren oder Fotografieren mehr lieben könnte als mich. Das machte mir zwar alles Spaß, doch ich brauchte ein paar Jahre, um herauszufinden, ob ich das alles tat, weil ich es wollte, oder weil ich die Frau sein wollte, die er wollte.

Wie kann man jemanden lieben, ohne ihm gefallen zu wollen, fragte ich mich. Und wenn ich nicht mehr gut sein wollte, was wollte ich dann sein?

Als ich mit dreißig plötzlich wieder solo war, beschloss ich – vielleicht zunächst unbewusst –, einige der Folgen meiner jahrelangen Suche nach Bestätigung durch die Liebe rückgängig zu machen. Ich wollte herausfinden, was ich wert war und was ich selbst wollte. Es überraschte mich, dass dazu eine gewisse Übung nötig war. Mag ich wirklich weichgekochte Eier? Höre ich tatsächlich gerne Bluegrass? Werde ich eine Frau, die Absatzschuhe trägt?

Wenn ich mit einem Mann ausging, musste ich mich zuvor selbst coachen: Es geht nicht darum, diesem wildfremden Menschen aus dem Internet sympathisch zu sein, sondern darum, herauszufinden, ob er mir sympathisch ist! Das war ein radikaler Perspektivwechsel. Wenn er mir eine Frage stellte, auf die ich keine gefällige Antwort hatte – dann konnte ich einfach ehrlich antworten. Ich war schon jetzt ein interessanter Mensch, das musste ich mir nicht erst von anderen bestätigen lassen. Ich blickte buchstäblich in den Spiegel und sagte mir: *Du bist schon interessant. Dein Leben ist schon gut. Du kannst sagen, was genau du willst und wann du es willst. Und es ist in Ordnung, etwas nicht zu wissen.*

Daran arbeite ich noch: Um das zu bitten, was ich will, und überzeugt zu sein, dass es wichtig ist. Meinen Wunsch zu gefallen aufzugeben, könnte ein lebenslanges Projekt werden.

Für meine Mutter und meine Großmutter waren Liebe und Ehe ein Mittel zum sozialen Aufstieg – das glaubte ich zumindest lange. Wenn ich mir ihre Geschichten ansehe, scheint es auf der Hand zu liegen, dass die Wende kam, als sie von Männern erwählt wurden, die ihnen Zugang zu Dingen verschafften, die sie zuvor nicht hatten. Doch diese Vorstellung hält einem genaueren Blick auf ihre Biografien nicht stand. Für meine Großmutter, die mit fünfzehn heiratete, bedeutete die Ehe, dass sie keine fremden Häuser mehr putzte, sondern ihr eigenes. Es war ein kleiner Aufstieg, doch ihr Leben blieb von Armut und harter Arbeit geprägt, bis ihre acht Kinder das Haus verließen. Meine Mutter, die mit zwanzig heiratete, verliebte sich in meinen Vater, als sie auf dem Weg zum College war. Ihr Studium ermöglichte ihr mehr Unabhängigkeit als es ihr Mann konnte. Sie hatte die Kleinstadt in den Appalachen schon hinter sich gelassen, bevor sie sich verlobte.

Ich weiß nicht, wie ich diese beiden Teile in mir miteinander versöhnen soll: der Teil, der vom unmöglichen Optimismus von *Pretty Woman* bezaubert ist, und der Teil, der die Prämissen einer romantischen Meritokratie problematisch findet.

»Ob es im Märchen von Aschenputtel um Liebe geht oder um wirtschaftliche Sicherheit, Macht und Errettung vor lebenslanger Hausarbeit, hängt davon ab, wer es erzählt und wer es wann hört«, schreibt Linda Holmes. Wenn meine Oma ihre Liebesgeschichte erzählt, dann ist ihre Geschichte ein Märchen vom Aschenputtel. Sie ist romantisch und besteht darauf, dass sie erwählt wurde. Aber ich kann mir nicht helfen – für mich ist es auch ein ökonomisches Märchen: Sie hatte wenig, und heute, mit 85, hat sie alles, was sie sich wünschen kann. Auch in *Pretty Woman* ist die Liebe – oder besser die Auserwählung zur Geliebten – ein Mittel zum sozialen Aufstieg für Vivian. Sie ist ein gutes Mädchen in Verkleidung und wird von einem Mann erwählt, der ihr das Leben geben kann, das sie verdient.

Wenn wir uns in der echten Welt umsehen, stellen wir fest, dass die Geliebten nicht immer liebenswert sind, und dass die Liebenswerten nicht immer geliebt werden. Doch unsere Liebesgeschichten verstellen uns oft den Blick auf diese Tatsache. Wie Susan Ostrov Weisser in ihrem Buch *The Glass Slipper* schreibt: »Nach unserem demokratischen Verständnis hat jeder Mensch die Liebe verdient und kann sie finden. Doch unsere Liebesgeschichten erzählen uns etwas anderes: Diejenigen, die liebenswert sind und geliebt werden (das müssen nicht unbedingt dieselben sein), sind eine privilegierte Schicht, die wir nachahmen oder zumindest beneiden sollen.«[31]

In der Welt von Aschenputtel ist diese privilegierte Schicht fast ausschließlich weiß. In *Pretty Woman*, *Dirty Dancing* und *Notting Hill* (und so ziemlich jeder Liebeskomödie, der ich viele Stunden meiner Jugend geopfert habe), sind alle handelnden Figuren weiß oder gehen, wie der Hoteldirektor in *Pretty Woman*, als Weiße durch. Selbst die Heldin von *Manhattan Love Story*, Jennifer Lopez in der Rolle einer puertoricanischen Hotelangestellten, wird von ihrem weißen Prinzen (Ralph Fiennes in der Rolle des ehrgeizigen republikanischen Senators!) als »irgendwie mediterran aussehend« beschrieben.

Der soziale Aufstieg Aschenputtels hängt also davon ab, ob sie die Liebe eines mächtigen weißen Mannes gewinnen kann – eine beunruhigende Aussage darüber, welche Belohnungen in unserer Gesellschaft zählen und wer sie verdient hat. In *Manhattan Love Story* ist der Lohn nicht nur Geld, sondern auch der Aufstieg aus der nicht-weißen Schicht der Bediensteten in die weiße Oberschicht. Das einzige nicht-weiße Aschenputtel finden wir in der Fernsehfassung des Musicals von Rodgers und Hammerstein aus dem Jahr 1997, mit Whitney Houston in der Rolle der guten Fee, Brandy Norwood als Aschenputtel und Paolo Montalbán als Prinz. Verglichen mit Disneys *Cinderella* aus dem Jahr 2015 ist das geradezu radikal!

Wenn wir Geschichten wie Aschenputtel und *Pretty Woman* als ökonomische Erlösungsmärchen verstehen, dann ist es aufschlussreich sich anzusehen, welche Figuren dieses Happy End ermöglichen, ohne selbst Erlösung zu finden. Marisa aus *Manhattan Love Story* wird von einer Truppe beherzter Zimmermädchen unterstützt, durchweg nicht-weiße Frauen, die keine Chance auf sozialen Aufstieg haben, die ihr aber gern helfen, nur damit »eine von uns« es schafft. Aschenputtel-Geschichten erlauben uns, das Schicksal dieser Nebenfiguren zu übergehen. Oder anders ausgedrückt: Wenn Aschenputtel keine Fußböden mehr schrubbt, wer muss ihre Arbeit dann eigentlich übernehmen?

Wir tun oft so, als wäre die Begeisterung für Liebesgeschichten eine unvermeidliche Phase im Leben der Jugendlichen. In einem Aufsatz über den Tod von Liebesgedichten schreibt die Lyrikerin Morgan Parker, dass sie als Jugendliche nicht das geringste Interesse an Liebeskomödien hatte: »Vielleicht war diese shakespearesche, diese Kate-Hudson-Liebe nichts für schwarze Mädchen. Vielleicht war sie ein Ideal von weißen Regisseuren, ein weißes Privileg. Etwas für Leute, die keine anderen Probleme hatten.«[32] Sie hat Recht: Man muss schon ein privilegiertes Leben führen, um sich Gedanken darüber machen zu können, ob man jemals diese Liebe erfahren wird, die das ganze Leben verändert.

Während meiner Zeit als einsamer Teenager machte ich mir nie bewusst, welches Glück ich zuvor gehabt hatte, denn ich hatte während der ersten Jahre meines Lebens viel Anerkennung und Bestätigung erhalten. Wenn wir im Fernsehen Miss-America-Wahlen sahen, dann versicherte uns meine Mutter, dass wir – Casey und ich, mit unseren spindeldürren Beinen und hellblonden Haaren – genauso hübsch werden würden wie die Frauen auf der Bühne. Meine Vater sagte uns, er sei immer in Mädchen mit blauen Augen verliebt gewesen, die genauso aussahen wie wir. Ich hatte genug mit den Heldinnen meiner geliebten Filme gemeinsam – ich war weiß, schlank, heterosexuell und auf konventionelle Weise weiblich –, um mich mit ihnen identifizieren zu können. Es kam mir nie in den Sinn, dass sich sehr viele andere nicht automatisch in diesen Geschichten wiedererkannten.

Als ich mit zweiundzwanzig nach Florida zog, um meinen Master zu machen, erzählte ich meinen neuen Bekannten dort, mein Freund sei in Südamerika. Das war gelogen. Aber ich glaubte, dass das Wort »Freund« eine Art Ausweis war, mit dem ich mir ihre Freundschaft verdiente – schließlich war ich schon erwählt worden. Und eine feste Fernbeziehung stand nur eine Stufe unter der Verlobung – die wiederum der Gipfel der romantischen Bestätigung war, die man erreichen konnte, vor allem hier im Süden der USA.

In Wahrheit war ich verliebt in einen Mann, der in Südamerika lebte und mit dem ich lange Briefe wechselte, in denen wir uns gegenseitig versicherten, wie sehr wir uns vermissten. Aber mein Freund war er nicht. Erst Jahre später erfuhr ich, dass er während dieser gesamten Zeit tatsächlich eine andere Freundin hatte. Manchmal denke ich an meine Schwindelei und frage mich, was passiert wäre, wenn ich nichts von einem Freund erzählt hätte. Wahrscheinlich hätte ich mehr Spaß gehabt und mehr Freunde gefunden. Mein Bedürfnis, interessant zu wirken, hinderte mich daran, selbst interessante Dinge zu tun.

Wenn ich mit zweiundzwanzig jemanden geliebt hätte, der mich heiraten wollte, dann hätte ich vielleicht geheiratet. So wie es viele in meinem Bekanntenkreis gemacht haben. Und vielleicht hätte ich den Ring an meinem Finger angesehen und gewusst, nun habe ich einen Platz in der Welt. Aber besser wäre mein Leben deshalb nicht gewesen.

»Wir sind immer noch darauf geeicht, die Hochzeit als das Happy End der Geschichte einer Frau zu sehen«, schreibt Rebecca Traister in ihrem Buch *All the Single Ladies*.[33] Wenn eine Frau nicht verheiratet ist, so Traister, dann gehen wir immer noch davon aus, »dass das nicht ihre freie Entscheidung ist, sondern weil sie nicht erwählt und nicht ausreichend begehrt und geschätzt wurde«. Doch diese Annahme ist falsch. Traister weist darauf hin, dass das Leben als Single zwar seine Schattenseiten hat, dass man aber in der Ehe genauso einsam, unglücklich, enttäuscht oder gelangweilt sein kann. Für viele Frauen ist ein unabhängiges Leben mindestens genauso bereichernd wie eine Ehe.

Wir neigen dazu, die Ehe als ultimativen Ausdruck der Liebe zu sehen, doch immer mehr Untersuchungen zeigen, dass diese Einrichtung vor allem gebildeten Besserverdienern nutzt. Der Council on Contemporary Families stellt fest, dass Frauen mit Studienabschluss am ehesten in einer dauerhaften Ehe leben und ihre Beziehung als glücklich beschreiben.[34] Da immer mehr Menschen ihre Partner innerhalb ihres Millieus suchen, heiraten wir mit immer größerer Wahrscheinlichkeit Menschen mit demselben wirtschaftlichen, gesellschaftlichen und Bildungshintergrund. Wie die Liebe selbst ist eine befriedigende Ehe offensichtlich ein Privileg, das mehr mit unseren zufälligen Lebensumständen zu tun hat und weniger mit einer Leistung. Das Märchen vom Aschenputtel scheint heute noch unrealistischer geworden zu sein.

In einer Welt voller Aschenputtel-Geschichten, in der Zeitungsläden eigene Ständer für Hochzeitszeitschriften haben und selbst *Sex in the City* mit einer Hochzeit endet, ist es schwer, den eigenen Wert zu bestimmen. Ich bin froh, dass ich mit Anfang dreißig feststellen konnte, wer und was ich außerhalb einer Beziehung sein wollte. Manchmal wünsche ich mir, ich hätte das früher getan und weniger Energie darauf verschwendet, auf die wahre Liebe zu hoffen. Und ich wünschte mir, dass jemand mir früher beigebracht hätte, die Freuden des Alleinseins zu genießen.

Es ist nicht so, dass ich inzwischen alle Ängste und Befürchtungen hinsichtlich Liebe und Partnerschaft hinter mir gelassen hätte. Aber ich weiß jetzt, wie sehr es mir geholfen hat, die Zeit und den Raum zu haben, mir mein eigenes Leben zu erobern.

Wenn es um die Liebe geht, arrangieren wir unsere Geschichten darüber gerne so um, dass die Welt ein Ort zu sein scheint, an dem unsere Liebenswürdigkeit erkannt und belohnt wird. Aber inzwischen habe ich einen anderen Blick darauf gewonnen: Die meisten Menschen haben Liebe verdient, und statistisch gesehen finden sie auch die meisten. Und sie wird die meisten von uns glücklich machen, zumindest für eine gewisse Zeit.

So sehr ich mich bemühe, es gelingt mir nicht, mir eine subversive Aschenputtel-Geschichte vorzustellen. Und das liegt meiner Ansicht nach daran, dass die Prämisse jeder Aschenputtel-Geschichte grundfalsch ist: die Vorstellung, dass Liebe der emotionale, gesellschaftliche oder wirtschaftliche Lohn dafür ist, dass wir gute und brave Frauen sind. Das halte ich einfach für falsch.

In meinen Geschichten möchte ich der Wirklichkeit ein wenig näherkommen. Und wenn ich an die vielen interessanten und klugen Mädchen und Frauen denke, die ich kenne, dann möchte ich, dass die Welt ihnen mehr bietet als die Möglichkeit, erwählt zu werden. Wenn es nach mir ginge, würde *Pretty Woman* so enden:

Nachdem Vivian erkannt hat, dass das Penthouse-Märchen zu Ende ist, packt sie ihre Sachen und geht. Edward bekommt Angst vor seiner eigenen Einsamkeit und bittet sie, zu bleiben. Er will mehr Zeit mit ihr verbringen und bietet ihr sogar an, ihr eine eigene Wohnung zu kaufen.

»Weißt du«, sagt Vivian, »ich habe gedacht, dass ich ein Märchen will, aber ich bin mir da nicht mehr so sicher.«

Sie möchte die Stadt verlassen und studieren. Es wäre sicher nicht schlecht, ein wenig Zeit für sich zu haben, ehe sie sich auf eine feste Beziehung einlässt, vielleicht ein paar Jahre. Und dann findet sie vielleicht jemanden in ihrem

Alter, egal ob Mann oder Frau. Vor allem will sie jemanden, der emotional greifbar ist.

Sie dankt Edward für die gemeinsame Zeit – es hat ihr Spaß gemacht. Und die Kleider! Er war ja so großzügig. Sie wünscht ihm mehr Gelegenheiten zu Picknicks, Planschen in der Badewanne und Barfußgehen im Gras. Dann küsst sie ihn.

»Tut mir Leid«, sagt er. »Ich weiß auch nicht, was ich mir mit der Wohnung gedacht habe …« Er lächelt und hilft ihr mit ihren Taschen. »Diese Woche hat mir viel bedeutet.«

Wir sehen Vivian, wie sie in ein Taxi steigt und dann in den Bus nach San Francisco umsteigt.

Während ihr Bus vorbeifährt, überquert ein Mann den Hollywood Boulevard und ruft: »Willkommen in Hollywood. Jeder hat einen Traum. Was ist Ihr Traum?«

Vor dem Abspann folgt ein kurzer Text, der uns davon berichtet, dass Vivian zehn Jahre später einen Masterabschluss in Sozialarbeit hat und Sexarbeiterinnen in Kalifornien betreut. Dann setzt »I'm Coming Out« von Diana Ross ein, und wir sehen, wie Vivian sich die Kopfhörer aufsetzt und lächelnd nach Norden fährt. Allein.

Die Blackbox der Liebe

Gedanken über die
verschwiegenen Geschichten

≈

Eines Abends, wir waren bei Oma zu Besuch, erzählte Tante Cindy die Geschichte jenes desaströsen Abends, an dem sie mit meinem Vater ausging.

»Ich habe deinem Vater gesagt, dass es mir nicht im Traum einfallen würde, sein Essen zu bezahlen«, lachte sie. »Nicht mal, wenn ich das Geld dazu hätte, was ich nicht hatte.« Alle hörten ihr zu, denn obwohl wir die Geschichte kannten, hatten wir keine Ahnung, was in dieser Version als nächstes kommen würde. Wenn Cindy eine Geschichte erzählt, lachen wir und gehen davon aus, dass sowieso nur ein Viertel davon wahr ist. »Und dann ist er gegangen und weggefahren!«, rief sie. »Hat mich einfach mit dem Essen im Patio stehengelassen! Ganz Pennington hat mich gesehen, wie ich mit den Pommes in der Hand dastand, denn damals sind alle ins Patio gegangen. Im ganzen Leben habe ich mich nicht mehr so geschämt. Und deswegen« – sie sah mich und Casey an – »bin ich nicht eure Mutter.«

Es war einer dieser nahezu perfekten Momente. Wir saßen in Omas Küche, um Caseys Schulabschluss zu feiern, über der Theke hingen Luftballons, auf dem Tisch stand ein halb aufgegessener Blechkuchen, und wir lachten, als hätten wir die Geschichte zum ersten Mal gehört. Meine

Mutter verdrehte die Augen, weil sie nicht mehr wusste, ob es so passiert war. Das Gesicht meines Vaters glühte, und seine Augen verschwanden in den Lachfalten, wie bei mir.

Wenige Stunden später würden wir nach Hause fahren, und dort würden uns meine Eltern eröffnen, dass sie einander nicht mehr liebten.

Scheidung ist ein klassischer Fall von Hamartie, der Inbegriff von menschlichem Irrtum und Scheitern. Doch die Scheidung meiner Eltern schien so unlogisch, so als würde man im *1000 Gefahren*-Buch auf Seite 76 springen und feststellen, dass man von einem Krokodil gefressen worden ist.

Seit jenem Abend sind viele Jahre vergangen, doch ich habe immer noch keine Antwort auf die Frage gefunden: Wie wird aus dem einen das andere?

Physiker, Ingenieure und Informatiker verwenden oft das Bild der Blackbox für etwas, von dem sie nichts wissen. Diese Kiste steht für eine große Unbekannte innerhalb eines Systems. Sie wissen, was sie auf der einen Seite hineingeben und was auf der anderen Seite herauskommt, doch über das, was in der Kiste selbst passiert, können sie nur Mutmaßungen anstellen. Dabei geht es nicht unbedingt darum, das Innenleben der Kiste zu verstehen, sondern eher darum, mit dieser unbekannten Größe trotzdem arbeiten zu können. Bei genauerem Hinsehen stoßen wir überall auf Blackboxes: Verhandlungen in Hinterzimmern, der Suchalgorithmus von Google, die Funktionsweise des Begehrens.

Für mich ist die Ehe meiner Eltern, oder zumindest ihre letzten Jahre, eine solche Blackbox. Als ich auszog, schien die Welt noch in Ordnung zu sein. Aber dann ist irgendetwas passiert. Ich versuchte herauszufinden, was das war, aber ich kam nicht dahinter. Ich konnte nicht in die Kiste hineinschauen. Ich war mir sicher, dass es einen Auslöser gegeben haben musste: War bei einem von beiden ein verborgener Trieb geweckt worden, oder hatten einer etwas grundlegend falsch gemacht?

Meine Eltern selbst schwiegen sich aus. Sie teilten uns lediglich mit, dass sie sich nicht mehr liebten wie früher. Sie versicherten uns, dass sie es versucht hätten, dass sie aber keine Lösung sahen. Es gab keine Seitensprünge, keine offensichtliche Untreue, keine heimlichen Laster. Die Trennung schien für beide so schmerzhaft zu sein, dass ich bald nicht weiter nachhakte.

Als Jugendliche sagte ich einmal zu einer Freundin, dass eine Scheidung meiner Eltern die größte Katastrophe für mich wäre, gleich nach ihrem Tod. Aber ich lebte seit sechzehn Jahren in derselben Kleinstadt und in derselben glücklichen Familie, weshalb eine Scheidung damals nur ein abgefahrenes Gedankenexperiment war, eine Möglichkeit, die bestenfalls in einem Paralleluniversum existierte. Es könnte theoretisch einer Person wie mir passieren, aber natürlich nicht mir. Damals sprach man noch von »zerrütteten Familien«, und ich glaubte nicht, dass wir jemals zerrüttet sein würden. Wenn ich versuchte, mir meine Eltern als Geschiedene vorzustellen, dann blieb mein Kopf einfach leer. Dass sich meine Eltern scheiden lassen könnten, schien mir so unwahrscheinlich wie eine Entführung durch Außerirdische oder eine Zombie-Apokalypse. Meinen Eltern ging es wahrscheinlich nicht anders.

Als sie sich trennten, war ich wütend, weil sie ihre Beziehungsprobleme so lange verheimlicht hatten, bis es zu spät war, und weil sie dachten, dass Casey und ich besser nichts davon erfahren sollten. Ich fand, dass sie nicht das Recht hatten, diese Entscheidung zu treffen. Sie hatten unsere Familie völlig verändert – zerstört, wie ich fand – und das ohne jedes äußere Anzeichen des Unglücks. Damals wollte ich überhaupt nicht darüber nachdenken, dass es vielleicht besser war, wenn ich nichts vom Zerfall ihrer Ehe mitbekam. Bis heute weiß ich nicht, ob ihr Schweigen richtig war, aber inzwischen verstehe ich immerhin, warum sie ihre Beziehungsprobleme für sich behielten. Ich möchte nicht behaupten, dass uns die Scheidung etwas Positives gebracht hat, aber immerhin hat sie uns die Illusion genommen, dass wir vor solchen Tiefschlägen gefeit sind.

In den folgenden Monaten waren wir alle todunglücklich. Manchmal hatte ich sogar das Gefühl, dass es meine Pflicht war, bekümmert zu sein, so als könnte ich das Leid der anderen lindern, indem es mir schlecht ging. Rückblickend glaube ich, dass wir alle vier Opfer derselben emotionalen Flut waren und sinnlos Wasser in unser eigenes Boot schöpften, in der Hoffnung, dass die anderen so ins Trockene kamen. In den schwierigsten Momenten fragte ich mich, ob dieser Zustand wirklich besser war als eine schal gewordene Ehe.

In meiner Vorstellung war die Liebe immer etwas gewesen, das einen blitzartig traf. Ich glaubte auch genau zu wissen, in welchem Moment ich mich in Kevin verliebt hatte.

Ich war zum Masterstudium nach Florida gezogen, doch vor Beginn des ersten Semesters besuchte ich ihn in Südamerika. Wir saßen in einem Nachtbus und fuhren von den Anden hinab in den Urwald. Kevin schlief neben mir. Sein Hund Buckley döste zu unseren Füßen. Ich war hellwach und spürte, wie die Feuchtigkeit durch die Fensterritzen hereinsickerte, und wie meine Haut an meinen Kleidern und meine Kleider am Sitzpolster zu kleben begannen. Die Blätter, die aus dem Dunkel ragten und an den Busfenstern entlangstrichen, wurden immer größer. Archetypische Urwaldbilder stiegen in mir auf. Vor meinen Augen sah ich Marlow, wie er in seinem Dampfboot in das Herz der Finsternis fährt. Ich erinnerte mich an die Szene aus *Anaconda*, in der die Schlange den schleimbedeckten Leib von Jon Voight hervorwürgt. Dann streckte Kevin im Halbschlaf seinen Arm aus und ergriff mit beiden Händen meine Hand.

Rückblickend war dies ein ausgezeichneter Moment, um sich zu verlieben. Er hatte alle Zutaten der Schlüsselszene eines Liebesfilms: ein bisschen Angst und jede Menge Hoffnung. Doch die Wahrheit über das Verlieben scheint mir banaler. Ich hätte mir eine ganze Reihe anderer Augenblicke wählen können. Sicher kann ich nur sagen, dass es eine Zeit gab, in der ich noch nicht unbedingt in Kevin verliebt war, und dass ich wenig später das überwältigende Gefühl hatte, nicht mehr ohne ihn leben zu können.

Wir scheinen uns nicht daran zu stören, dass der Prozess des Verliebens ein wenig geheimnisvoll ist. Im Gegenteil, ich habe den Verdacht, dass wir uns das genau so wünschen. Anders beim Ende. Wenn die Liebe endet, erwarten wir eine Erklärung. So wie es uns tröstet, wenn jemand Lungenkrebs bekommt und wir sagen können: »Er hat ja auch in einer Asbestfabrik gearbeitet.«

Die Geschichte vom Ende einer Beziehung erinnert mich an die Lawinenberichte, die wir in jeder Skisaison studierten. Wenn eine große Lawine abgeht und vor allem wenn es Opfer gibt, dann verschickt immer irgendjemand von uns den Bericht des Kanadischen Lawinenzentrums mit den Details zum Gelände, den Schneebedingungen und der Hangneigung. Wir müssen die Ursache finden, um unsere Wochenenden in den Bergen rechtfertigen zu können. Es muss ein Warnsignal gegeben haben, das die Skifahrer missachtet haben: den Temperaturanstieg, den Untergrund, oder die Entscheidung der Gruppe, zusammenzubleiben oder sich zu trennen. Schon wenn wir nur einen Risikofaktor benennen können, den die Opfer übersehen haben, dann können wir uns einreden, dass uns so etwas nicht passieren wird.

Vielleicht sind manche Blackboxes einfach zu groß, vor allem wenn es um Liebe oder Tod geht. Man kann das Problem nicht lösen oder das System nicht verstehen, weil es einfach zu viele unbekannte Faktoren gibt. So wie erfahrene Scherpas oder Bergführer ums Leben kommen, passiert es auch Menschen, die einander wirklich geliebt haben, die wirklich großzügig und treu waren, dass sie einfach nicht mehr weiterwissen, ohne dass sich ein zufriedenstellender Grund dafür finden ließe. Bei Scheidungen und Lawinenunglücken ist es schwer sich einzugestehen, dass es manchmal eben nicht ausreicht, gut und fähig und klug zu sein.

Auch wenn wir nicht ganz verstehen, was passiert, wenn die Liebe in die Brüche geht, kommen Wissenschaftler dieser zutiefst menschlichen Erfahrung zumindest näher, indem sie andere Arten untersuchen. Zum Beispiel einen Kleinnager namens Präriewühlmaus. Diese Wühlmäuse gehören zu den drei Prozent aller Säugetierarten, die monogam leben. Sie bleiben ein Leben lang zusammen und ziehen ihren Nachwuchs liebevoll gemeinsam auf. Von den 155 Wühlmausarten gelingt es nur dieser einen Art, sich zu verlieben und einen Bund fürs Leben einzugehen. Vielleicht würden Sie jetzt einwenden, dass sich Mäuse nicht verlieben, aber aus Sicht der Biologie (und aus so ziemlich jeder anderen

Sicht) ist Liebe das beste Wort, um zu beschreiben, was diese Tierchen praktizieren. Besonders aufschlussreich ist der Vergleich mit ihren nahen Verwandten, den Wiesenwühlmäusen, die Einzelgänger sind und häufig die Partner wechseln. Anhand dieser beiden Arten erforschen Wissenschaftler, welche biologischen Eigenschaften die Paarbindung bei Säugetieren ermöglichen oder verhindern.

Präriewühlmäuse begegnen einem potenziellen Partner, umwerben ihn und gehen dann eine Beziehung fürs Leben ein. Sobald der Bund geschlossen ist, setzen sich die Männchen aggressiv gegen Nebenbuhler zur Wehr und schützen das Nest. Gemeinsam behütet und versorgt das Paar den Nachwuchs. Wie Menschen haben Präriewühlmäuse den einen oder anderen Seitensprung – sind nur im Zusammenleben monogam, nicht in sexueller Hinsicht –, doch in der Regel kehren sie zu ihren Partnern zurück. Zugegeben, Präriewühlmäuse haben nur eine Lebenserwartung von ein oder zwei Jahren, weshalb ihnen die lebenslange Treue nicht ganz so schwer fällt wir uns Menschen. Doch selbst dieses Maß an Loyalität ist ungewöhnlich und aus Sicht der Biologie bedeutsam.

Nach Ansicht des Psychiaters Larry Young von der Emory University ist der in Liebesdingen entscheidende Unterschied zwischen Prärie- und den Wiesenwühlmäusen die Dichte der Rezeptoren für die Neurotransmitter Oxytocin und Vasopressin im Belohnungssystem der Mäusehirne. Alle Wühlmäuse erleben nach der Paarung einen Dopaminschub, doch (dank Oxytozin und Vasopressin) erinnern sich die Präriewühlmäuse an den Partner und assoziieren ihn mit der erlebten Lust. Die meisten verlieren damit das Interesse an anderen potenziellen Partnern. In einem ganz realen Sinne werden die kleinen Nager süchtig nacheinander. Wenn sie zusammen sind, berühren und putzen sie einander, und ihr Gehirn sagt ihnen: »Das ist gut. Mach weiter.« Vereinfacht gesagt glauben Young und andere, dass nicht nur die Botenstoffe im Gehirn, sondern die Struktur des Gehirns selbst dafür verantwortlich ist, dass manche Säugetiere lebenslange Paarbindungen eingehen.[35]

Das Gehirn ist vermutlich die ultimative Blackbox, doch dank der Fortschritte der Neurowissenschaften wird es zunehmend durchschaubarer. Menschliche Gehirne und ihre Beziehungen sind natürlich viel komplizierter als die von Nagetieren. Unsere Liebe wird von der Kultur wahrscheinlich genauso geprägt wie von der Biologie, doch interessanterweise steht auch sie unter dem Einfluss von Oxytozin und Vasopressin. Aus naheliegenden Gründen können wir das menschliche Gehirn nicht aufschneiden und in verschiedenen Stadien der Paarung untersuchen, weshalb die Präriewühlmaus unser bestes Anschauungsobjekt für die Liebe zwischen Säugetieren bleibt. Demnach ist Liebe Chemie, eine Art heftiges Verlangen wie bei einer Sucht – und die Säugetiere scheinen die Anlagen dafür im Gehirn zu tragen. Wir wissen, dass Oxytozin in der Pubertät, beim Orgasmus, bei der Geburt und beim Stillen freigesetzt wird. Es ist für die jugendliche Schwärmerei genauso verantwortlich wie für die Mutter-Kind-Bindung nach der Geburt und vermutlich auch für die langfristige Paarbindung. Es steht in Zusammenhang mit Vertrauen und Empathie. Es ist wahrscheinlich der Grund dafür, dass wir nach dem Sex kuscheln.

Vielleicht lieben wir einander also, weil wir nicht anders können, und wider besseres Wissen. Wir gehen Bindungen ein, weil wir buchstäblich süchtig nacheinander sind, zumindest eine Zeit lang. Ein berühmter Hirnscan zeigte, dass das Gehirn eines Menschen mit Liebeskummer dem eines Kokainsüchtigen auf Entzug ähnelt.[36] Der Mensch ist zur Bindung gemacht, und diese Bindungen sind ein evolutionärer Vorteil für langsame zweibeinige Säugetiere, deren Nachwuchs viele Jahre benötigt, um gehen und sich selbst ernähren zu können.[37]

Die Lösung dieser Bindungen ist natürlich schmerzhaft. Es ist so hässlich und kompliziert wie der Kampf gegen jede andere Sucht. »Wir sind nicht dazu geschaffen, glücklich zu sein«, meint Helen Fisher. »Wir sind dazu geschaffen, uns zu vermehren.«[38]

In ihrem Buch *The Chemistry Between Us* beschreiben Larry Young und Brian Alexander die Arbeit des Neurobiologen Oliver Bosch, der mit Präriewühlmäusen experimentiert hat.[39] Bosch trennte Pärchen, führte Belastungstests mit den Tieren durch und beobachtete, dass sie durchweg Symptome von Depression aufwiesen. Das herzzerreißendste Beispiel ist der erzwungene Schwimmtest. Präriewühlmäuse, die von ihren Kollegen getrennt worden waren (die Kontrollgruppe), strampelten wie verrückt, wenn sie ins Wasser geworfen wurden – der typische Überlebensinstinkt von Nagern. Aber Mäuseriche, die von ihren Partnerinnen getrennt worden waren, taten gar nichts. Wie Young und Alexander schrieben: »Die Scheidungsmännchen trieben einfach reglos auf dem Wasser, als wäre es ihnen egal, ob sie ertranken oder nicht.«

»Am schlimmsten sind die Freitagabende«, meinte mein Vater einmal. Das war alles, was er jemals über seinen Liebeskummer sagte.

Für mich war es der Sonntagmorgen. Ich wachte auf, griff instinktiv nach meinem Laptop und wälzte mich stundenlang im Bett herum, bis ich irgendwann bemerkte, dass ich weder Kaffee gemacht noch den Hund Gassi geführt hatte. Den Rest der Woche über hielt ich mich mit Fitnessstudio, Korrekturen der Seminararbeiten und Unterrichtsvorbereitungen beschäftigt. Doch die Sonntage waren ein Universum der Stille in meiner neuen Wohnung. Am Sonntag war die Bettdecke zu schwer. Die Welt lockte nicht.

Meine Wohnung befand sich in der ersten Etage eines Altbaus in Vancouver. Sie war teuer und weit vom Campus, doch der Vermieter duldete meinen Hund, und es war kein Keller. In den letzten Monaten vor meinem Umzug hatte ich eine Menge Souterrainwohnungen besichtigt. Egal, wie schön die Wohnung war, wenn ich eintrat, sah ich jedes Mal vor meinem geistigen Auge den Fußboden im feuchten Erdreich versinken. Panisch dankte ich dem Vermieter und rannte nach draußen ans Licht. Ich brauchte eine Wohnung, in die ich gern nach Hause kam, dachte ich, sonst würde ich überhaupt nicht mehr nach Hause gehen.

In den ersten Monaten hörte ich Roscoe drinnen heulen, wenn ich durch das Tor in den Hof trat. Wenn ich hereinkam, schwänzelte er mir nervös um die Beine, auch wenn ich nur kurz draußen gewesen war, um Milch und Butter zu kaufen. Es fiel mir leichter, mich um seine Einsamkeit zu sorgen als um meine eigene. Ich saß auf der Couch und hob ihn auf meinen Schoß, wo er aufrecht saß wie ein kleines Kind, während ich ein Bier trank und eine Folge von *Glee* sah. Schlichte Wohlfühlserien, wie ich sie mit Kevin nie gesehen hätte, waren meine bevorzugte Medienkost, weil sie mich emotional nicht überforderten. Ich löschte meine gesamte iTunes-Bibliothek, weil sie mich an Kevin erinnerte, und hörte stattdessen die munteren und netten Melodien von Taylor Swift oder CeeLo Green.

Über der Spüle stand immer einen Bund Koriander in einem Glas mit Wasser, weil Kevin Koriander nicht ausstehen konnte und weil es mir das Gefühl gab, die Zügel meines Leben in die Hand zu nehmen.

Wenn ich mich abends schlafenlegte, betete ich dasselbe Nachtgebet, das ich als Kind gebetet hatte:

> Müde bin ich, geh zur Ruh,
> schließe meine Augen zu.
> Vater, lass die Augen dein,
> über meinem Bette sein.

Es war gar nicht meine Absicht gewesen zu beten, aber wie ein Anrufbeantworter, der automatisch anspringt, ging mir das Gebet durch den Kopf, sobald ich mich ins Bett legte. Es war ein Atavismus aus jener Zeit, als ich allein schlief und noch betete.

Überall bemerkte ich seine Abwesenheit. Meine Wäsche roch anders. Ohne seine Kleider roch sie mehr nach Lavendel, weniger nach Gewürzen. Und da ich niemandem mehr hatte, der mich daran erinnerte, meine Fahrradkette zu schmieren, quietschte sie bald.

Ich bemerkte, dass ich nicht mehr wusste, was ich mochte und dachte. Aß ich Koriander, weil er mir wirklich schmeckte, oder weil ich ihn jetzt essen konnte? Sollte ich mich wieder vegetarisch ernähren, jetzt, da ich nicht mehr mit einem Allesesser zusammenlebte? Kletterte ich gern, oder hatte ich immer nur so getan?

Roscoe und ich entwickelten eine enge Vertrautheit, auf die ich mich verlassen konnte. Wenn er hungrig aufwachte, legte er sein Kinn auf mein Kissen und beobachtete meine Augenlider. Wenn er Gassi gehen wollte, setzte er sich neben meinen Schreibtisch und blickte zu mir auf. Wenn ich ein Brathähnchen kaufte, spulte er in schneller Folge sein ganzes Repertoire von Kunststückchen ab – er setzte sich, legte sich, rollte sich auf dem Boden und stellte sich tot – während ich mit einem Stück fettiger Haut in der Hand unter der Neonröhre stand. Gemeinsam erkundeten wir das Viertel, blickten in die Auslagen des vietnamesischen Gemüsehändlers, die Milchglasscheiben des Pornoshops und die warm erleuchteten Wohnzimmer junger Familien. Irgendwann entdeckten wir einen Schulhof, auf dem andere Hundebesitzer zusammenstanden. Ich stellte mir vor, wie ich dort einen Naturburschen mit Bart und Husky anquatschte, aber meistens begegnete ich nach der Arbeit nur Pärchen und Frauen in gesetztem Alter. Diese Leute wussten nichts voneinander, aber sie kannten die Namen sämtlicher Hunde und wussten, ob sie lieber Stöckchen holten oder rannten, und welche Belohnungen sie mochten.

Jeden Nachmittag stand ich unter diesen wildfremden Menschen und bemühte mich, Smalltalk zu führen. Aber ihre Kommentare zu Roscoes glänzendem Fell – hatte er eine besondere Bürste? Bekam er Bio-Hundefutter? – waren mir immer noch lieber als die besorgten Fragen meiner Freunde, wie es mir denn gehe.

Manchmal kam Kevin vorbei. Zusammen schauten wir eine Folge von *Friday Night Lights* und schliefen miteinander. Danach lagen wir auf unserem Bett, das jetzt mir gehörte, und unterhielten uns darüber, dass das Getrenntsein nicht einfacher, sondern immer schwerer zu werden schien. Ich war froh, dass mich jemand so gut verstand: das widerliche Mitgefühl; die Freunde, die meinten, wir hätten sowieso nie zusammengepasst, so als hätten sie uns diesen elenden

Zustand an den Hals gewünscht; die Sinnlosigkeit des Einkaufs, wenn der Küchenschrank doch noch voller Eier und altem Brot war. Selbst meine Eltern, die sich erst drei Jahre zuvor getrennt hatten, hatten nicht mehr als Gemeinplätze zu bieten. »Bislang hast du noch immer die Kurve gekriegt«, sagte mein Vater, als ich ihn bei seiner Freundin anrief. Wie war das mit den einsamen Freitagabenden gewesen? An guten Tagen erinnerte mich sein wiedergefundener Optimismus daran, dass unsere Persönlichkeiten durch die Umstände nur verformt werden und früher oder später wieder zu ihrer ursprünglichen Form zurückkehren. An anderen Tagen ging ich erst gar nicht ans Telefon.

In diesem Semester gab es zwei Versionen von mir: die Englischdozentin, die früh aufstand, sich schminkte und sich die Haare fönte, und das Mädchen, das auf Youtube stundenlang Coverversionen von Adeles »Someone Like You« anschaute und sich nach Trost sehnte. Ich dachte, dass ich nach Bedarf zwischen beiden hin- und herwechseln konnte, doch das war ein Irrtum, wie ich Monate später feststellte. In der Bewertung meiner Studenten fiel ich von 4,6 auf 3,8 von 5 möglichen Punkten. Einige meiner Studenten monierten, dass ich dauernd zu spät zu meinen Kursen erschien. Andere hatten den Eindruck, ich wolle, dass sie sich alles selbst beibrachten. Aber diese Kommentare las ich erst im Februar. Bis dahin klammerte ich mich an den Unterricht wie an einen Rettungsanker. Wenn ich in meinen Seminaren lebendig und ausgeglichen war, dann würde ich sicher irgendwann in allen Situationen so sein, dachte ich.

Eines Abends war ich bei einer Freundin in der Innenstadt zum Essen eingeladen, und als ich nach dem Essen auf die Straße trat, stellte ich fest, dass mein Auto weg war. Ein

Polizeibeamter informierte mich freundlich, dass ich den Wagen zu dicht an einer Einfahrt geparkt hatte, und gab mir die Nummer des Abschleppdienstes.

Ich zögerte, dann rief ich Kevin an.

»Ein Taxi plus Abschleppdienst plus Knöllchen, das sind fast 200 Dollar«, sagte ich und bereute den Anruf, kaum dass ich diesen Satz ausgesprochen hatte. Konnte er mich abholen? Er seufzte, und ich spürte, wie wir beide ein Stückchen kleiner wurden. Wusste ich nicht, dass sich die Vertragsbedingungen geändert hatten?

Er fuhr mich zum Hof des Abschleppdienstes, wo ich ausstieg und im Regen stehen blieb, während er mich ansah, ohne wegzufahren, und sein Gesicht immer wieder hinter dem Scheibenwischer verschwand. Mir wurde klar, dass ich mich weder bei ihm bedankt noch ihm eine Gute Nacht gewünscht hatte. Er wartete. Aus unerfindlichen Gründen hatte ich vergessen, dass ich nicht wieder mit ihm nach Hause fahren würde.

Also ging ich zu ihm, er kurbelte die Scheibe herunter und ich lehnte mich hinein. Ich wusste nicht, welche Geste angemessen war: eine Umarmung? Ein Kuss? Auf die Wange oder auf den Mund? Unsere Stirnen berührten einander, zogen unschlüssig zurück und berührten sich wieder. Unbeholfen schob ich meine Arme durchs Fenster und machte ihn mit meinem Regenmantel nass. »Danke«, sagte ich leise.

Zu Hause drehte ich die Dusche auf und schenkte mir einen Scotch ein. Das ist der Tiefpunkt, dachte ich, als ich auf dem Boden der Duschwanne kauerte – der Abend, der Strafzettel, Kevin und das Whiskyglas auf dem Wannenrand.

Am nächsten Tag rief ich ihn an um ihm zu sagen, dass

wir vielleicht ein bisschen mehr Abstand brauchten. Mir wurde klar, wie ironisch es war, dass ich ihn anrief, um ihm zu sagen, dass ich ihn nicht mehr anrufen würde.

So ging das eine ganze Weile – mal gingen wir mit anderen aus, mal trafen wir uns. Etwa zur selben Zeit machten ein paar Freundinnen Trennungen durch, und ich gab ihnen vernünftige Ratschläge, die ich gern selbst beherzigt hätte: Manchmal weiß man einfach, dass es nicht funktioniert; manchmal braucht man eine Veränderung. Sie stimmten mir zu und klangen dabei resigniert und manchmal sogar ein wenig hoffnungsvoll. Ich sagte ihnen nicht, was ich jenseits von Resignation oder Hoffnung bisher gefunden hatte: ein hartnäckiges Gefühl des Verlusts, die Träume, aus denen ich mit verquollenen Augen und einem Loch in der Brust aufschreckte, um wenig später zu bemerken, dass nicht ich geweint hatte, sondern mein Traum-Ich, weil der Traum-Kevin mein Fahrrad gestohlen hatte, weil er meine Post versteckt hatte, und weil mein Traum-Ich sich durch diese kleinen Gemeinheiten verraten gefühlt hatte. Dann war ich erleichtert, dass es nur ein Traum war, aber ich war trotzdem sauer und erschöpft und hatte schon wieder Angst vor der nächsten Nacht.

* * *

Eine andere bekannte Blackbox ist der Flugschreiber. Moderne Blackboxes sind in Wirklichkeit orange, damit sie in den Wrackteilen leichter gefunden werden. Sie zeichnen Tausende von Flugdaten auf, von der Beschleunigung über die Flughöhe bis zur Turbinenleistung und dem Luftdruck in der Kabine. Mikrofone im Cockpit nehmen die Gespräche und Hintergrundgeräusche auf. Bei einem Flug einer Boeing 787 werden so beispielsweise einige Terabyte an Daten aufgezeichnet.

Die Behälter selbst werden zwar beim Absturz oft zerstört, doch die Speichereinheit überlebt selbst extreme Hitze und Druck. Ingenieure schießen sie mit Kanonen ab und erhitzen sie auf Tausend Grad, sie sind nahezu unzerstörbar und helfen der Luftfahrtbehörde, den wahrscheinlichsten Absturzhergang zu rekonstruieren.

Wenn mir jemand eine detaillierte Rekonstruktion des Absturzes der Ehe meiner Eltern anbieten würde, dann weiß ich nicht mehr, ob ich sie mir noch ansehen würde. Ich war kaum in der Lage, das Ende meiner eigenen Beziehung zu verarbeiten – wie die meisten Abstürze war auch dieser schmerzhaft und hässlich. Vielleicht ist es einfach besser, wenn manche Dinge in der Kiste bleiben.

Kurz nachdem ich aus unserem gemeinsamen Haus ausgezogen war, lief ich in einem Café einer Freundin von Kevin in die Arme.

Wenn ich Freunde von Kevin traf, wusste ich nie, was ich außer Hallo noch sagen sollte. Selbst das Hallo war ziemlich unerträglich. Diese beiden Silben schienen ihre ganze Neugierde über meinen Zustand nach der Trennung zu enthalten sowie meine Neugierde darüber, was sie wohl wussten, wie er es ihnen erklärt hatte, oder ob er ihnen überhaupt irgendetwas erklärt hatte. Dieses Interesse der Glücklichen an den Unglücklichen ist nie ganz unschuldig – sie suchen immer eine Bestätigung, dass sie selbst relativ sicher sind.

Doch Laurie sah mich freundlich an. »Wie geht es dir?«, fragte sie, ihr Lächeln von einem sorgenvollen Blick gedämpft.

»Gut«, erwiderte ich. »Alles prima.« In diesem Moment schien das sogar zu stimmen. Es war ein guter Tag.

»Großartig«, sagte sie, und nach einer Pause: »Dann hat sich für dich ja jetzt alles geändert?«

Weil mich ihre Freundlichkeit entwaffnet hatte, erwischte sie mich mit ihrer direkten Frage nach unserer Trennung auf dem falschen Fuß.

»Es ist anders«, sagte ich langsam. »Aber, ja, vor allem besser.« Ich nickte, und als ich die Worte aussprach, wusste ich, dass sie stimmten. Und trotzdem hatte ich das Gefühl, nicht aufrichtig zu sein, so als würde ich Kevin hintergehen, weil ich etwas so Gewaltiges scheinbar so gelassen aussprach. Es ging mir besser, weil wir uns inzwischen besser verstanden und weil wir darüber gesprochen hatten, es vielleicht noch einmal zu versuchen. Ohne Erklärung musste es klingen, als ginge es mir gut, weil wir uns getrennt hatten. Aber das stimmte nicht so ganz. Auch wenn es nicht ganz falsch war.

Ich hatte Laurie bei einem Picknick im Juli kennengelernt. Kevin und ich hatten gerade beschlossen, unsere Beziehung zu beenden, aber wir hatten noch niemandem davon erzählt. Laurie, die Kevin vom Skifahren kannte, kam auf mich zu und sagte: »Mir gefällt dein Kleid. Du musst Mandy sein«, als ob alle Mandys hübsche Kleider tragen würden. Sie war mir auf Anhieb sympathisch.

Damals dachte ich, es sei am besten, unsere Trennung geheim zu halten, um Peinlichkeiten zu vermeiden. Niemand würde uns mit Samthandschuhen anfassen oder sich genötigt fühlen, Partei zu ergreifen. Aber im Rückblick ist mir klar geworden, dass meine Gründe komplexer waren.

Wir planten keine gemeinsame Zukunft mehr, aber wir waren noch immer ein Team, und auch die Trennung war etwas, das wir gemeinsam machten. Wenn wir anderen davon erzählten, dann waren wir gezwungen, in den tiefer werdenden Abgrund zwischen uns zu starren. Und der Gedanke an den Akt selbst, die Worte »wir trennen uns« auszusprechen, versetzte mich in Panik. In Vancouver kannten uns alle nur im Doppelpack, und ich hatte Angst davor, was passieren würde, wenn wir das änderten. Der Blick der anderen wäre entweder voller Mitleid und würde mir meine eigene Traurigkeit zurückspiegeln, oder voller Erleichterung, was meine Ängste bestätigten würde, dass alle außer uns längst wussten, wie wenig wir zueinander passten.

Erst dann fiel mir auf, wie schwer es für meine Eltern gewesen sein musste, ihren verblüfften Freunden, Kollegen und Geschwistern ihre Entscheidung zu erklären. Und es ihren erwachsenen Töchtern eröffnen zu müssen, die sich Männer wünschten, die sie so liebten, wie ihr Vater ihrer Ansicht nach ihre Mutter liebte: Wir haben die Scheidung eingereicht. Einzeln waren meine Eltern sonderbare Lebewesen, wie Schildkröten ohne Panzer. Mir schauderte bei dem Gedanken, dass jemand in mir oder Kevin diese fast schon groteske Art von Einsamkeit sehen könnte. Als wir unseren Freunden schließlich von unserer Trennung erzählten, fügte ich immer hinzu, »Aber wir lieben uns immer noch!«, als würde uns das irgendwie vor den mitleidigen Blicken bewahren, die den Unglücklichen und Ungeliebten vorbehalten sind.

Im Café erzählte mir Laurie, sie arbeite viel, sogar am Wochenende. Ich antwortete, immerhin verpasse sie nichts Aufregendes, und gemeinsam sahen wir aus dem Fenster in das feuchte Novembergrau. »Ich stecke bis zum Hals in Korrekturen«, sagte ich und ärgerte mich sofort über meinen Hang zu gut gelaunten Klischees, wenn ich mit Leuten sprach, die ich nicht gut kannte. Dann fügte ich zwanghaft hinzu: »Und Kevin geht es auch gut!« Sie erwiderte, sie hätte ihn eine ganze Weile nicht gesehen, also erzählte ich ihr, dass er gerade von einem Kletterausflug in Utah zurückgekommen und für November viel zu braun war. Sie wollte wissen, ob wir uns oft sahen, und ich antwortete, dass wir viel Zeit miteinander verbrachten, und dass es gut war.

»Wow«, staunte sie. »Das muss die freundschaftlichste Trennung aller Zeiten sein.«

Ich wusste inzwischen, dass eine freundschaftliche Trennung gut ankommt. Es ist einfacher, wenn man nicht mit der Trauer der anderen mitfühlen muss. Wenn man eine Trennung als freundschaftlich darstellt, ist das so, als würde man vom Tod einer Freundin erzählen und dann hinzufügen: »Aber wenigstens leidet sie nicht mehr.« Es ist die Art höflicher Geste gegenüber Fremden, wie sie die Gesellschaft von uns erwartet.

Andererseits schien es mir unverantwortlich, gegenüber Laurie so zu tun, als sei die Trennung eine lockere Angelegenheit gewesen. Zum einen, weil es nicht stimmte. Soweit ich das beurteilen konnte, funktioniert die Liebe nicht so. Ich wünschte, ich könnte ihr die vielen zugeschlagenen Türen und zunichte gemachten Pläne aufzählen und sagen: »Nein, in Wirklichkeit ist es furchtbar.« Aber wer will so etwas schon hören? Wenn ich bestimmte Arten von Liebesgeschichten für gefährlich hielt – vor allem solche, die den problematischen Teil auslassen –, dann sollte ich sie auch nicht verbreiten. Doch ich lächelte nur. Auf dem Nachhauseweg dachte ich an das erste Weihnachtsfest unserer Familie nach der Trennung meiner Eltern. Die beiden packten unseren gesamten Weihnachtsschmuck und Tante Donnas Käsekuchen ins Auto meines Vaters, banden einen Weihnachtsbaum aufs Dach und fuhren sechs Stunden zu Casey. Vier Monate nachdem sie ihre Trennung angekündigt hatten, trafen wir uns bei meiner Schwester, so als wäre nichts geschehen. In einer E-Mail an eine Freundin beschrieb ich es als »die freundschaftlichste Scheidung aller Zeiten«.

Natürlich war ich froh, dass sie sich nicht stritten, doch die ganze Nettigkeit wirkte auf ihre eigene Weise zermürbend. Beim zweiten Weihnachtsfest nach der Scheidung erschöpfte es uns alle, hübsche Geschenke finden und uns gemeinsame weihnachtliche Aktivitäten ausdenken zu müssen. Aber inzwischen weiß ich auch, dass es zwei Trennungen gibt: eine öffentliche und eine private. Beide sind real, aber eine wirkt vernünftig und die andere ist hässlich. Zu hässlich, um sich in einem Café darüber zu unterhalten. Und manchmal sogar zu hässlich, um darüber zu schreiben.

»Wir haben, wo wir lieben, ja nur dies: / einander lassen; denn dass wir uns halten, / das fällt uns leicht und ist nicht erst zu lernen.« Einige Monate nach meiner Trennung von Kevin notierte ich dieses Zitat in mein Tagebuch. In seinem »Requiem für eine Freundin« beschreibt Rainer Maria Rilke zwar die Trauer um eine Freundin, nicht um eine Geliebte, doch es berührte mich trotzdem.[40] Loslassen zu üben, das klingt so, als würde man üben, sich mit einer Nadel ins Auge zu stechen, dachte ich. Wer würde so etwas schon freiwillig mit sich anstellen? Aber Kevin und ich übten ein ganzes Jahr lang. Manchmal sahen wir uns täglich. Manchmal sprachen wir wochenlang nicht miteinander. In unserem Fall erforderte das Loslassen tatsächlich Übung.

Eine Beziehung hat etwas angenehm Alltägliches: eine Routine, eine Sprache, eine Vorliebe für dieselbe Zahnpasta. Die Details sind so winzig, dass man sie kaum bemerkt, solange man zusammen ist, doch ihr Verlust schmerzt. Als Jugendliche fragte ich mich, warum Sex in der Bibel als »kennen« umschrieben wird. Das klang nach religiöser Heuchelei, mit der rechtschaffene Menschen etwas für sich behalten, was wir anderen nicht tun dürfen. (Natürlich »kannte« Abraham Hagar, sie war ja schließlich die Magd seiner Frau!) Das verstand ich erst, als ich aus unserem Haus an der Ash Street auszog: Du kennst den Körper des anderen und er den deinen, du kennst seine Bewegungen im Schlaf, seine Fußsohlen oder den Geruch der Haut im Nacken, und der Erwerb dieses Wissens findet in einer süßen Vertrautheit statt, die von Gott gesegnet sein muss. Dass dieser andere wieder ein Fremder werden kann, dass sein Leben ohne dich weitergehen kann und wird, dass er dich eines Tages nicht mehr kennen wird, dass du ihm gar eine Unbekannte werden könntest, diese Gedanken sind schwer zu ertragen. Ich war so wütend auf meine Eltern gewesen, weil sie aufgegeben hatten. Aber später erkannte ich, dass »Aufgeben« nach drei Jahrzehnten Ehe bedeutete, mutig einen Schritt ins Nichts zu tun.

Jetzt, neun Jahre später, denke ich an den Freitagabend zurück, an dem wir in Omas Küche Casey Schulabschluss feierten. Meine Eltern mussten schon seit Wochen oder Monaten geplant (und gefürchtet) haben, uns ihre Entscheidung mitzuteilen. Und an diesem Abend hörten sie gutmütig und sogar amüsiert zu, als Cindy die Geschichte ihres Rendezvous mit meinem Vater erzählte – eine Geschichte, die eng mit dem Beginn ihrer Beziehung zusammenhing. Was fühlten sie in diesem Moment? Was dachten sie? Das alles ist in der Blackbox verschlossen. Ich will es gar nicht wissen. Aber die Trennung unserer beider Leben – die Auseinandersortierung unserer Sachen in Mein und Dein;

der Moment, als ich mit Freundinnen in der Küche Kisten packte, während er im Wohnzimmer am Schreibtisch saß; dieser Umzug in eine neue Wohnung in einem neuen Viertel; und diese völlige Stille der Sonntagvormittage – all das ließ mich ahnen, was wir in unseren Geschichten alles nicht erzählen.

Etwa ein Jahr nach unserer Trennung unternahmen Kevin und ich eine Klettertour mit Freunden. Wir schlugen unser Zelt am Ufer eines Sees auf und teilten uns Kaffee und Haferflocken, Bier und Äpfel. An einem Abend schmuggelten wir eine Thermoskanne mit Whisky in ein nahgelegenes Thai-Restaurant, und während wir viel zu laut kicherten, dachte ich daran, wie froh ich war, dass wir es geschafft hatten, während dieses turbulenten Jahres unsere gemeinsamen Freunde zu behalten. In den zurückliegenden Monaten waren wir mit anderen Menschen und miteinander ausgegangen. Wir hatten Beziehungsratgeber gelesen, uns darüber unterhalten, eines Tages ein Kind zu adoptieren, und Skiwochenenden zusammen verbracht. Einmal waren wir sogar zur Paarberatung gegangen.

Ich dachte, wir hätten einen schweren Sturm zusammen überstanden. Doch kaum waren Kevin und ich allein in unserem Zelt, verflog die gute Laune, die wir noch in der Gruppe verspürt hatten. Hier war ein Mensch, den ich seit Jahren kannte, aber was auch immer es gewesen sein mochte, das uns verbunden hatte, ob Liebe, Freundschaft oder Oxytozin, es wirkte nicht mehr. Wir waren eines gewesen, dann wurden wir etwas anderes. Eine Blackbox.

Zwei Wochen später kamen wir ein weiteres Mal überein, einander mehr Freiräume zu geben. Und dabei ist es geblieben. Auch wenn ich noch immer nicht in die Blackbox der

Trennung meiner Eltern hineinschauen konnte, machte das Ende meiner eigenen Beziehung das Unbekannte erträglicher. Ich verstand allmählich, warum diese Kiste im Innern so schwarz ist.

So verstand ich zum Beispiel, warum eine Paarberatung nicht immer sinnvoll ist. Nicht nur, wenn sie zu spät kommt und zu wenig bringt, sondern auch, weil es unerwartete Erleichterung verschafft, wenn man eine schwierige Entscheidung trifft und sich daran hält. Und dieses Gefühl der Erleichterung ist zu gut, um es aufzugeben.

Ich verstand auch, warum man sich verloren fühlen kann, wenn man jemanden verlässt, und warum man trotzdem das Alleinsein einem gemeinsamen Leben vorziehen kann.

Ich verstand, warum man anderen nicht gleich von der Trennung erzählt. Nicht allein, weil man sich schämt (obwohl eine tiefe Scham oft dazugehört), sondern auch, weil man nicht für eine Entscheidung verurteilt werden möchte, mit der man schon seit Monaten ringt. Man will nicht Rede und Antwort zu etwas stehen müssen, dem man selbst kaum traut.

Und ich verstand, dass meine Eltern das Ende ihrer Ehe selbst nicht völlig verstanden. Denn es gibt Dinge, die wir nie verstehen werden – über die Liebe, über uns selbst und über diesen Unterschied zwischen den Liebenden, die wir sein wollten, und den Liebenden, die wir wirklich sind.

Ich werde nicht verraten, wie wir uns wirklich kennengelernt haben

Die Tyrannei des Onlinedatings

≈

Ich war zweiunddreißig und seit anderthalb Jahren solo, als ich eines abends mit einem Typen namens Scott wegging. Wir hatten uns auf auf einer Datingplattform kennengelernt. Wir trafen uns nur ein einziges Mal, aber dieses Online-Date ist mir besser im Gedächtnis geblieben als alle anderen.

Die Kneipe, in die wir gingen, machte den Eindruck einer finsteren Spelunke: An der Tür hing kein Schild, durch einen fensterlosen Kellerraum und einen dunklen Flur betraten wir einen Hinterhof, wo »Mäuse« unter Mülltonnen rumorten. (»Viele Mäuse dieses Jahr«, sagte einer der Kellner später betont beiläufig.) Aber es gab leckere Tacos und Craft Beer aus einer kleinen Brauerei. Ich dachte, ich hätte Erfahrung im Online-Dating, aber Scott war Profi.

Kurz nachdem wir uns gesetzt hatten, verließ ein anderes Pärchen den Hof. Der Typ sah Scott an und sagte: »Hey, wir kennen uns doch.«

Scott grinste mich verlegen an.

»Bist du nicht der Typ, der mir neulich nachgelaufen ist, als mir ein Fünfziger aus der Tasche gefallen ist?«

Scott wirkte peinlich berührt und zuckte die Schultern.

»Klar, das bist du«, sagte er. Dann sah er mich an. »Kannst du das glauben? Wer macht sowas? Bringt mir einen 50-Dollar-Schein, den ich verloren habe!«

»Erstaunlich«, bestätigte ich.

»Mann, ich geb dir einen aus«, sagte der Typ. Scott lachte höflich und wehrte ab, und er ging schließlich weiter.

Scott lächelte mich an, dann sagte er: »Das ist mein Kumpel. Ich hab ihn vorhin draußen getroffen, bevor du gekommen bist. Ich habe ihm gesagt, er soll erzählen, wie ich eine Katze gerettet habe, aber er hat gemeint, dass du ihm das nicht abnimmst.«

Scott gefiel mir. Es war mir sympathisch, dass er sich die Mühe gemacht hatte, sich eine komplizierte Geschichte auszudenken, nur um es mir sofort zu gestehen. Diese Art der Transparenz vermisste ich bei den meisten anderen Dates. Allzu oft sind solche Begegnungen ein verkrampfter Balanceakt zwischen Coolness und Aufrichtigkeit. Alle wollen witzig rüberkommen und gefallen, aber gleichzeitig abschätzen, ob sie einen mögen oder nicht. Ich will mich da gar nicht ausnehmen, aber allmählich hatte ich es satt.

Scott und ich unterhielten uns über unsere Erfahrungen mit dem Online-Dating und die sonderbaren Muster, die sich dabei ergeben hatten.

»Mir ist eines aufgefallen«, sagte ich. »Viele Männer schreiben mir sowas in der Art wie ›Ich bin bereit, über unsere erste Begegnung zu lügen‹. Machen die Frauen das auch?«

»Glaube nicht«, sagte er.

Dieses Phänomen nervte mich. Ich weigerte mich, mit Leuten auszugehen, die vertuschen wollten, dass wir uns im Internet kennengelernt hatten. Entweder sie schämten sich, oder sie wollten eine romantische Geschichte über ihre erste

Begegnung, damit sich ihre Beziehung legitim anfühlte. Aber Dating-Portale sind längst kein Ort mehr für Verzweifelte und Perverslinge, und aus meiner Beobachtung würde ich sagen, dass romantische Geschichten keineswegs eine Garantie für eine glückliche Beziehung sind. Ich könnte einige ausgesprochen charmante erste Begegnungen nennen – etwa den Abend, an dem wir neben dem Pianisten von Maria Carey am Tresen saßen und so taten, als seien wir frisch verheiratet, während er uns Eheratschläge erteilte –, aus denen schließlich doch genau nichts wurde.

Dieser Zwang zur romantischen Zufallsbegegnung spricht uns die Handlungsfreiheit ab und legt nahe, dass uns das Schicksal die Entscheidung abnimmt.

»Warum ist die Geschichte derart wichtig, dass einige Leute bereit sind, Lügen zu verbreiten?«, fragte ich.

Scott nahm einen tiefen Schluck aus seinem Bierglas und dachte eine Weile darüber nach. »Du bist Single. Genau wie ich. Und ich nehme an, dir geht es ziemlich gut.«

»Mir geht es großartig«, sagte ich. Ich gestand ihm, dass ich zwar theoretisch eine Beziehung suchte, dass mich aber meine Freiheit so zufrieden machte, dass ich nicht wusste, wie ein anderer Mensch in meinen Alltag passen sollte.

»Stellen wir uns vor, du lernst jemanden kennen und beschließt zu heiraten und vielleicht sogar Kinder zu bekommen. Was würdest du aufgeben müssen?«

Ich dachte daran, wie ich nur sporadisch einkaufen ging, ohne mich dafür schuldig fühlen zu müssen, und an die vielen Stunden im Fitnessstudio, am Schreibtisch oder in rattenverseuchten Hinterhöfen. Ich dachte daran, dass ich spontan Pläne machen konnte und nur meinem Hund Rechenschaft schuldig war. Ich müsste wohl einen großen Teil dessen aufgeben oder neu verhandeln, was mein Leben so befriedigend machte. Mit dreiundzwanzig war ich bereit gewesen, meinen Alltag um einen anderen Menschen herum zu organisieren, aber mit zweiunddreißig schien mir diese Vorstellung deutlich weniger attraktiv.

»Wäre es nicht einfacher, wenn du glaubst, dass du dich einer höheren Macht unterwirfst?«, fragte Scott. »Dass du dein Leben aufgibst, weil das Schicksal es die ganze Zeit so vorgesehen hat?«

Das klang ziemlich überzeugend.

Es blieb unsere einzige Begegnung, doch ich denke gern an den Abend mit Scott zurück. Wenn wir eine Beziehung angefangen hätten, dann hätte unsere erste Begegnung eine richtig gute Geschichte abgegeben.

Es ist leicht, sich über Menschen lustig zu machen, die eine romantische Geschichte erzählen wollen. Doch das Wie der ersten Begegnung scheint wichtig zu sein, und zwar nicht nur für die Beteiligten.

Die Soziologinnen Sharon Sassler und Amanda Jayne Miller fanden jedenfalls heraus, dass ein Zusammenhang besteht zwischen dem Ort, an dem sich die Partner kennenlernen, und der Unterstützung, die sie von Freunden und Angehörigen erfahren.[41] Paare, die sich im Rahmen starker Bindungen oder Gemeinschaften kennenlernen – zum Beispiel durch gemeinsame Freunde oder in der Schule, der Kirche oder beim Sport –, fühlen sich besser unterstützt als solche, die sich durch Bekannte oder an anonymen Orten wie Internetportalen oder Kneipen kennenlernen. Außerdem kommt die Untersuchung zu dem Schluss, dass es nicht nur um Romantik geht, wenn ein Paar die Geschichte ihrer ersten Begegnung erzählt, sondern auch darum, ihre Beziehung vor anderen zu legitimieren.

Da die soziale Unterstützung einen großen Einfluss auf die Qualität einer Beziehung haben kann, ist es nur verständlich, dass wir Geschichten erzählen wollen, die dafür sorgen, dass auch die anderen uns als Paar wollen.

Vor einigen Jahren lernte ich auf einer Party ein Pärchen kennen. Steve kam aus den Vereinigten Staaten, Joey aus Indonesien. Sie hatten sich in Pittsburgh kennengelernt, wo Joey promovierte. Beide hatten erfolglos im Internet nach Partnern gesucht, doch dann lernten sie sich durch gemeinsame Freunde kennen. Nach etwa zehn Jahren verlor Joey den Job, der es ihm erlaubt hatte, nach dem Studium in den Vereinigten Staaten zu leben. Da Joey in wenigen Monaten seine dauerhafte Aufenthaltserlaubnis erhalten hätte, baten er und Steve Joeys Arbeitgeber, seine Anstellung noch um ein paar Monate zu verlängern, weil er sonst nach Indonesien zurückkehren müsste.

»Joey hat Millionen für das Unternehmen verdient«, sagte Steve mit bösem Blick. »Aber der Typ hat sich geweigert, und Joey hat alles verloren: sein Haus, seine Beziehung, sein ganzes Leben.«

Damals gab es in den Vereinigten Staaten noch keine Schwulenehe, weshalb die beiden beschlossen, ein kanadisches Visum zu beantragen, denn Kanada würde ihre Lebensgemeinschaft anerkennen. Während die beiden auf die Antwort der kanadischen Behörden warteten, kehrte Joey nach Indonesien zu seiner Familie zurück.

»Wenn die Familie gewusst hätte, dass er schwul ist, hätten sie ihn verstoßen«, sagte mir Steve. »Deswegen konnte ich ihn nicht mal besuchen. Wir haben einfach gewartet, anderthalb Jahre lang, und hatten keine Ahnung, ob wir je wieder zusammenleben würden.«

Was sie jetzt machten, wollte ich wissen. Hatten Sie vor, in Vancouver zu bleiben?

Steve schaute besorgt und sagte, sie seien noch dabei, sich zu orientieren.

»Das Beste hast du ihr noch gar nicht erzählt«, warf Joey ein und verdrehte die Augen. Nachdem sie etwa ein Jahr zusammen waren, erhielt Joey eine E-Mail von seinem vernachlässigten Dating-Portal, das ihn zurücklocken wollte. »Wir haben den perfekten Partner für dich gefunden!«, hieß es. Joey grinste Steve an. »Ich habe die Mail aufgemacht, und da war Steves Foto!« Zum ersten Mal lächelte Steve. Er hatte dieselbe Nachricht bekommen, nur mit Joeys Foto.

»Wenn wir uns streiten, oder wenn er sauer auf mich ist, dann hole ich einen Ausdruck der E-Mail«, sagte Joey. »Und dann sage ich zu ihm, du darfst nicht sauer auf mich sein. Du bist mein perfekter Partner!«

Ich kannte diese Mails aus eigener Erfahrung und wusste, dass die Dating-Portale ihre Kunden so nach längerer Abwesenheit zurückholen wollen. Mein perfekter Partner war in der Regel ein Mann, der wie ich gern am Strand entlang radelte und vom Algorithmus der Seite als unglaublich attraktiv eingestuft wurde, um mich zu ködern, mein Profil wieder zu aktivieren. Ich hatte diesen Mails nie Beachtung geschenkt, aber als Joey die Geschichte erzählte und Steve dabei anstrahlte, sprachen Dankbarkeit und der Glauben an die Ordnung des Universums aus seinem Blick. Zumindest für ihn war eine gute Geschichte geeignet, das Leiden an den Ungerechtigkeiten der Welt zu lindern.

In der langen Geschichte der Menschheit haben Geschichten über die erste Begegnung und die Standhaftigkeit von Liebenden erst seit relativ kurzer Zeit Konjunktur. Wie

Moira Weigel in ihrem Buch *Labor of Love* schreibt, gibt es unsere heutige westliche Kennenlernkultur erst seit Beginn des 20. Jahrhunderts, seit Frauen ins öffentliche Leben eintraten.[42] Davor übernahmen die Eltern die Rolle der Anstandshüter. Selbst wenn die Eltern ihren Kindern erlaubten, ihre Partner selbst zu wählen, nahmen sie großen Einfluss auf die Brautwerbung, die in der Regel im Haus der jungen Frau stattfand.

»Die Geschichte des Kennenlernens begann, als Frauen das Haus der Familie oder anderer verließen, wo sie als Mägde gearbeitet hatten, und in die Städte zogen, wo sie arbeiteten und mit Männern in Kontakt kamen«, schreibt Weigel. »Davor hatten junge Menschen keine Möglichkeit, sich unbeaufsichtigt zu sehen, und wenn sie im Dorf jemandem begegneten, dann meist Männern, die sie schon kannten.«

Nachdem junge Leute die Freiheit hatten, ihre Partner selbst kennenzulernen und auszuwählen, wurden die Mechanismen des Auswahlprozesses plötzlich für sie auch deutlich interessanter. Es ist leicht nachvollziehbar, warum die Geschichten von der ersten Begegnung so beliebt wurden. Größere Freiheit bei der Partnerwahl bedeutete auch größere Freiheit bei der Lebensgestaltung, und das kann sowohl Mut als auch Angst machen.

In Hollywood sind unwahrscheinliche Begegnungen ein beliebter Drehbuchstoff. In den Screwball-Komödien der Dreißiger und Vierziger standen die romantische Begegnung und die nachfolgenden Liebesnöte im Mittelpunkt. (Oder wie der Regisseur Billy Wilder sagte: »Das war Stoff der romantischen Komödien der Zeit: Unter bestimmten Umständen trifft Junge Mädchen, und die Funken fliegen.«[43])

Der Filmhistoriker Paul Monaco sieht *Es geschah in einer Nacht* als einen der ersten Filme, in dem zwei Menschen durch unwahrscheinliche Umstände zueinander finden, sich zunächst nicht ausstehen können, und sich schließlich trotz aller Widrigkeiten ineinander verlieben.[44] In diesem Fall lernen sich die beiden Protagonisten im Bus kennen: Sie ist eine reiche Erbin, die heimlich nach New York fährt, um dort einen Mann zu heiraten, den ihr Vater ablehnt, und er ist ein Reporter, der darauf hofft, eine reißerische Geschichte über ihre Flucht zu schreiben. Die zentrale Frage des Films ist, wen Ellie Andrews heiraten soll, nachdem sie den Fittichen ihres Vaters entkommen ist: den windigen Lebemann King Westley oder den charismatischen Reporter Peter Warne.

Der Erfolg der Screwball-Komödien fällt mit dem weiträumigen kulturellen Wandel hin zum individuellen Kennenlernen zusammen. Unwahrscheinliche oder überraschende Partnerschaften waren im gesamten 20. Jahrhundert der bevorzugte Stoff der romantischen Komödie. Den Drehbuchautoren bietet die romantische Begegnung eine einfache Möglichkeit, die Zuschauer von Beginn an zu fesseln: Zwei interessante Persönlichkeiten treffen aufeinander – und wir wollen wissen, wie es weitergeht. Doch dieses Format verlangt auch das Eingreifen des Schicksals, das zwei Menschen zusammenführt, die einander sonst nie begegnen würden. In *Es geschah in einer Nacht* wird Ellie durch die Begegnung mit Peter vor einer vermutlich schrecklichen Ehe bewahrt. Doch in ihrem normalen Alltag als reiches Mädchen hätte sie den frechen und unterbeschäftigten Reporter vermutlich nie kennengelernt.

Die Überhöhung dieser unwahrscheinlichen Paare und der dramatischen, schicksalhaften Begegnungen hat die

Zuschauer ermutigt, ihrer eigenen Kennenlerngeschichte ebenfalls viel Aufmerksamkeit zu widmen.

Als Jugendliche träumte ich eine Zeit lang davon, dass ein hübscher junger Mann nach der Werbung den Kinosaal betrat und sich auf den freien Platz neben mir setzte. Auf wunderbare Weise würden wir uns ineinander verlieben, während wir schweigend im Dunkeln nebeneinander saßen und den Film sahen. Und während des Abspanns hielten wir bereits Händchen.

In unserer Kleinstadt kannte ich schon alle Jungs in meinem Alter. Keiner schien sich besonders für mich zu interessieren, doch diese Fantasie – dass das Schicksal etwas Besseres für mich bereit hält, wenn ich nur Geduld habe – war sehr mächtig. Natürlich habe ich nie im Kino jemanden kennengelernt, doch die Vorstellung, dass das Schicksal mein Leben (und vor allem mein sehr ereignisloses Liebesleben) in die Hand nahm, machte mir Hoffnung.

So in das Schicksal vernarrt zu sein, ist natürlich nicht immer in unserem Sinne. Eine gute Geschichte kann auch eine weniger gute Beziehung am Leben erhalten.

Meine Freundin Marina lernte ihren Ex-Mann in den achtziger Jahren auf einem Flug von Vancouver nach London kennen. Sie war neunzehn und auf dem Weg nach Südafrika, wo sie ihre Tante besuchen wollte. Er war 27 und flog nach einer Geschäftsreise zurück nach London.

»Er hatte mich schon in der Abflughalle gesehen, aber mir fiel er erst auf, als er während des Flugs den Gang auf und ab ging«, erzählte sie. »Auf einem seiner Rundgänge sprach ich ihn an und fragte, ob er jemand Bestimmtes suchte.« Wie sich herausstellte, hatte er die ganze Zeit Mut gesammelt, um sie anzusprechen.

Da sie in London sieben Stunden Aufenthalt hatten, trafen sie sich an der Eros-Statue am Piccadilly Circus. »Er lud mich zum Essen ein und küsste mich in Covent Garden.«

Als sie bei ihrer Tante ankam, wartete dort schon ein Telegramm auf sie, in dem er sie fragte, ob sie sich auf dem Rückweg treffen könnten. »Für eine Neunzehnjährige war das alles furchtbar romantisch. Er war älter, Brite, hatte einen tollen englischen Sportwagen und sah so aus, als wäre er in jeder Hinsicht der perfekte Mann für mich.«

Sechs Monate später zog sie zu ihm nach England: »Von der ersten Minute an war klar, dass das ein Riesenfehler war.«

Sie weinte jeden Tag. »Es war so schwer, mich an das Leben in einer winzigen, kalten Wohnung in einer Kleinstadt vierzig Minuten von London entfernt zu gewöhnen. Und es war so schwer mir einzugestehen, dass ich einen furchtbaren Fehler gemacht hatte.«

Sie sagte, dass allen Freunden ihre Geschichte damals so gefallen habe, und das schien ihr irgendwie Grund genug zu sein, zusammenzubleiben. »Ich weiß, das ist ein verrückter Grund, um acht Jahre seines Lebens mit jemandem zu verbringen«, sagte sie lachend.

Verrückt, ja, aber wie so oft sehen wir das eben erst im Nachhinein.

Die mit großem Budget gedrehte romantische Liebeskomödie scheint in letzter Zeit ein wenig aus der Mode gekommen zu sein.

»Ist die romantische Komödie noch zu retten?«, fragte ein Artikel im *Vulture* 2012.[45] Im Jahr darauf folgte der *Hollywood Reporter* mit einem Nachruf und erklärte, warum Harry und Sally heute kein Paar mehr werden würden.[46]

Und 2014 wollte *LA Weekly* wissen, wer die romantische Komödie auf dem Gewissen hatte.[47]

»Natürlich verlieben sich Männer und Frauen immer noch«, schrieb Amy Nicholson im *LA Weekly*. »Nur eben nicht mehr auf der Leinwand – und wenn, dann ist es nicht komisch. In den Komödien von heute bleiben sie entweder unverbindlich oder sie sind schon vergeben – das sind keine Liebes- sondern Problemfilme.«

Ich persönlich mag diese Problemfilme und hoffe, dass sie in Zukunft nicht nur von monogamen und heterosexuellen Männern und Frauen handeln werden. Im Zeitalter von OkCupid, Tinder und Grindr ist die Frage viel weniger, wie man jemanden kennenlernt, sondern wie man einen Partner wählt, und wie man die Beziehung gestaltet.

Es ist längst nicht mehr ausgemacht, dass jeder männliche Single eine Frau sucht. In den besten Liebesgeschichten der gegenwärtigen Filmkultur und Literatur geht es deshalb nicht mehr darum, wie man einen Partner findet. Diese Filme loten vielmehr aus, welche Formen die Liebe im Laufe der Zeit annehmen kann, und was es heißt, eine gute Beziehung zu führen. Fernsehserien wie *Transparent* und Romane wie Lauren Groffs *Licht und Zorn* zeigen die Liebe über einen längeren Zeitraum hinweg – wie sie sich verändert, schwindet, wieder aufkeimt, wie sie Vertrauensbrüche und mangelnde Aufmerksamkeit überlebt (oder nicht), und wie sie Phasen der Trauer bewältigt.

In Hollywood scheint man nicht zu verstehen, warum sich mit romantischen Begegnungen keine Kinos mehr füllen lassen, doch der Grund liegt auf der Hand: In Filmen wollen wir uns mit unseren Sorgen und Nöten wiedererkennen, und unsere Liebesbeziehungen sind eben nicht mehr so wie zu Zeiten der Screwball-Komödie. Statt uns zu erzählen, wie wir unsere Partner kennengelernt haben, sollten wir uns vielleicht lieber darüber austauschen, wo wir mit unseren Liebesbeziehungen an Grenzen gestoßen sind – wie sie uns enttäuscht haben, welche Ängste wir nicht beschwichtigen konnten – und warum wir uns trotzdem dafür entschieden oder eben nicht. Wir brauchen keine Geschichten mehr, die uns zeigen, wie wir jemanden kennenlernen können – dafür haben wir heute Apps.

Eine gute Geschichte kann einer Beziehung ein Momentum verleihen, aber es ist nicht erwiesen, dass ein guter Anfang ein langweiliges Ende ausschließt. Nachdem ich mich bei OkCupid registriert hatte, wurde mir schnell klar, dass selbst ein phänomenaler erster Abend schnell in gegenseitige Verpflichtungen münden kann und in dritte, vierte und fünfte Abende, die nicht mehr von der Chemie, sondern nur noch von der Hoffnung geprägt sind.

Wir wissen nie, was im Kopf des anderen vorgeht, oder wie sein Leben aussieht. Also erfinden wir uns Geschichten darüber, wer er ist und was er will, und stellen uns vor, wie eine gemeinsame Zukunft aussehen könnte.

Wenn unsere Geschichte gut klingen und lehrreich sein soll, dann muss die Begegnung zufällig, unwahrscheinlich und ein wenig schicksalhaft sein. Sie muss etwas ganz Besonderes sein.

Als ich Kevin kennenlernte, hatte ich das Gefühl, dass etwas Besonderes passierte, auch wenn ich nicht genau wusste was. Es fühlte sich nicht so an wie der Beginn einer zehnjährigen Beziehung. Dieser Moment kam erst viele Monate später, als er aus Südamerika kam, um bei meiner Abschlussfeier und der Hochzeit von Freunden dabeizusein. Es war der Beginn einer unwahrscheinlichen Liebesgeschichte – eine Geschichte, die ich viele Jahre lang erzählte.

In den Wochen vor seinem Besuch war ich aufgelöst. Nach den ersten Absagen von Universitäten bekam ich Angst um mein Masterstudium, ich trank viel und sah im Traum wieder und wieder dieselben Bilder: Kevin in der Tür meines Wohnheimzimmers, Kevin in meinem Bett. Ich fürchtete, dass er mich sehen und für zu dick befinden könnte. In meinen Träumen hatte er eingefallene und unrasierte Wangen, und er hatte sich das lange Haar abgeschnitten. Manchmal lehnte er im Türrahmen und sprach Spanisch mit mir, was ich nicht verstand.

Ehe ich Traum-Kevin in mein Bett ließ, zwang ich ihn, mir zu beweisen, dass er echt war. Nachdem ich so oft allein aufgewacht war, hatte ich gelernt, meinen Träumen zu misstrauen. Doch er überzeugte mich jedes Mal wieder. Er umarmte mich und drückte mir das stoppelige Kinn gegen die Wange. Ich bin wieder da, sagte er, und ich habe dich mehr vermisst als Schokoladenkekse und fließendes Wasser. Dann kroch er unter die Decke und umarmte mich. Und dann wachte ich auf.

Schließlich stand er in Fleisch und Blut vor mir, wie er es mir in seinen Briefen versprochen hatte. Er kam mir vor wie ein Fremder – nicht ganz der Mensch aus meinen Träumen, aber auch nicht ganz er selbst. Nach einem Festessen mit unseren Eltern schliefen wir zu viert in meinem Wohnheimzimmer: Meine Mitbewohnerin mit ihrem Freund in ihrem Bett, ich in meinem Bett und Kevin auf dem Fußboden. Ich lag da und erinnerte mich, wie Kevin auf den Nachtischwagen gestarrt hatte, als könnte zwischen Käsekuchen und Cannoli eine Bombe versteckt sein: Er war den alltäglichen Luxus der Ersten Welt nicht mehr gewöhnt und misstraute dem Nachtisch und den Annehmlichkeiten. Ich hörte, wie er sich noch wach in seinem Schlafsack herumwälzte. Ich hatte nicht gedacht, dass ich ihn je wieder auf meinem Fußboden sehen würde. Ich sollte schlafen – meine Eltern würden am nächsten Morgen um acht auf der Matte stehen, um mich zur Abschlussfeier zu begleiten –, doch ich stieg aus dem Bett und flüsterte ihm zu: »Willst du spazieren gehen?«

Die ganze Nacht streunten wir über den Campus. Er erzählte mir von seiner Lehmhütte, von den Wanderungen im Wald über seiner Hütte, von Parasiten und davon, dass er sich wochenlang nur von Reis, Bohnen und Eiern ernährte. Als wir irgendwann vor Sonnenaufgang auf einem Weg saßen, sah er mich an und sagte: »Ich denke an dich. Oft.«

Es fühlte sich an wie ein entscheidender Moment.

Er hatte gesagt, *ich denke oft an dich*, und ich machte eine Pause, um die Szenerie auf mich wirken zu lassen: die Straßenlaternen im Morgennebel, die ungewöhnliche Stille eines College-Campus am Ende eines Semesters, der abwesende Ausdruck auf seinem Gesicht, als ob er in einen dieser Sonnenaufgänge über den Anden blicken würde, von denen er mir geschrieben hatte. Ich stellte mir vor, wie ich eines Tages viele Jahre später bei einer Flasche Wein zu meinen Freunden lachend sagen würde: »Und ich habe gedacht, dass ich ihn nie wiedersehen würde!« Ich dachte an die Enkel, die wir eines Tages haben würden. Ihnen würde die Geschichte gefallen.

Jahre später erzählte ich meine Geschichte tatsächlich bei ein paar Drinks meinen Freunden. Das zu tun bestätigte mich in dem Gefühl, dass ich in der richtigen Beziehung war, auch wenn es genug Hinweise gab, dass ich mich irrte –

allen voran eine vage Unruhe und meine zunehmende Unfähigkeit, meine eigenen Bedürfnisse zu erkennen.

Die romantische Begegnung ist wie der Anfang einer Geschichte. Je mehr sich unsere Erfahrung mit den herkömmlichen Erzählmustern deckt, umso eher nehmen wir an, dass sich der Rest in berechenbarer Weise entwickelt: Liebe, Ehe, Glück. Also bewerten wir die Bedeutung des Anfangs viel zu hoch, denn wir haben die Hoffnung, dass er positive Rückschlüsse auf das Ende zulässt.

Doch die Überfülle an Geschichten über erste Begegnungen zeigt, dass wir eine Menge darüber wissen, wie wir uns verlieben können – wie es sich anfühlen sollte und was wir tun und sagen können, um die Dinge in die richtige Richtung zu lenken. Was uns fehlt, sind Drehbücher dafür, wie wir diese Liebe haltbar machen können.

Ja, Schatz

Schlechte Ratschläge
von guten Menschen

≈

Dr. Loh, ein kleiner Chinese mit dicken Brillengläsern und akkurat gescheiteltem schwarzem Haar, bat uns an einem sonnigen Februarmorgen aus dem Wartezimmer in sein Sprechzimmer. Kevin und ich waren in der letzten Phase unseres Antrags auf eine dauerhafte Aufenthaltserlaubnis in Kanada. Schweigend betraten wir den Raum und nahmen Platz, während der Arzt seine Brille auf der Nase zurechtrückte und in unserer Akte blätterte.

Befreundete amerikanische Expats in Vancouver hatten uns gesagt, der Arztbesuch sei reine Formsache. »Die wollen nur wissen, dass du kein HIV hast«, meinte Matt, der zwei Jahre zuvor aus Colorado nach Kanada gezogen war. »Und sie wollen kassieren.« HIV, das war der Bluttest. Außerdem mussten wir eine Urinprobe abliefern und uns die Lungen röntgen lassen. Aber zuerst kam das Gespräch mit dem Arzt. Wir vermuteten, er würde uns den Blutdruck messen, auf Herzgeräusche abhören, ein paar Fragen stellen und ein paar Dokumente zur Unterschrift vorlegen. Maximal zwanzig Minuten. Trotzdem war ich ein bisschen nervös. Die vergangenen beiden Jahre hatten wir damit zugebracht, unser Leben in lange Formulare zu buchstabieren, Fingerabdrücke zu hinterlassen, polizeiliche Führungszeugnisse zu besorgen und Erklärungen zu schreiben, warum wir dieses oder jenes Dokument nicht vorlegen konnten. Der Antrag auf die dauerhafte kanadische Aufenthaltserlaubnis fühlte sich an wie eine komplizierte Schnitzeljagd. Überall lauerten Verzögerungen, Fehler und die Rückkehr auf Los. Die medizinische Untersuchung kam gegen Ende des Verfahrens (obwohl wir nicht wussten, wie nah genau sie dem Ende war), und wir mussten alles richtig machen. Unsere Beziehung würde ein neues Antragsverfahren nicht überleben, dessen war ich mir sicher.

Hoffnungsvoll lächelte ich den Arzt an.

»Wer von Ihnen ist Professor?«, fragte Dr. Loh strahlend.

»Ich«, erwiderte ich, während er uns anwies, uns auf Stühle zu beiden Seiten eines Tischchens zu setzen. Er selbst nahm zwischen uns Platz.

»Wunderbar«, sagte er. »Das ist so wunderbar. Mein Sohn ist auch Professor. So wie Sie. Sehr intelligent. Sehr jung. Sie sind sehr jung für eine Professorin«, sagte er und nickte lächelnd.

»Wo arbeitet Ihr Sohn?«, fragte ich. Daraufhin lehnte er sich zurück, nahm seine Brille ab und schilderte uns lang und breit die gesamte Bildungsgeschichte seines Sohnes. Warum er entgegen den Wünschen seines Vaters nicht an der University of British Columbia studiert hatte, warum er nicht in seiner Heimatstadt Vancouver arbeitete, sondern in den Vereinigten Staaten, und was für ein schönes Haus er sich in St. Louis leisten konnte.

Offenbar war Dr. Loh der Ansicht, dass Kanada seine besten und klügsten Kinder an die Vereinigten Staaten verlor. Kevin und ich waren ihm sympathisch, weil wir gegen den Strom schwammen. Das ist doch eine gute Nachricht, dachte ich mir. Ich sagte ihm nicht, dass ich nur eine kleine

Lehrbeauftragte war, und dass ich auch nicht annähernd den Status seines Sohnes hatte, eines Ingenieurs mit einer Festanstellung als Professor.

Ich blickte in Richtung der Akte, worauf Dr. Loh seine Brille aufsetzte und die Papiere in die Hand nahm.

»Ihr beiden«, sagte er und sah erst Kevin an, dann mich. »Euch gefällt es hier.« Keine Frage, sondern eine Feststellung. Es gefällt uns hier.

Dann nahm er die Brille wieder ab und legte die Akte beiseite, um uns zu erzählen, wie er und seine Frau von China nach New York gekommen waren, wie sie sich während ihres Medizinstudiums eine Liste mit allen Städten in Nordamerika gemacht hatten, in denen sie gern leben würden, und wie sie sich für Vancouver entschieden hatten, um ihre Familie zu gründen. Nicht, weil sie je in Vancouver gewesen waren oder jemanden hier gekannt hätten, sondern weil ihnen das Meer und die Berge gefielen. Und weil ihre Kinder hier auf der Straße spielen konnten. »Nicht wie in New York«, sagte er. Sie hätten überall hin gehen können, sagte er. Aber nach dreißig Jahren in Vancouver waren sie immer noch glücklich. Auch wir würden hier glücklich sein.

Er nahm seine Brille wieder in die Hand, und ich fragte mich, ob er nun soweit war, sich endlich unsere Akten anzusehen. Doch stattdessen benutzte er sie, um damit über unsere Köpfe zu zeigen, als würde er den Film seines Lebens an die gegenüberliegende Wand projizieren. Er redete und redete und lächelte dabei unaufhörlich. Obwohl zuhause Berge von Aufsätzen auf mich warteten, die ich noch zu korrigieren hatte, war es schwer, in Dr. Lohs Gegenwart ungeduldig zu werden. Schließlich nahm er unsere Akten wieder zur Hand. »Die Dame zuerst«, sagte er und setzte sich die Brille auf die Nase. »Ich werde Ihnen ein paar Fragen stellen.«

Ich nickte. In der Akte befand sich eine Liste von Fragen, die nach Ansicht der kanadischen Behörden ein Arzt jedem Einwanderungswilligen zu stellen hatte.

»Hatten Sie jemals einen Krankenhausaufenthalt?«

Ehe ich antworten konnte, hatte er bereits Nein angekreuzt.

»Um ehrlich zu sein, ich hatte mit achtzehn eine Hirnhautentzündung und war eine Woche im Krankenhaus«, warf ich ein.

»Hirnhautentzündung?« Er sah mich über den Brillenrand hinweg an. »Okay, keine Sache, Hirnhautentzündung.« Er kritzelte das Wort neben die Frage.

»Waren Sie je wegen Ängsten, Depression oder anderen Nervenproblemen in Behandlung?«

Er machte eine Pause und musterte mich von oben bis unten. Ich dachte an die vergangenen Monate und dieses vage Gefühl, das sich in meinem Magen breit gemacht hatte: Meine Beziehung zu Kevin musste sich ändern. Oder enden. Ich war nicht glücklich, aber ich war auch nicht unglücklich. Ich war einfach in einer Sackgasse. Und dieses Gefühl schien die Gehirnmechanismen zu stören, mit denen ich mich konzentrierte und arbeitete, und sämtliche Gespräche mit Freunden zu überschatten. War das schon eine Angststörung? Konnte er mir das am Gesicht ansehen?

»Nein«, meinte Dr. Loh entschieden. »Sie? Kerngesund.«

Das Spiel setzte sich bei den folgenden Fragen fort: Er las sie vor, dann sah er mich an, als sei mir meine Krankengeschichte auf den Körper tätowiert. Nieren? Verdauungsstörungen? Alkoholmissbrauch? Medikamente? Jedes Mal schüttelte er den Kopf. Nein, nein, nein, nein, sagte er und machte sein Kreuzchen auf dem Fragenbogen. Meistens hatte er Recht. Wo ich etwas ergänzte, macht er gnädig eine kurze Notiz.

Als er sich Kevin zuwendete, hatte er offenbar beschlossen, das Verfahren abzukürzen: »Sie sagen zu allem Nein, richtig?«

»Klar«, erwiderte Kevin und grinste mich an. Ich grinste zurück und hatte zum ersten Mal seit Wochen wieder das Gefühl, mit ihm in einem Team zu sein.

Beim Sehtest konnte ich mit dem linken Auge zwei der kleinsten Buchstaben nicht erkennen. Kevin sah besorgt drein, aber Dr. Loh lachte nur. »Jetzt lassen wir Sie keine Düsenjets mehr fliegen.« Er machte das Geräusch eines Triebwerks – *sssscccchhhhhwwwwwooooowsssschhhh* – und hob dazu die Arme, als lasse er ein Modellflugzeug fliegen.

Ich fing an zu lachen, Kevin fiel ein, und kurz darauf lachten wir alle drei herzlich. Dr. Lohs mädchenhaftes Kichern brachte mich noch mehr zum Lachen.

Als er sich die Tränen aus den Augen wischte, legte Dr. Loh die Akte beiseite und nahm ein letztes Mal die Brille ab. Dann sah er uns mit feierlichem Blick an. »Sie wollen ein langes Leben? Ich verrate Ihnen das Geheimnis für ein langes Leben.« Er sah nur Kevin an. »Das Geheimnis für ein langes Leben sind zwei Wörter: Ja, Schatz.« Dann lachte er wieder lange und herzlich, um sich jäh zu unterbrechen und Kevin ernst anzusehen.

»Lernen Sie diese beiden Worte«, sagte er und zeigte mit seiner Brille auf ihn. »Dann werden Sie achtzig.« Tatsache. Mit dem Zeigefinger zeichnete er zwei Linien auf das Tischchen zwischen uns, eine für jedes unserer beiden Leben. »An die ersten zehn Jahre erinnern Sie sich nicht. Die letzten zehn Jahre sind sie alt und krank.« Kevin lächelte und riss die Augen weit auf, um möglichst interessiert zu wirken. »Sie haben eine hübsche Freundin. Streiten Sie nicht. Dann haben Sie ein glückliches Leben. Dann bleiben Sie gesund.«

Ich stellte mir vor, wie wir beide später darüber lachen würden. Wir würden Freunden erzählen, wie wir zu unserer ärztlichen Untersuchung gegangen waren und dort eine Beziehungsberatung bekommen hatten. Es war gut etwas zu haben, worüber wir lachen konnten, dachte ich. Mir war zwar klar, dass Kevin wenig von der Ja-Schatz-Philosophie hielt, aber ich fragte mich, ob er sich den Rat nicht vielleicht doch ein wenig zu Herzen nehmen und etwas über den Wert von Bindung und Liebesglück mitnehmen würde.

Nachdem wir Dr. Lohs Büro verlassen hatten, gingen wir ins Labor, um weitere Tests durchführen zu lassen. Wir legten unsere Pässe vor, unterschrieben weitere Formulare, urinierten in kleine Plastikbecher und ließen uns Blut abzapfen. In der Radiologie zückte Kevin seine Kamera und machte ein Foto von mir in Röntgenkluft, einem Papierleibchen über der Jeans, während ich mich fragte, ob sich mein leichter Husten auf dem Röntgenbild als Tuberkulose herausstellen würde.

Auf dem Weg nach draußen zu unseren Fahrrädern gab ich ihm den Schlüssel für das Schloss, mit dem die beiden Räder zusammengekettet waren. Er fuhr zu Arbeit und ich nach Hause, um Seminararbeiten zu korrigieren. Mit den Helmen auf dem Kopf verabschiedeten wir uns voneinander.

»Mach's gut«, sagte ich und spürte schon wieder die Anspannung zwischen uns.

»Du auch«, erwiderte er, während ich schon auf mein Fahrrad stieg. Als ich aufblickte, schnitt er eine ulkige Kussgrimasse. Ich lachte und beugte mich über den Lenker zu ihm. Es war unser erster Kuss seit Tagen. Er lächelte, stieg auf sein Rad und radelte Richtung Innenstadt davon.

An diesem Tag fiel es mir leicht, mir vorzustellen, dass sich Dr. Loh mit seinem Rat nicht deshalb an Kevin richtete, weil er altmodische Vorstellungen von Beziehungen hatte, sondern weil er in der kurzen Zeit gesehen hatte, dass ich diejenige war, die sämtliche Zugeständnisse machte. Er hatte es an meinem Puls gespürt und am Blutdruck erkannt: Ich war eine gute Partnerin, ich hatte keinen Rat nötig. Trotzdem sehnte ich mich danach.

Aber eigentlich ging es mir weniger darum, gute Ratschläge zu hören. Ich wollte vielmehr jemanden, der all das kittete, was zwischen uns zerbrochen war, und Kevin zu dem Partner machte, den ich meiner Ansicht nach verdient hatte.

So fühlte ich mich schon lange: Ich war mir sicher, dass ich Besseres verdient hatte, und doch war ich durch Kräfte an Kevin gebunden, die stärker waren als mein eigener Wille. Da war die kanadische Einwanderungsbehörde, aber da waren auch die Tage und Monate und Jahre, die wir uns nun schon kannten, und das gute Leben, das wir uns in diesem neuen Land aufgebaut hatten. Und ich fühlte mich durch Liebe an ihn gebunden, auch wenn diese manchmal vor lauter Selbstgerechtigkeit bitter wurde.

Einen Moment lang heilte Dr. Lohs Rat tatsächlich etwas zwischen uns: Er löste eine Verhärtung auf und erinnerte uns daran, dass wir beide im selben Boot saßen. Außerdem gab er uns etwas zu erzählen.

Ich habe im Leben viele Ratschläge zum Thema Liebe bekommen, und ich bin vermutlich nicht die einzige. Wenn

Sie je solo oder in einer unglücklichen Beziehung waren, und vor allem, wenn Sie eine Frau sind, dann tauchen alle möglichen Leute auf, um Ihnen zu helfen und Ihnen Ihre Chancen in der Liebe zu erläutern.

Als ich noch jünger war, musste ich mir anhören, ich sei zu schüchtern, zu still, zu wenig bereit, meine Zuneigung zu zeigen. Später war ich zu selbstbewusst, zu wählerisch, zu unabhängig. Es ist schwer, als Mädchen nicht still zu sein, wenn man mit Zeitschriften wie *Seventeen* und Artikeln wie »Wie du unwiderstehlich auf Jungs wirkst« oder »Heimliche Liebe und die schlimmsten Fehler, die du als Mädchen begehen kannst« groß wird. Die Botschaft ist immer wieder dieselbe: Wenn du keinen Partner hast, dann ist das ein Problem, das du lösen musst! (Das schlimmste Vergehen, dessen Sie sich als Frau schuldig machen können, steht übrigens nicht im Strafgesetzbuch. Wenn es Ihnen gelingt, sich Ihrem Schwarm zu nähern, ohne über ein Stuhlbein zu stolpern oder ihn anzurempeln, ist es unverzeihlich, Ihr Interesse »zu direkt« oder »zu deutlich« zum Ausdruck zu bringen. Und wenn es Ihnen tatsächlich gelingt, Ihren Schwarm zu Ihrem Freund zu machen, dürfen sie keinesfalls »nörgeln« und »zickig« sein oder »zu anhänglich« werden.)

Wenn man *Seventeen* Glauben schenkte, dann war jedes Gespräch mit dem anderen Geschlecht nicht nur schwierig, sondern richtiggehend gefährlich. Mit Schrecken las ich damals einen Artikel über ein Mädchen, das ihrem Schwarm in abgeschnittenen Jeansshorts gegenüberstand. Er sagte so etwas in der Art wie »Da hängt ja ein Faden aus deinen Shorts«, und als er daran zog, hatte er plötzlich ihren Tampon in der Hand. Natürlich flüchtete er entsetzt, und damit endeten alle Liebesträume. Es war die ultimative Teenie-Horrorgeschichte: eine Mischung aus Körperflüssigkeiten, Zurückweisung und öffentlicher Demütigung. Ich machte mir nicht einmal Gedanken darüber, ob die Geschichte realistisch so abgelaufen sein konnte. Die Botschaft war klar: Auch nur die Annäherung an einen Jungen barg größte Gefahren.

Während meiner Collegezeit hörte ich irgendwann auf, Frauenmagazine zu lesen, lange bevor meine Identität als Frau voll entwickelt war. Aber ich habe den Eindruck, dass sich die Botschaften dieser Zeitschriften bis heute nicht geändert haben. Bei einem kurzen Blick auf die Website von *Marie Claire* fand ich »Wie Sie einen Beziehungsmuffel erkennen«, »Was Sie gegen schwache Libido tun können« oder »Der ideale Altersunterschied für eine dauerhafte Ehe«. Einige der Tipps basieren tatsächlich auf wissenschaftlichen Untersuchungen, was ihnen einen gewissen Vorteil gegenüber den Ratschlägen von vor zwanzig Jahren verschafft. Doch sie suggerieren weiterhin, dass es eine wahre Liebe oder eine Formel für das Liebesglück gibt. Mir ist auch klar, warum die Zeitschriften das tun: Weil das Spiel mit der Unsicherheit der Frauen eine bewährte Verkaufsstrategie ist, und weil Beziehungstipps, egal von wem, grundsätzlich davon ausgehen, dass sich frau nur auf eine einzige Art und Weise verlieben kann, und dass frau in einer Beziehung besser aufgehoben ist als allein.

Hinter diesen Tipps steckt eine sonderbare Moral: Trennungen sind Ausdruck des Scheiterns und ein Zeichen dafür, dass die Beziehung »schlecht« war – mit anderen Worten: Sie selbst sind schlecht, weil Sie nicht in der Lage waren, die Beziehung zu retten, und überhaupt, weil Sie den Unterschied zwischen »gut« und »schlecht« nicht erkennen. So oder so, Sie sind an der Aufgabe der Beziehung gescheitert.

»Leute, die heiraten, müssen irgendetwas kapiert haben, was ich noch nicht verstehe«, meinte meine Schwester einmal nach einem Streit mit ihrem Freund. Ich frage mich, ob es um Verstehen oder eher um Glauben geht. Kurz zuvor war ich auf einer Hochzeit gewesen, auf der das frischvermählte Paar ein Gästebuch auslegte mit der Anweisung: »Verratet uns eure besten Ehetipps für Braut und Bräutigam!«

Wissen Verheiratete mehr über die Liebe als wir übrigen?, fragte ich mich. Oder reden sie sich das gezielt ein, indem sie anderen Leuten Ratschläge erteilen? Als unverheirateter Hochzeitsgast war mein Rat vermutlich nicht sonderlich erwünscht, nahm ich an.

Vor einigen Jahren überlegte ein Freund, ob er seine Partnerin heiraten sollte, die gern Kinder bekommen wollte. Er beschloss, eine lange Radreise die Pazifikküste hinunter zu machen, um über die Beziehung nachzudenken. In San Francisco traf er sich schließlich mit seiner Freundin. Sie verbrachten ein wunderbares Wochenende zusammen. Dann telefonierte er mit seinem frischvermählten Freund Peter.

»Das Wichtige am Heiraten ist, dass du dich entscheidest, dich zu entscheiden«, erklärte ihm Peter.

Nach dieser Logik hatte es etwas Gutes, sich zu binden, ganz unabhängig von den Umständen der Beziehung. Die Bindung allein wirkt erlösend.

»Das Gespräch war ein echter Anstoß«, bekannte mein Freund. »Also habe ich mein Bauchgefühl in den Wind geschlagen, dass mir gesagt hat, dass in unserer Beziehung irgendetwas fehlt.«

Trotz seiner Zweifel machte er seiner Freundin einen Heiratsantrag. Um sich dann, wenige Wochen vor der Hochzeit, von ihr zu trennen.

Er spricht nicht gern über die Verlobung und deren Ende, denn bis heute schämt er sich sehr dafür.

Peter ließ sich übrigens wenige Jahre später scheiden.

Nicht jeder Esser hält sich für einen Ernährungsberater, aber fast jeder, der geliebt hat, glaubt zu wissen, wie man es richtig angeht. Die Ratschläge werden aus demselben Grund erteilt, aus dem Hauseigentümer einem empfehlen, ein Haus zu kaufen, während Mieter zur Miete raten. Es geht nicht darum, das Leben des anderen besser zu machen, sondern darum, sich selbst davon zu überzeugen, dass man die richtige Entscheidung getroffen hat. Und wenn man auch nur den geringsten Zweifel an der eigenen Beziehung zum Ausdruck bringt, hagelt es gleich ungebetene Ratschläge.

Als ich begann, meine Beziehung zu Kevin zu hinterfragen, stellte ich fest, dass es überall Menschen gab, die nur darauf warteten, mir gute Ratschläge zu erteilen.

Geh nie mit Ärger ins Bett, sagen sie. *Täusche nie einen Orgasmus vor. Der gemeinsame Abend ist heilig. Mehr Kommunikation, weniger Reaktion. Schenke Blumen.* Wenn ich das höre, frage ich mich, wie ich mich in jemanden verlieben konnte, der mir nicht ein einziges Mal einen Blumenstrauß mit nach Hause gebracht hat, auch wenn ich das bis gerade eben nicht vermisst habe. Ich werde befangen im Bett. Ich denke: »Er sagt nie ›Ja, Schatz‹.« Ich denke, es ist alles verloren.

Beziehungstipps bringen einen grundsätzlich aus dem Gleichgewicht. Aber es fällt schwer, den Rezepten anderer zu widerstehen – sie sind wie Diätwerbung mit zwei Fotos: Vorher: Sie, verunsichert. Nachher: die anderen, selbstsicher.

In ihrem Buch *Minimizing Marriage* prägt die Philosophin Elizabeth Brake den Begriff der »Amatonormativität« und definiert sie als »die verbreitete Annahme, dass eine ausschließliche Liebesbeziehung im Lebensmittelpunkt für alle Menschen die Norm sei, und dass es sich hier um ein allgemein menschliches Ziel handele«.[48] Dass jeder behauptet, eine feste Bindung sei etwas Positives, oder die Ehe sei ein wirkungsvolles Mittel, um Zweifel zu unterdrücken, ist wenig verwunderlich. Diese Annahme, dass die behördlich abgesegnete Lebensgemeinschaft die höchste Form der Liebe sei und alle daran teilhaben sollten, ist so verbreitet, dass man sie nicht mehr als Annahme erkennt. Deshalb bekommen Frischvermählte Sekt und Ihr Partner ist in Ihrer Krankenkasse mitversichert, während Ihre Schwester, die mit Ihnen unter einem Dach wohnt, leer ausgeht.

Die Amatonormativität vermittelt den Eindruck, dass wir in der Liebe die Wahl haben (*Soll ich sie heiraten oder soll ich mich von ihr trennen?*) und legt gleichzeitig nahe, dass erstere Option die bessere ist. Für Nachdenklichkeit, Zweifel oder das Bauchgefühl ist da wenig Platz.

In seiner Kolumne in der *New York Times* zitierte Arthur C. Brooks eine Untersuchung, nach der Menschen mit politisch extremen Ansichten am glücklichsten sind: »Wenn man Einkommen, Bildung, Alter, Herkunft, Familienstand und Religion ausklammert, sind in den Vereinigten Staaten die glücklichsten Menschen diejenigen, die sich als ›extrem konservativ‹ (48 Prozent sehr glücklich) oder als ›extrem liberal‹ (35 Prozent) bezeichnen. Alle anderen sind weniger glücklich, und der Tiefpunkt sind die ›Gemäßigten‹ (26 Prozent).«[49] Brooks präsentierte dies als eine überraschende Erkenntnis, aber mich verwundert das überhaupt nicht: Je überzeugter jemand ist, umso sicherer ist er sich seiner Stellung in der Welt. Unglück paart sich oft mit Zweifel und Nachdenklichkeit.

Als mir das Banff Centre for the Arts – für mich eine Brutstätte des Zweifels und der Nachdenklichkeit – ein Autorenstipendium verlieh, hoffte ich, dort auch weniger Gewissheit in Liebesdingen vorzufinden. Doch als das Thema zur Sprache kam, gaben meine neuen Bekannten munter ihre Theorien zum Besten, warum manche Beziehungen funktionieren und andere nicht. Ein Jazzmusiker namens Sam erklärte mir, in heterosexuellen Beziehungen müsse der Mann die Frau ein bisschen mehr lieben: »Nur einen Hauch, aber mehr.« Er erzählte mir, wie er seine zweite Frau kennengelernt hatte: »Als wir uns gerade kennengelernt hatten, ist sie mitgekommen auf eine unserer Konzertreisen. Sie hat die anderen Musiker erlebt. Sie waren alle verheiratet, aber sie hat auch gesehen, wie sie sich mit anderen Frauen trafen.« Er grinste in die Runde am Esstisch, denn inzwischen lauschten alle.

»Sie hat nicht mal mit der Wimper gezuckt«, sagte er. »Sie hat mir von Anfang an vertraut. Und ich kann nicht sagen warum, aber für sie würde ich mich zur Hauptverkehrszeit auf die Straße legen. Und das weiß sie. Deswegen sind wir glücklich.«

»Ich habe eine andere Theorie«, warf eine Lyrikerin namens Nancy ein. »Ich glaube, manche Menschen sind Katzen, unabhängige Streuner. Und andere sind Hunde, sie sind treu und aufmerksam. Zwei Katzen langweilen sich miteinander und gehen ihre eigenen Wege. Und zwei Hunde ersticken einander. Ich glaube, in einer Beziehung braucht man ein bisschen von beidem, ein Gleichgewicht aus Geben und Nehmen.« Sie erklärte, sie sei eine Katze und ihr Partner ein Hund: »Ich streune, und er ist immer da und wartet auf mich.«

John, ebenfalls ein Lyriker, berichtete uns, was ihm ein befreundeter Paartherapeut über den Niedergang einer typischen Beziehung gesagt hatte: »Das, was du am Anfang an deinem Partner attraktiv gefunden hast, ist genau das, weswegen du dich später von ihm trennst. Wenn du ihre Unabhängigkeit liebst, dann wird das irgendwann das, was du an ihr verändern willst, weil sie dein Bedürfnis nach einer unabhängigen Partnerin schon befriedigt hat. Jetzt willst du Stabilität und eine Frau, die zu Hause bleibt, wenn die Kinder krank sind.«

Jemand anders hatte eine Pendeltheorie, nach der Beziehungen immer zwischen Liebe und Ärger schwanken. Am Anfang schlägt das Pendel Richtung Liebe aus. Im Laufe der Beziehung schwingt es hin und her, bis es irgendwann auf der Seite des Ärgers hängenbleibt. Demnach besteht der Trick darin, jemanden zu finden, dessen lästige Angewohnheiten so erträglich sind, dass man mit ihnen leben kann.

Ich versuchte, jede dieser Theorien auf meine eigene Beziehung anzuwenden. (Ich liebte mehr: schlechtes Zeichen. Ich war ein Hund, er eine Katze: gut. Als Partner hatte ich den unabhängigsten Menschen gewählt, den ich kannte – wie konnte ich plötzlich einen Mannschaftsspieler erwarten?)

Vermutlich hätten mich weder diese Theorien noch meine Reaktion darauf verwundern sollen: Unser Unbehagen mit Unklarheit ist bestens erforscht. Nach Ansicht des Psychologen Arie Kruglanski sehnen wir uns nach »kognitiver Geschlossenheit«: Wir wollen es klar und einfach, um uns zu erklären, wie die Welt tickt.[50] Je unklarer eine Situation, umso größer unser Bedürfnis nach Erklärungen.

Diese Theorien waren wie feindliche Bakterien, die einen Riss in der Oberfläche meiner Zuversicht suchten, einen Weg unter die Haut.

Je mehr Ratschläge ich bekam, umso mehr ahnte ich, dass meine Beziehung ein ganz einfaches Problem hatte: Sie ging zu Ende. Aber das war an sich kein Problem. Es tat nur weh. Ich fühlte mich einsam und traurig. Doch das Problem reichte schon Jahre zurück. Es bestand darin, dass die Liebe eine Form der Buchführung geworden war, und dass ich jeden Tag alles aufaddierte, was ich gab und bekam, und mir über die Differenz den Kopf zerbrach. Ich konzentrierte mich auf Kevins Schwächen und auf den Rat, den er meiner Ansicht nach nötig hatte und nie in Anspruch nehmen würde. Über meine eigenen Schwächen dachte ich seltener nach, genauso wenig wie darüber, wie ich selbst besser lieben konnte.

Weil ich nur darüber nachdachte, wie sich unsere Beziehung reparieren und erhalten ließ – also darüber, wie ich ihn dazu bringen konnte, mich weiterhin zu lieben –, übersah ich eine viel größere Frage: Selbst wenn wir einander weiter liebten: Waren wir in der Lage, gut zu- und füreinander zu sein? Würden wir diese Entscheidung jeden Tag wieder treffen?

Es dauerte eine Weile, bis ich den Rat bekam, den ich diesen Winter brauchte. Ich stand in der Küche, kochte und hörte dabei im Radio die Ratgebersendung »Dear Sugar« der Schriftsteller Cheryl Strayed und Steve Almond.[51]

Eine Zuhörerin schrieb: »Was soll ich machen, wenn ich es nicht ertragen kann, bei ihm zu bleiben, aber wenn ich es auch nicht ertragen kann, ihn zu verlassen? Gezeichnet: Kann-nur-verlieren.«

»Verlass ihn«, sagte ich zum Suppentopf auf dem Herd.

»Verlass ihn«, sagte Cheryl Strayed.

Niemand gab mir diesen Rat, aber es war genau das, was ich hören musste. Verlass ihn.

Die meisten Beziehungstipps gehen davon aus, dass bestimmte Formen der Liebe besser sind als andere – sinnvoller, wichtiger, richtiger. Und ganz oben steht die monogame Dauerbeziehung.

In einer Kultur, die das Singledasein stigmatisiert und die Bindung auf den Thron hebt, ist es einfach schwer vorstellbar, einer knapp dreißigjährigen Frau zu raten, eine monogame Dauerbeziehung aufzugeben, noch dazu mit einem Mann, der sie liebt und den sie liebt.

Wieder Single, stellte ich bald fest, dass sich die Tipps zur Partnersuche kaum von den Beziehungstipps unterschieden. Es gab Ratschläge, wie viel Zeit man sich mit der Antwort auf eine SMS lassen sollte, was man anziehen sollte und was nicht, welche Themen bei einem ersten oder zweiten Treffen angemessen waren und welche man besser nicht ansprach. Die Tipps waren an sich nicht schlecht, doch wieder ging es nur um Eines: den Partner fürs Leben zu finden.

Mir gefiel der Gedanke, mein Leben mit einem Menschen zu verbringen, doch je mehr Tipps ich bekam, umso mehr verwirrten sie mich. Ich fühlte mich zu Männern hingezogen, die Eigenschaften hatten, welche Kevin abgingen; sie waren solide, bescheiden und ausgesprochen nett. Dabei tat ich so viel, um diesen Männern zu gefallen, doch nach einigen Wochen langweilte ich mich. Einige hoffnungsvolle Monate lang ging ich mit einem supersüßen vegetarischen Ingenieur. Als er mir eines Tages eine SMS schickte und fragte, ob er nach der Arbeit vorbeikommen könne, wurde ich traurig: Er würde mich abservieren. Doch auf diese Erkenntnis folgte sofort eine zweite: Wenn wir uns trennten, konnte ich die Gemüsebeilage, die ich für das Thanksgiving-Essen am Wochenende geplant hatte, mit Hühnerbrühe aufgießen!

Es war die schmerzloseste Trennung, die ich je erlebt habe.

Wie konnte das nur passieren?, fragte ich mich. Wie kam es, dass ich mit einem Mann zusammen war, der mir weniger bedeutete als eine Beilage? Ich hatte keine Ahnung, was ich wollte.

Nach einem Winter der enttäuschenden Verabredungen verbrachte ich das letzte Maiwochenende auf der Hochzeit einer Freundin. Wie in einem kitschigen Film zog ich, die Trauzeugin der Braut, in der Nacht nach der Hochzeit mit dem Trauzeugen des Bräutigams Hand in Hand durch die Stadt. Wir streiften durch einen weitläufigen Park, kletterten auf den Gerüsten eines Spielplatzes herum, probierten die Schaukeln aus und kletterten in unseren Tanzschühchen einen steilen Hang hinauf, um den besten Ausblick über die Stadt zu finden. Er zeigte mir das Viertel, in dem er früher gewohnt hatte, und die Schule, in der er Basketballtrainer war. Er erzählte mir von seiner Familie und seinen Plänen. Ich erzählte ihm von meinem Leben in Vancouver und davon, was ich gerne schreiben würde. Kurz vor Sonnenaufgang begleitete er mich zu meinem Hotel und gab mir einen Gute-Nacht-Kuss. Er hatte einen jungenhaften Charme und die besten Empfehlungen von Braut und Bräutigam. Aber wir lebten Tausende Kilometer voneinander entfernt.

Wieder zuhause, schrieb ich ihm eine Mail:

Hallo David,

ich glaube, ich musste daran erinnert werden, dass ich nah und fern von liebevollen und großzügigen Freunden umgeben bin, und dass es Männer wie dich gibt: witzig, lebendig und außergewöhnlich. Deshalb freue ich mich, dass wir uns kennengelernt haben. Es war einer der Höhepunkte des Wochenendes.

Sollte es dich je nach Vancouver verschlagen, dann sag Bescheid. Ich freue mich, dir die Stadt zu zeigen.

Dank für den Spaziergang – ich habe nur eine einzige Blase bekommen.

Es war nicht Liebe, aber es war der beste Abend zu zweit, den ich seit Monaten erlebt hatte. Es war eine hübsche romantische Begegnung, ohne Zukunft, ohne Erwartungen, ohne Richtung.

Liebesratgeber wollen uns einreden, dass das Leben nur in einer festen Beziehung wirklich erfüllt und lebenswert ist. Doch mein Leben wurde außerhalb einer festen Beziehung besser. Und meine Verabredungen machten mehr Spaß, nachdem ich sie nicht mehr als Bewerbungsgespräche für die Stelle einer Ehefrau betrachtete. Wenn ich mich darauf konzentrierte, ein paar Stunden lang einen echten Kontakt zu einem anderen Menschen herzustellen, egal was daraus wurde, dann verbrachte ich meistens einen schönen Abend.

Sieben Jahre nachdem ich Kevin kennengelernt hatte, unterschrieben wir endlich unseren ersten gemeinsamen Mietvertrag. Es war ein großer Moment. Ich erinnere mich daran, wie ich in unserem Bett in unserer Wohnung aufwachte, und im fahlen Winterlicht sein Gesicht betrachtete, das mir vertrauter war als mein eigenes. Er sah mich schläfrig an und nahm mein Gesicht in beide Hände. »Ja«, sagte er. »Das ist es. Das ist das Gesicht.«

Damals dachte ich, dass ich nun das hatte, worauf ich ein Leben lang gewartet hatte: einen Mann und ein gemeinsames Zuhause.

»Hier«, sagte er, zog seine Lippen zurück und zeigte auf die Lücke zwischen Eck- und Backenzahn. »Hier bleiben immer die Essensreste stecken.« Ich kannte die Stelle. Ich sah genau hin, so als sähe ich sie zum ersten Mal. »Ich mache es weg«, sagte ich und streckte den Finger aus. »Ja, mach dich nur über mich lustig«, lachte er und schob mich weg. »Aber wenn du fünf neue Löcher in den Zähnen hättest, dann würdest du mich verstehen.« Ich beugte mich vor, um seine Lippen zu küssen, doch er öffnete sie, sodass ich stattdessen seine weißen Zähne küsste. Nach sieben Jahren sieht Intimität genau so aus, dachte ich.

Als ich einmal die Hautfetzen von seinem sonnenverbrannten Rücken schälte, sagte er: »Manchmal frage ich mich, ob wir nicht zu vertraut mit dem Körper des anderen sind.« Ich dachte daran, wie ich Blasen an seinen Füßen aufgestochen und aus einer genähten Wunde an seinem Kinn die Fäden gezogen hatte. Oder wie er nach meinem Sturz vom Fahrrad Jod auf die Schürfwunden an meiner Hüfte, den Oberschenkeln und meinem Knöchel getupft und gesagt hatte: »Hier unten schauen sogar die Knochen durch!«

Aber ich wollte seine Knochen sehen, ich wollte sehen, wie sich seine Lungen aufblähten, ich wollte unter seine Haut vordringen. Zu Beginn unserer Beziehung sah er mir manchmal so tief in die Augen, als suche er hinter der Pupille meine Netzhaut. Und ich wollte sie ihm zeigen. Es schien mir, als gebe es so viel, was wir nie voneinander wissen würden.

Aber als ich später mit anderen Männern ausging, war meine frühere Bereitschaft, mit dem anderen zu verschmelzen und eins zu werden, plötzlich verschwunden. Ich fand sie nicht mehr. Doch sobald ich aus der kollektiven Jagd nach dem Glück durch Paarbeziehung ausgestiegen war und mich nur noch amüsieren wollte, fiel mir das Glücklichsein plötzlich leichter.

»Zu wissen, und unser Wissen so zu präsentieren, als sei es das einzige, was man wissen muss, ist wirklich abtötend«, schreibt Dinah Lenney in ihrem Aufsatz »Against Knowing«.[52] Kann es nicht sein, dass diese Gewissheit darüber, wie wir zu lieben haben, wie sie Zeitschriften, selbstzufriedene Verheiratete und wohlmeinende Ärzte verbreiten, genauso abtötend ist? Und kann es nicht sein, dass wir über unsere Sorge, die Liebe zu finden und festzuhalten, ganz vergessen zu fragen, wie wir gut zueinander sein können, und wie wir einander wirklich lieben können?

Wenn ich mich in jeden verlieben kann – wie entscheide ich mich?

≈

Manche Menschen sprechen von »Wissen«, wenn sie erklären sollen, wie sie sich entschieden haben, ihr Leben mit einem bestimmten Menschen zu teilen. Sie sagen: »Ich habe einfach gewusst, dass das der Richtige ist, als …« Wenn man sie hört, könnte man meinen, das Wissen sei ein Vögelchen, das eines Tages auf ihrer Schulter gelandet ist, oder ein Paket, auf das sie gewartet haben.

Aber für mich war die Liebe nie so klar. In der achten Klasse war ich zum Beispiel in Erik verknallt, und aufgeregt stellte ich fest, dass er mich auch mochte. Eines Tages legte er auf dem Weg von der Turnhalle ins Schulgebäude den Arm um meine Hüfte. Das hätte ich gern als prickelnd empfunden, stattdessen brach ich in Panik aus. Ich war nicht darauf vorbereitet, dass er mich berühren würde. Statt mit ihm darüber zu reden, ging ich ihm in der nächsten Woche aus dem Weg. Danach durchlitt ich Monate der Reue, als ich sah, wie er nach der Schule mit seiner neuen Freundin auf einer Bank saß.

Dieses Muster zieht sich durch meine gesamte Jugend. Wenn ich einem Jungen gefiel, der mir gefiel, dann bekam ich es mit der Angst zu tun und zog mich zurück wie eine Seeanemone, bis er aufgab und sich zu meiner Betroffenheit und Erleichterung einem anderen Mädchen zuwandte.

Vielleicht lernte ich so, den unerreichbaren Schwarm vorzuziehen und Männern nachzustellen, die nur ein sehr laues Interesse an mir hatten. Selbst als Erwachsene musste ich mich immer durch eine Anfangsphase der Ungewissheit kämpfen – liebe ich diesen Mann wirklich, oder will ich mir das nur einreden?

Mark lernte ich durch ein Creative-Writing-Seminar kennen, das ich im Februar 2011 gab. Ich war fast dreißig und gerade aus dem Haus ausgezogen, in dem ich mit Kevin gewohnt hatte. Wir hatten unsere Beziehung zwar noch nicht ganz beendet, aber wir taten unser Bestes. Und zum ersten Mal seit Jahren nahm ich all die interessanten Männer in meiner Umgebung wahr. Ich war so sehr auf meine kriselnde Beziehung fixiert gewesen und hatte nach Gründen gesucht, es weiter zu probieren, dass ich erst nach meinem Auszug durchatmete und mich umsah.

Mark schrieb gut. Er war klug und gefiel sich darin, und das gefiel mir an ihm. Ich hörte ihm gern zu, wenn er im Seminar seine Texte vorlas, und es gefiel mir, wie er in Momenten der Begeisterung ein klein wenig zu laut sprach. Aber im Grunde mochte ich alle Studenten in meinem Kurs, und vermutlich wäre mir Mark nicht besonders aufgefallen, wenn er nicht einen Essay über Liebeskummer geschrieben hätte, und zwar in der Form einer Bedienungsanleitung für einen Tischbackofen: »Sie haben den Bertazzoni X25.1 vermutlich gekauft, weil ihre Freundin mit ihnen Schluss gemacht hat und beim Auszug den alten Tischbackofen mitgenommen hat. Keine Panik, es wird alles gut.« Wir saßen also in demselben Boot.

Eines Tages sah ich hinüber zu ihm und dachte, *Er würde wahrscheinlich mit mir ausgehen, wenn ich ihn fragen würde.* Obwohl er ein paar Jahre älter war als ich, kam es mir komisch vor, mit einem meiner Studenten auszugehen. Und als ich ihn ein paar Wochen später auf OkCupid entdeckte, blockierte ich ihn umgehend. Mein Gesicht wurde rot, wenn ich nur daran dachte, dass er oder irgendein anderer meiner Bekannten mein Profil lesen würde: »1,70 Meter groß, Masterstudium, Hobbys Lesen und Klettern.« Wenn man auf OkCupid Bekannte mit ihren Fotos, Hobbys und Selbstbeschreibungen entdeckt, dann sieht man, wie sie gern von potenziellen Partnern wahrgenommen werden möchten. Das ist peinlich, und genauso gut könnte man ein Schild hochhalten, auf dem steht »Ich möchte gemocht werden!«. Und noch schlimmer ist es, wenn man so von den eigenen Studenten gesehen wird. Das ist wie einer dieser Albträume, in denen man vor der Tafel steht und feststellt, dass man nackt ist.

Irgendwann in diesem Winter, sechs Monate nachdem ich ausgezogen war, hörte ich zum ersten Mal von dem Experiment, mit dem Arthur Aron Liebe im Labor erzeugen wollte.[53] Aron ist Sozialpsychologe, der sich seit Jahrzehnten mit dem Thema Liebe beschäftigt, oft in Zusammenarbeit mit seiner Frau Dr. Elaine Aron. Die ursprüngliche Untersuchung, die nie veröffentlicht wurde, muss ungefähr so ausgesehen haben: Ein Mann und eine Frau betreten das Labor durch verschiedene Türen. Beiden sagt man, der andere freue sich darauf, ihn oder sie kennenzulernen. Im Labor sitzen sich die beiden gegenüber und stellen sich neunzig Minuten lang eine Reihe von immer persönlicheren Fragen. Danach sehen sie sich wortlos vier Minuten lang in die Augen. Im Internet las ich, dass zwei der Teilnehmer ein halbes Jahr später heirateten.[54]

Es war ein einsamer und besonders grauer und kalter Winter – so habe ich ihn zumindest in Erinnerung. Manchmal ging ich mit Kevin essen, oder wir sahen zusammen fern. Manchmal führten wir den Hund im Schnee spazieren und hatten Sex, aber er blieb nie über Nacht. Manchmal setzte ich mich danach in die Duschwanne, drehte das Wasser auf und weinte so laut ich konnte, nur um den Druck aus den Lungen zu bekommen. Ich dachte, wenn ich meine eigene Trauer hören konnte, dann würde ich sie vielleicht weniger spüren. Aber dann tat mir mein Hund leid, der sich das ja auch anhören musste. Die Einsamkeit fühlte sich an, als würde ich in einem Zimmer ohne Türen sitzen. Arons Experiment öffnete immerhin ein kleines Fenster, durch das ich eine andere Form der Liebe erspähte. Vielleicht war es so simpel, und man konnte wirklich allein in ein Labor gehen, und mit einem Freund wieder herauskommen. Ich war skeptisch. Aber nachdem ich mein gesamtes Erwachsenenleben mit einem einzigen Menschen verbracht hatte, tat mir dieser Hoffnungsschimmer gut. Ich musste glauben können, dass die Liebe eine ganz normale Sache war.

Im Herbst 2011 hatten Kevin und ich unsere Beziehung endgültig beendet und ich widmete mich nun ernsthafter dem Online-Dating. Irgendwie machte es mir sogar Spaß. Ich war angenehm überrascht, dass ich in der Lage war, mit jedem Menschen genügend Gesprächsthemen zu finden, um die Zeit zu füllen, die nötig ist, ein Bier zu bestellen, es zu trinken und zu zahlen.

Auf Facebook und Instagram sah ich ein paar Einzelheiten aus Marks Leben, aber erst ein Jahr später traf ich ihn zufällig in einer Kletterhalle wieder. Ich war solo und er hatte sich einen Bart stehen lassen. Er erzählte mir, dass er zusammen mit Evan und Lynn aus unserem Kurs eine Schreibgruppe gegründet hatte, und ich antwortete, dass ich gern mal vorbeischauen würde. Während wir plauderten, hielt er den Blickkontakt auf eine Weise, als würde er mich wirklich ansehen. Als ich in der Kletterwand hing, fragte ich mich, ob er mir zusah, und gab mein Bestes.

»Mark ist nett, oder?«, fragte ich meine Freundin Kirsten in der Umkleide. Sie nickte. Er war nett. Wieder zu Hause, fragte ich mich, ob er alle so ansah. Und ob er noch auf OkCupid war.

Einige Wochen später bekam ich die Antwort. Auf Facebook veröffentlichte er ein Selfie von sich mit einer hübschen Brünetten im Wald, seine Stirn an ihre Schläfe gedrückt. Sie blickte in die Kamera und er sah sie an, Lachfältchen um die Augenwinkel. Oh, dachte ich: Liebe. Natürlich. Die Franzosen nennen es *coup de foudre*, diesen Donnerhall der Liebe auf den ersten Blick. Cupid verwundet sich mit seinem eigenen Pfeil und verliebt sich rettungslos in Psyche. Oder im Film sieht das beliebte Mädchen ihren streberhaften besten Freund an, und plötzlich verändert sich etwas direkt hinter ihren Augen. Wir sehen, wie sie ihn zum ersten Mal sieht, *wirklich* sieht. Und wir wissen Bescheid.

Aber mich hat die Liebe noch nie getroffen wie ein Blitz, ich habe mich noch nie in einen Unbekannten verliebt. In meinem Fall nähert sich die Liebe langsam und auf Umwegen, ebenso so unangenehm wie unwiderstehlich, ein Gast, den ich gern sehe, von dem ich aber nicht weiß, ob ich ihn hereinbitten soll. Wenn ich Fotos von Verliebten sehe, dann wundere ich mich über die scheinbare Gewissheit und die Selbstsicherheit, mit der sie ihre Bilder ins Internet stellen: #glücklich, #wir. Als ich das Foto von Mark mit der Brünetten sah, war ich überrascht darüber, wie enttäuscht ich war, und wie skeptisch gegenüber dieser Frau, die ich doch gar nicht kannte.

Einige Tage später traf ich Mark, Lynn und Evan in einer Kneipe, wo sie sich zu ihrer Schreibgruppe trafen. »Ich habe dein Foto auf Facebook gesehen«, sprudelte Lynn los, als Mark eintraf. »Ihr seht so süß aus!«

»Habt ihr's gesehen?«, fragte sie Evan und mich und grinste. Ich spürte ein flaues Gefühl im Magen. Um mir keine Blöße zu geben, schüttelte ich den Kopf. Sie zog ihr Handy heraus. »Ah«, sagte Evan. Mark wurde rot. Ich lächelte und blickte auf die Speisekarte.

Und das war's. Damit wendete ich mich wieder meinen anderen Kandidaten zu, dem coolen Designer, dem witzigen Cafébesitzer, dem Fotografen mit dem hübschen Hund. Diese Verabredungen waren verwirrend, aber voller hoffnungsvoller Ablenkungen. Ich durchsuchte OkCupid-Profile so, wie ich im Internet nach einem Kopfhörer suchen würde: Ich öffnete zehn oder zwanzig Fenster gleichzeitig und suchte nach Anzeichen, dass jemand zu mir passen könnte. Ich stellte mir vor, wie das Leben mit diesem oder jenem aussehen könnte. War jemand, der Proust erwähnte, ein freundlicher Mensch, oder eher romantisch und schwierig? Wollte ich das Bett mit einem Kerl teilen, der ein Bild von einem Motorrad vor der Garage veröffentlichte oder – schlimmer noch – von seinem Mountainbike im Wohnzimmer? Was war mit dem Mann, der sich als »Dichterkrieger, wie Hemingway« und »Feminist« bezeichnete? Ich versuchte, offen zu bleiben. Aber es war nicht einfach.

Und im Grunde fragte ich mich, ob ich jemals so gern neben jemandem einschlafen würde wie neben Kevin. Ich sagte mir, dass es möglich war. Die Liebe war schließlich eine ganz normale Sache.

Und so lernte ich Tom kennen. In seinem Profil erwähnte er Neil Gaiman und Dostojewski – belesen, aber nicht sentimental. Er verlinkte zu einem Blog, in dem er seine schrägen Büro-Kritzeleien veröffentlichte. Vom ersten Moment unseres ersten Treffens an schien es, als seien wir alte Freunde. Es war Frühsommer, und wenn ich am Strand entlang zu seiner Wohnung radelte, war es so, als würde ich in Urlaub fahren. Wir sahen nie auf unsere Handys. Wir unternahmen nie etwas mit seinen oder meinen Freunden. Der Sommer schien der perfekte Anlass zu sein, zu viel Bier zu trinken und bei weit geöffneten Fenstern nackt auf seinem Bett zu liegen und YouTube-Videos zu schauen. Wenn wir um fünf Uhr morgens von der Sonne und den kreischenden Möwen geweckt wurden, kuschelte ich mich an ihn, um noch eine halbe Stunde lang seine Haut zu spüren, ehe ich in meinen Alltag zurückradelte.

Aber nach ein paar Wochen spürte ich, wie ich zwischen unseren Dates unruhig wurde. Er war unnahbar. Manchmal brauchte er 24 Stunden, um eine SMS zu beantworten. In diesen Stunden dachte ich über die Einzelheiten unserer Begegnungen nach. Es sah ganz so aus, als könnte mehr daraus werden: Wenn es regnete, stand er früh auf, um mir das Frühstück zu machen und mich nach Hause zu fahren; er hatte immer mein Lieblingsbier im Kühlschrank; wenn wir die Straße entlanggingen, legte er den Arm um meine Schulter und zog mich an sich.

Nach einigen Jahren der Übung verstand ich die Semiotik des Online-Datings. Aber Tom war schwer zu entziffern. Wenn wir zusammen waren, war er so entspannt und zärtlich, aber wenn wir nicht zusammen waren, fragte ich mich, ob ich das alles nur geträumt hatte. Ich fürchtete, dieses Muster machte ihn attraktiver für mich. Ich fühlte mich ein bisschen schwindelig im Kopf.

Im Sommer kommentierte ich ein Foto, das Mark auf Instagram veröffentlicht hatte, und das Evan auf der Burrard Bridge zeigte. »Hey Jungs!«, schrieb ich. Evan antwortete: »Mandy, hast du die Douglas-Coupland-Ausstellung in der Vancouver Art Gallery gesehen?« Ich erwiderte, dass ich sie mir ansehen würde. Eine Woche später schrieb Mark: »Wenn du noch jemanden suchst, der mitgeht, sehe ich sie mir gern noch einmal an.«

Ich sagte sofort zu.

»Ist das ein Date?«, fragte Kirsten.

»Ich glaube, er hat eine Freundin«, antwortete ich. »Und es hat so beiläufig geklungen.« Außerdem ging ich ja gerade mit jemandem, erklärte ich ihr. Die Situation war also ideal: Wenn ich mit Mark in die Ausstellung ging, entkam ich der Warterei auf Toms nächste SMS. Ich trug ein Baumwollkleid und eine neue Halskette. Mark kam direkt von der Arbeit und trug ein kariertes Hemd. Daran erinnere ich mich noch, weil ich ihn damit quer durch den Ausstellungsraum erkennen konnte. Ich fand es schön, ihn in der Ferne zu sehen und zu denken: »Der ist mit mir da.« Mir gefielen die Form seiner Schultern und die Art, wie er sein Gewicht auf ein Bein verlagerte, während er sich ein Kunstwerk ansah. Mir gefiel, wie er aus der Ferne Blickkontakt aufnahm, aber ich achtete sehr darauf, seinen Blick nicht allzu oft zu suchen.

Nach ein oder zwei Stunden verließen wir die Galerie und gingen hinaus auf den Rasen, um uns Couplands riesigen »Gumhead« anzusehen – eine zwei Meter große, über und über mit Kaugummis verkleisterte Plastik eines menschlichen Kopfs. Mark zog eine Packung Kaugummi aus seiner Tasche und bot mir einen an. Wir kauten.

»Und?« fragte er und machte eine Pause. »Hast du Lust auf ein Bier?«

»Klar«, sagte ich, nahm den Kaugummi aus dem Mund und suchte eine ideale Stelle auf der Skulptur. Dabei vermied ich seinen Blick, damit mich meine roten Bäckchen nicht verrieten.

Wir gingen in eine Kneipe in der Nähe. Ich hatte noch nichts gegessen, aber Nahrungsaufnahme war jetzt Nebensache. Wir bestellten dasselbe Bier, und es dauerte nicht lange, bis wir auf das Thema Liebe zu sprechen kamen.

Ich bin es gewöhnt, über Liebe zu sprechen. Kurz bevor Kevin und ich unsere Beziehung endgültig beendeten, begann ich einen Blog zum Thema. Es faszinierte mich, aber ich staunte trotzdem, wie oft andere Menschen über das Thema sprechen wollen. Vielleicht lag das daran, wie offen ich im Blog über mein Privatleben schrieb, aber ich glaube eher, es liegt daran, dass die meisten von uns nur auf eine Gelegenheit warten, um ein offenes Gespräch über die Liebe führen zu können. Und ich fand heraus, dass Unterhaltungen über die Liebe häufig einen Subtext haben. Darin geht es gewöhnlich um etwas, das wir wollen, aber nicht auszusprechen wagen, oder wir möchten etwas wissen, aber wagen nicht danach zu fragen.

Ich erinnere mich nicht mehr, wie wir darauf kamen, aber irgendwann sagte Mark: »Ich nehme an, wenn man genug Dinge gemeinsam hat, kann man sich eigentlich in jeden verlieben. Aber wenn das so ist, wie entscheidet man sich dann?« Ich nahm sofort an, dass der Subtext das Ende der Beziehung zu der Facebook-Frau war. Vielleicht meinte er auch mich, aber ich bemühte mich, nicht allzu sehr darüber nachzudenken.

Ich war mir nicht sicher, ob man sich tatsächlich in *jeden* Menschen verlieben kann, und ich weiß es bis heute nicht. Aber ich gehe schon lange davon aus, dass wir uns in eine ganze Menge Leute verlieben und ein einigermaßen glückliches Leben mit ihnen führen könnten. Damit rückt die Frage »Wie entscheiden wir uns?« in den Mittelpunkt. Wenn wir davon ausgehen, dass es nicht den einen Seelenverwandten gibt, der perfekt zu mir passt, dann erfordert die Suche nach einem Partner Entscheidungen, und wir müssen herausfinden, wie wir eine gute Entscheidung treffen können.

Der erste Teil der Frage machte mich nachdenklich: Können wir uns wirklich in jeden beliebigen Menschen verlieben? Ich dachte an einen Typen, den ich zwei Sommer zuvor kennengelernt hatte. An den Wochenenden waren wir Klettern und Segeln gegangen. Er war attraktiv und mochte meinen Hund. Ich hätte mich gern in ihn verliebt, aber irgendwie kam zwischen uns keine rechte Dynamik auf. Ich hoffte, wenn ich genug Geduld hatte, dann würden sich meine vor allem platonischen Gefühle in etwas anderes verwandeln. Aber es blieb bei der Hoffnung.

Plötzlich fiel mir das Experiment von Arthur Aron wieder ein. Ich hatte mich schon öfter mit anderen darüber unterhalten, aber ich hatte nie zugegeben, dass ich es gern einmal ausprobieren wollte. Vermutlich hatte ich auf den richtigen Moment gewartet.

»Wenn du es genau wissen willst, Psychologen haben schon versucht, Leute dazu zu bringen, sich ineinander zu verlieben«, sagte ich. »Die Ergebnisse waren interessant.« Ich schilderte ihm den Versuch, soweit ich mich daran erinnerte. Und ich erwähnte, dass zwei der Teilnehmer ein halbes Jahr später geheiratet haben sollen. Der Moment war gekommen, und ich fügte hinzu: »Das wollte ich schon immer mal ausprobieren.«

»Machen wir's doch«, antwortete er sofort. Also probierten wir es aus.

Wenn ich gewusst hätte, dass unser Abend diesen Verlauf nehmen würde, oder wenn ich mir bestimmte Erwartungen gestattet hätte, dann hätte ich es vermutlich mit der Angst zu tun bekommen. Aber dieser Abend hatte seine ganz eigene Dynamik, und es war einfacher, ihr nachzugeben als darüber nachzudenken, was wir da taten.

In den 36 Fragen, mit denen Arthur Aron zwischenmenschliche Nähe herstellen will, geht es letztlich um Wissen – also darum, den anderen schnell und intensiv kennenzulernen. Als er sie 1997 veröffentlichte, ging es ihm nicht darum, dass sich Menschen ineinander verlieben, sondern um »nachhaltige, zunehmende, wechselseitige und persönliche Selbstoffenbarung«. Der Fragebogen wurde bereits dazu verwendet, um ein Vertrauensverhältnis zwischen Polizeibeamten und Bürgern herzustellen oder um Vorurteile zwischen ethnischen Gruppen abzubauen.[55] Ich weiß nicht, ob wir denselben Fragebogen verwendeten, den Aron in seinem ersten Experiment benutzt hatte, aber es war derjenige, der im Internet am einfachsten zu finden war.

Lassen Sie mich an dieser Stelle einschieben, dass unser Experiment in einigen Punkten vom ursprünglichen Versuch abwich. Wir waren nicht im Labor, sondern an einem Dienstagabend in einer Kneipe, in der wir auf leeren Magen Bier tranken. Und vor allem kannten wir einander. Nicht nur das, inzwischen sehe ich auch ein, dass man sich nur dann auf ein Experiment einlässt, mit dem sich Menschen ineinander verlieben sollen, wenn man für diese Option wenigstens ein bisschen offen ist.

Die nächsten beiden Stunden brachten wir damit zu, mein Smartphone hin und her zu reichen, um uns abwechselnd Fragen zu stellen und sie dann selbst zu beantworten.

Die Liste beginnt recht unschuldig, zum Beispiel mit Frage 2: »Wären Sie gern berühmt? Wenn ja, als was?« oder mit Frage 5: »Wann haben Sie das letzte Mal für sich selbst gesungen? Für andere?« Doch die Fragen gehen schnell tiefer. Nach jenem Abend habe ich ein wenig recherchiert und herausgefunden, dass die zunehmende Intimität der Fragen nach Ansicht von Aron und seinen Kollegen genau den Erfolg ihres Fragebogens ausmacht.

Die Fragen erinnerten mich an das berüchtigte Experiment, in dem ein Frosch in langsam heißer werdendem Wasser sitzt, das aber erst bemerkt, als es schon zu spät ist. Weil auch in unserem Fall die mögliche Verwundbarkeit allmählich immer größer wurde, bemerkte ich erst, dass wir sehr intimes Terrain betreten hatten, als wir längst da waren. Im normalen Leben gelangt man erst nach Wochen oder Monaten dorthin.

Einige der Fragen waren wirklich interessant, zum Beispiel: »Haben Sie insgeheim eine Vorstellung davon, wie Sie sterben werden?« (Tatsächlich hatte ich eine Ahnung, nämlich Brustkrebs, aber das wurde mir erst bewusst, als ich die Frage las; die Angst verdanke ich meiner Mutter, die mich in ihren Mails regelmäßig daran erinnert, mich selbst zu untersuchen.) Es machte mir Spaß, Dinge über mich selbst herauszufinden, auch wenn sie etwas morbide waren. Und noch mehr Spaß machte es mir, Dinge über Mark herauszufinden. Es gefiel mir, wie genau er zuhörte. Ich fragte mich, ob sich diese Aufmerksamkeit automatisch in diesem Szenario einstellt, oder ob das nur typisch für ihn war.

Das Interessante an Arons Fragen ist weniger ihr Inhalt, sondern die Tatsache, dass sie ein Instrument sind, mit dem man einen anderen Menschen kennenlernen kann. Man darf Dinge fragen und gestehen, die man sich unter anderen Umständen niemals trauen würde.

Schon mit Frage 8 kam die Aufforderung: »Nennen Sie drei Dinge, die Sie und Ihr Partner gemein zu haben scheinen.« Er antwortete: »Ich glaube, wir sind beide aneinander interessiert.« Ich grinste überrascht, nahm einen tiefen Schluck Bier und nickte. Frage 13 lautete: »Wenn Ihnen eine Glaskugel die Wahrheit über Sie selbst, Ihr Leben, Ihre Zukunft oder irgendetwas anderes verraten könnte, was würden Sie dann wissen wollen?« Ich antwortete, dass ich gern wüsste, ob ich je heiraten und Kinder bekommen würde. Ich verriet nicht, dass mir diese Frage manchmal nachts den Schlaf raubte, und dass ich seit Jahren Angst hatte, dieser Zug könnte für mich abgefahren sein. Und mit dieser Antwort fürchtete ich, die schlimmste Wahrheit über mich selbst preiszugeben, nämlich dass ich Angst hätte, ich könnte nicht der Typ Frau sein, den Männer heiraten wollen.

Als er sagte, »Ja, das würde ich die Glaskugel auch fragen«, war ich überrascht. Aber ich war mir sicher, dass sein Motiv die Neugierde war und nicht die Verzweiflung. Er sah nicht aus wie jemand, der sich Gedanken darüber macht, ob andere ihn lieben könnten oder nicht.

Zu Beginn unseres Experiments war die Kneipe fast leer gewesen. Doch als wir eine Pinkelpause einlegten, war sie gut gefüllt. Ich saß allein am Tisch und nahm zum ersten Mal seit einer knappen Stunde meine Umgebung wahr.

Ich fragte mich, ob jemand unser Gespräch belauscht hatte. Aber wenn jemand nah genug gesessen hätte, um uns zuhören zu können, dann hätte ich es nicht bemerkt. Und als wir weitermachten, bekam ich auch nicht mit, wie die Kneipe wieder leerer wurde.

Jeder von uns hat ein Narrativ, eine autobiografische Erzählung, mit der er sich Fremden und Bekannten gegenüber gerne präsentiert, doch Arons Fragen machen es fast unmöglich, auf diese Erzählung zurückzugreifen. Es war die Art des beschleunigten Kennenlernens, die ich von einer Jugendfreizeit kannte, bei der ich mit einer Freundin lange aufgeblieben war und wir uns die halbe Nacht unser kurzes Leben erzählt hatten. Damals war ich dreizehn, ich war das erste Mal allein von zu Hause weg, und es schien mir normal, einen Menschen so schnell kennenzulernen. Doch der Erwachsenenalltag bietet uns solche Gelegenheiten nur selten.

Die Fragen, in denen sich die Teilnehmer gegenseitig ein Kompliment machen sollen, schienen mir die wichtigsten und gleichzeitig die unangenehmsten. Frage 22 forderte uns beispielsweise auf: »Nennen Sie abwechselnd etwas, das sie als positive Eigenschaft an Ihrem Gegenüber wahrnehmen. Nennen Sie insgesamt fünf Eigenschaften.« Als ich Mark sagte, was ich an ihm mochte – etwa, dass er die Stimme hebt, wenn er sich für etwas begeistert, oder dass seine Freunde ihn bewundern – hatte ich das Gefühl, meine Karten zu früh auf den Tisch zu legen. Andererseits war es aufregend zu hören, was ihm an mir gefiel.

»Du hast schöne Beine«, sagte er. Der Subtext hatte sich scheinbar in Luft aufgelöst.

In seiner Forschung beschäftigt sich Aron vor allem mit der Frage, wie sich zwischenmenschliche Nähe erzeugen lässt. In mehreren Experimenten untersuchte er, auf welche Weisen wir andere Menschen in unsere Selbstwahrnehmung integrieren. Es ist unschwer zu erkennen, dass diese Fragen zur »Selbsterweiterung« anhalten, wie er es nennt. Mit Aussagen wie »Ich mag deinen Musikgeschmack, deine Art dich zu kleiden oder deine Freude über ein gelungenes Wortspiel« werden die Eigenschaften oder Vorlieben des einen ausdrücklich zu etwas Wertvollem für den anderen.

Es ist wirklich erstaunlich zu hören, was andere an einem mögen. Ich verstehe gar nicht, warum wir uns nicht dauernd aufmerksame Komplimente machen.

Die letzte Frage war anders als alle anderen. »Schildern Sie Ihrem Partner ein persönliches Problem, und bitten Sie ihn, Ihnen einen Rat zu geben und zu beschreiben, wie er damit umgehen würde.« Das einzige Problem, das mir in diesem Moment einfiel, war meine Beziehung zu Tom. Ich zögerte. »Naja, also ich gehe mit diesem Typen«, sagte ich. »Aber ich habe keine Ahnung, ob was daraus wird.« Subtext: *Du solltest wissen, dass ich einen Freund habe.*

Er lachte: »Das kann doch nicht wahr sein, dass du mich jetzt um Beziehungstipps bittest.« Subtext: *Ich habe gedacht, das ist ein Date.*

Ich erinnere mich nicht, welchen Rat mir Mark gab, aber ich erinnere mich noch gut, wie ich währenddessen in seinem Gesicht nach Zeichen des Interesses oder der Enttäuschung suchte. Die Frage schien die Möglichkeit zu eröffnen, über alles zu reden.

Als wir fertig waren und uns in der Kneipe umsahen, fühlte ich mich, als wäre ich aus einem Traum erwacht. Ich wollte nicht, dass unser Gespräch damit zu Ende war. Aber ohne die Fragen fühlte ich mich plötzlich befangen.

»Das war nicht schlecht«, sagte ich. »Definitiv weniger unangenehm als die Sache mit dem in die Augen schauen.«

»Meinst du, das sollten wir auch noch machen?«, fragte er.

»Hier?« Ich sah mich um. Das kam mir komisch vor, zu öffentlich.

»Wir könnten auf die Brücke«, schlug er vor und deutete auf die Tür.

Die Nacht war warm, und ich war hellwach. Als wir auf die Granville Street Bridge gingen und auf den Fluss unter uns blickten, spürte ich, wie sich mir die Brust zuschnürte. Mark schien dagegen gelassen. Es war schon nach Mitternacht. Ein paar Autos fuhren an uns vorüber, aber außer uns waren keine Passanten mehr unterwegs. Die Glasfassaden der Innenstadt von Vancouver ragten hinter mir auf, als ich den Wecker auf vier Minuten einstellte und mein Handy in meiner Tasche versenkte.

»Okay«, sagte ich und holte tief Luft.

»Okay«, erwiderte er und lächelte.

Ganz allgemein mache ich mir mehr Gedanken über Blickkontakt, als mir lieb ist. Es beschäftigt mich, wenn ich unterrichte und wenn ich mich mit jemandem unterhalte, den ich gerade erst kennengelernt habe. Diese Sorge um den Blickkontakt ist die Spezialität der Schüchternen, der Teenager, die noch nie jemanden geküsst haben. Oder der Menschen, denen es lieber ist, wenn der Subtext Subtext bleibt.

Während der ersten ein oder zwei Minuten, in denen ich Mark in die Augen sah, musste ich mich dazu zwingen, regelmäßig zu atmen. Aber nicht, weil es so prickelnd romantisch gewesen wäre. Die Situation war mir derart unangenehm, dass sich meine Bronchien verkrampften, als wäre ich in eiskaltes Wasser gesprungen. Wir lächelten uns verlegen an. Aber vielleicht war auch nur ich verlegen. Mark wirkte, als mache er so etwas täglich.

Ich weiß, die Augen sollen das Fenster zur Seele sein. Aber sollten Sie es jemals versuchen, dann lassen Sie sich von mir gesagt sein: Das Problem ist nicht, dass Sie jemandem in die Seele blicken, sondern dass jemand Ihnen in die Seele blickt.

Nachdem ich den Schrecken dieser Erkenntnis überwunden hatte, kam ich an einen unerwarteten Punkt. Plötzlich fühlte ich mich tapfer und in einem Zustand des Staunens. Zum einen staunte ich über meine eigene Verwundbarkeit, und zum anderen erlebte ich dieses sonderbare Gefühl, das man hat, wenn man ein Wort wieder und wieder sagt, bis es seine Bedeutung verliert und zu dem wird, was es eigentlich ist: eine Abfolge von Klängen. Das passierte mir mit Marks Auge, das weniger ein Fenster zur Seele ist, als ein Fenster zu einer Ansammlung ausgesprochen nützlicher Zellen. Das Gefühl, das wir sonst mit dem Auge verbinden, verschwand, und ich sah seine wunderbare biologische Wirklichkeit: den runden Augapfel, die Muskulatur der Iris und das weiche, feuchte Glas der Cornea. Es war befremdlich und faszinierend zugleich.

Als das Handy klingelte, war ich überrascht, dass die vier Minuten so schnell um waren, und gleichzeitig war ich ein wenig erleichtert. Außerdem spürte ich eine leise Wehmut. Schon jetzt begann ich, unseren Abend durch die unwirkliche und unzuverlässige Linse des Rückblicks zu sehen.

Da wir nicht wussten, was wir jetzt tun sollten, gingen wir langsam in Richtung seiner Wohnung. Ich schob mein Fahrrad und bemühte mich um Small Talk. Doch es fiel mir schwer, vielleicht weil es sonderbar ist, über das Wetter zu plaudern, wenn man kurz zuvor gestanden hat, was man einem anderen kurz vor dem eigenen Tod mitteilen würde.

Es war spät, aber ich war definitiv nicht müde. Ich weiß noch, dass wir in seinem Hof standen und uns unterhielten, aber ich weiß nicht mehr worüber. Ich erinnere mich nur, dass ich nicht gehen wollte. Irgendwann lud er mich ein, hereinzukommen, doch ich lehnte dankend ab, ich würde jetzt gleich nach Hause radeln. Wir umarmten uns lange. Wahrscheinlich sagte ich recht überschwänglich, was für ein toller Abend es gewesen war.

Ich wartete eine Sekunde, dass er mich küssen würde, und das tat er dann auch.

Eine romantischere Geschichte würde an dieser Stelle enden. Aber während wir im Hof standen und uns küssten, wurde mir plötzlich so schwindelig (vom Küssen, aber wahrscheinlich vor allem von dem vielen Bier auf leeren Magen), dass ich mich losmachen und auf einen herumstehenden Plastikstuhl setzen musste. Jetzt wäre ich gern Julie Delpy in *Vor Sonnenaufgang* gewesen, die am Ende der Nacht im Gras liegt und ganz cool sagt: »Weißt du, was ich jetzt möchte? Ich möchte, dass du mich küsst.« Stattdessen saß ich da, den Kopf in die Hände gestützt, und wartete darauf, dass die Welt aufhörte sich zu drehen.

»Alles okay?«, fragte Mark.

Ich lachte. »Ja. Ich brauch nur eine Minute.« Ich stand auf und küsste ihn wieder. Dann schwang ich mich auf mein Rad. Mein Kopf schwirrte, aber ich wollte nicht nachdenken, sondern nur die Sommerluft um zwei Uhr morgens spüren.

Nach diesem Abend wusste ich, dass Mark und ich uns nahe sein würden. Aber ich hatte keine Ahnung, wie unsere

Beziehung aussehen würde, was dieses Erlebnis bedeutete, oder ob es überhaupt etwas bedeutete. Ich wusste nicht, was ich von Mark wollte.

Am nächsten Morgen schickte er mir eine Nachricht, um mir zu sagen, wie sehr er den Abend genossen hatte. Und dabei beließen wir es für die nächsten Tage.

Am Wochenende darauf schloss ich mich ihm und einigen seiner Freunde zur einer Brauereitour an. Wir radelten zu den Mikrobrauereien der Stadt und machten zwischendurch in den Parks Rast, um Frisbee oder Boccia zu spielen. Dabei beobachtete ich mich immer wieder, dass ich zu ihm hinsah, wenn er wegschaute, und wissen wollte, wie es wäre, ihn wieder zu küssen. Aber es waren einfach zu viele Leute dabei, und ich hatte ihn keinen Moment für mich allein.

Am Ende des Abends zog mich unser Freund Evan beiseite. »Und? Du und Mark?«, fragte er wissend.

»Was hat er dir erzählt?«, fragte ich und fühlte mich wie ein Teenager.

»Er sagt, dass du einen Freund hast«, sagte Evan.

»Ich dachte, er hätte eine Freundin«, erwiderte ich.

»Ja«, Evan lachte. »Keine Ahnung, was da los ist.«

Am Tag darauf fragte ich Mark, ob wir uns sehen könnten. Nach einem ungelenken Vorgeplänkel fragte ich ihn schließlich: die Fragen, die Blicke, die Küsse – war das ein Date gewesen?

»Ja«, meinte er schlicht.

»Das heißt, wir sind zusammen?«, fragte ich.

»Ich glaube schon«, sagte er.

Aber die Freundin? Sie hatten Schluss gemacht, erklärte er mir. Und wahrscheinlich endgültig. Wahrscheinlich.

Ich traf mich weiterhin mit Tom. Ich eröffnete ihm, dass

es da noch jemand anderen gebe. Er antwortete, bei ihm auch. Er meinte, es sei gut, endlich offen darüber sprechen zu können, und ich stimmte zu. Wir aßen Eis mit winzigen Löffeln. Es waren die heißesten Wochen des Sommers, in denen sich alles leicht und belanglos anfühlt, auch wenn ich in einem fernen Winkel meines Hinterkopfs wusste, dass es das nicht war.

Ich war zur Hochzeit meiner Schwester Casey in Virginia, als Mark ein Foto seiner Exfreundin auf Instagram postete. Die beiden fuhren Fahrrad. In Portland. Mir drehte sich der Magen um.

Es war Labor Day, das lange Wochenende vor Semesterbeginn Anfang September, und die Gewitter, die jeden Nachmittag über Nordvirginia hereinbrachen, bereiteten der Braut Kopfschmerzen.

Ich zeigte Casey das Bild. »Die fahren einfach nur Fahrrad«, meinte sie.

»In einer anderen Stadt?«, fragte ich. »An einem langen Wochenende?«

»Hast du nicht auch zwei Freunde?«, neckte sie. Ich spürte jeden einzelnen der 5000 Kilometer zwischen Vancouver und Virginia. Aus dieser Entfernung wirkte mein Liebesleben ziemlich prekär.

Casey trug ein Kleid mit einem perlenbesetzten Oberteil und einem riesigen grauen Tüllrock. Da sie sich neutrale Farben gewünscht hatte, trugen wir Brautjungfern weiß. Ich witzelte, ein langes weißes Kleid im Schrank mache es mir einfacher, eines Tages mit einem meiner Freunde nach Las Vegas durchzubrennen.

Als meine Onkel und Tanten fragten, warum ich keinen Partner mitgebracht habe, antwortete ich, dass ich zwei

Freunde hatte und mich nicht entscheiden konnte. Wir lachten.

In Wirklichkeit hatte ich zwei Freundinnen zur Hochzeit eingeladen, um nicht verrückt zu werden und mein riesiges Zimmer in einem Bauernhaus mit ihnen zu teilen, aber die beiden hatten schon etwas anderes vor. Es machte mir nichts aus, allein zur Hochzeit zu gehen, bis ich anfing, meine Rede zu schreiben. Ich erstarrte, wenn ich mir vorstellte, wie mich all diese Menschen ansahen, die mich seit meiner Kindheit kannten. Ich freute mich wahnsinnig für Casey, deswegen hatte ich Angst, mitten in der Rede in Tränen auszubrechen. Ich wünschte mir so sehr, jemanden an meiner Seite zu haben (wen auch immer, obwohl ich mir damals vermutlich Tom gewünscht hätte), der mir half, das Gleichgewicht zwischen Nüchternheit und Rausch, Freude und Hysterie zu halten. Aber ich war allein.

Wie es das Schicksal so wollte, zogen kurz vor der Trauung dunkle Wolken auf, und nun war es Casey, die in Tränen ausbrach, weil ihre Gäste durch den Regen rannten und unter den Bäumen Schutz suchten. Doch der Regenguss zog schnell vorüber und die Trauung konnte wie geplant weitergehen. Schwitzend stand ich in meinem weißen Kleid in der Schwüle und heulte mir mein Brautjungfern-Herz aus dem Leib. Meine Ansprache ging zum Glück ohne weitere Tränen über die Bühne. Und diesen einen Tag lang machte ich mir keine Gedanken über mein sonderbares Leben in Vancouver.

Nach der Feier verdrückte ich mich auf mein Zimmer, während das Brautpaar und seine Freunde noch an einem Lagerfeuer saßen. Ich schaltete den Deckenventilator ein, öffnete das Fenster und schlüpfte aus meinem Kleid. Dann zappte ich mich durch die Kanäle, bis ich einen Film fand,

Moulin Rouge, und legte mich in das riesige Doppelbett. Am nächsten Morgen würde ich drei Stunden zum Flughafen fahren, unterwegs musste ich ein paarmal umsteigen, und gegen Mitternacht würde ich wieder in Vancouver sein. Am darauffolgenden Morgen sollte ich den ersten Kurs des neuen Semesters unterrichten. Labor Day war vorüber, nun kam der Herbst und mit ihm der normale, verantwortungsbewusste Alltag, den ich im Mai hinter mir gelassen hatte. Ein Leben, in dem kaum noch Platz war für nächtliche Ausflüge auf Brücken.

Nach der Hochzeit meiner Schwester traf ich mich noch einmal mit Tom. Wir aßen Schweinskotelett und tanzten in seiner Küche zu Otis Redding. Er sagte, er habe mich vermisst und habe das Gefühl, ich sei wochenlang weg gewesen. Er sagte mir, es sei komisch, mehr als eine Freundin zu haben. Ich antwortete, das könne ich gut nachvollziehen. Ich hatte das Gefühl, dass sich unsere Beziehung veränderte, dass wir offener miteinander umgingen. Es fühlte sich gut an.

Ein paar Tage später teilte er mir mit, dass er sich entschlossen hatte, nur mit einer Frau zu gehen, und dass er sich gegen mich entschieden habe.

Ich wollte nicht darüber nachdenken, was es bedeutete, nicht erwählt worden zu sein. Das gelang mir sogar ganz gut. Ich lenkte mich mit Schreibprojekten ab.

In der darauffolgenden Woche lud ich Mark zu mir zum Abendessen ein. Über Wurst und Maisgrütze erzählte ich ihm von der Hochzeit und allem, was ich an Virginia vermisste und was nicht. Ich erzählte ihm von Tom und davon, dass ich ein wenig traurig war. Er sagte, er wisse nicht, was mit seiner Ex los war, und ich hakte nicht nach.

Er rang noch immer mit derselben Frage: Wie soll man sich entscheiden?

»Vielleicht musst du jemanden finden, deren Gesicht dich nicht langweilt, wenn du es dauernd ansiehst«, meinte ich. »Ein Gesicht, das nicht eines Tages aussieht wie das einer Fremden. Das ist mir einmal passiert.«

Ich erzählte ihm von meiner Schwester, die zwar vor ihrer Hochzeit bei jedem Blick auf den Wetterbericht in Tränen ausgebrochen war, die aber keine Sekunde lang an ihrem künftigen Ehemann zu zweifeln schien: »Ich habe keine Ahnung, wie man an diesen Punkt kommt.«

»Ich auch nicht«, antwortete er.

Wir verabschiedeten uns mit einer freundschaftlichen Umarmung. In dieser Woche begann ich mit der Arbeit an dem Artikel über Arons Experiment, der später in der *New York Times* erscheinen sollte.[56]

Ursprünglich sollte es in dem Artikel nicht ums Verlieben gehen. So wie ich es damals sah, war es ein schöner Abend gewesen, aber nichts, was mein Leben verändern würde. Als ich den ersten Entwurf schrieb, war ich nicht verliebt. Ich litt an leichtem Liebeskummer, und das schien ein guter Ausgangspunkt für einen Aufsatz über die Liebe zu sein. Ich wollte auf einige unserer Annahmen zum Thema Liebe eingehen und erklären, wie Arons Studie mir geholfen hatte, sie zu hinterfragen. Das war alles. Trotzdem ging es noch um etwas anderes.

Ich erzählte Mark von dem Aufsatz. Ich sagte ihm, ich würde seinen Namen ändern, aber ich wollte, dass er ihn las, ehe ich ihn rausschickte. Am Abend schrieb er mir eine Nachricht: »Bin in einer Kneipe in deiner Gegend und lese den Aufsatz. Wirklich gut. Komm vorbei, wenn du drüber reden willst.«

An diesem Abend sahen wir uns nicht mehr, dafür trafen wir uns ein paar Tage später in einer Kletterhalle. Es war schön, mit Mark befreundet zu sein. Freundschaft passte zu uns.

Voller Zuversicht schickte ich den Artikel an eine Online-Zeitschrift. Sechs Wochen vergingen, ohne dass ich eine Antwort erhielt.

Also beschloss ich, etwas anderes zu schreiben. Schon seit Jahren wollte ich etwas für die »Modern Love«-Seite der *New York Times* schreiben, doch bei einer Obergrenze von 1500 Wörtern hätte ich meinen Artikel um die Hälfte kürzen müssen. Ich hatte Angst, dass nichts mehr übrig bleiben würde. Mir war allerdings auch klar, dass ein Artikel in der *Times* meiner Autorenlaufbahn ganz neuen Schwung verpassen würde.

Während ich den Artikel überarbeitete, veränderte sich meine Beziehung zu Mark. Unsere Freundschaft wurde enger, wir trafen uns zwei oder drei Mal pro Woche. Unternahmen lange Spaziergänge mit dem Hund. Zögerten den Abschied lange hinaus. Nach dem Klettern unterhielten wir uns über eine Liebeskomödie, die wir zusammen schreiben könnten. Die Frage war immer dieselbe: Würden sie am Ende zusammenkommen?

Wenn ich gern mit Mark zusammen war, dann auch, weil nichts auf dem Spiel zu stehen schien. Weil ich nicht wusste, was ich wollte, fühlte ich mich nicht unter Druck, es herauszufinden. Schon ehe ich etwas für ihn empfand, war mir klar, dass er ein guter Partner wäre. In meinen früheren Geschichten war die Liebe immer der Freundschaft vorausgegangen. Diesmal war es anders. Und dieser Unterschied fühlte sich gut an.

Wir hatten keine Beziehung, auch wenn es sich manchmal so anfühlte. Gelegentlich unterhielten wir uns darüber (»Komisch, oder?« »Wahrscheinlich schon.«) Ich fragte mich, ob der Reiz unserer Begegnungen – abgesehen von den Gesprächen, in denen es um viele Themen ging und die immer interessant waren –, nicht die Spannung war, ob wir schließlich zusammenkommen würden. War ich wirklich an ihm interessiert, oder war ich einfach nur neugierig auf das Ende unserer Geschichte?

Im Oktober wurden wir Freunde, die versuchten, sich wieder zu küssen, nur um zu sehen, wie es sich anfühlt. An Halloween waren wir Freunde, die Händchen hielten, und Freunde, die ihre OkCupid-Profile gelöscht hatten.

Am 18. November 2014 schickte ich den gekürzten Artikel an die *New York Times*. In seiner überarbeiteten Form endete er so: »Sie fragen sich vielleicht, ob wir verliebt sind. Die Antwort ist, ich glaube nicht. Wir verbringen viel Zeit miteinander, und ein paar Monate später befinden wir uns noch immer in diesem ungewöhnlichen Raum, den diese Nacht geschaffen hat. Und wenn wir uns entscheiden, dort zu bleiben, dann verlieben wir uns vielleicht ineinander.«

Es war mir wichtig, dass das Ende meine tatsächliche Erfahrung wiedergab. Arons Experiment hatte uns nicht verliebt, doch es hatte uns einander nahegebracht und mir geholfen, dieser Nähe zu vertrauen, ohne mich auf irgendetwas festzulegen.

* * *

Ein paar Wochen später sagte mir Mark dann zum ersten Mal, dass er mich liebte. Nach einem Feierabendbier mit Freunden waren wir noch in einen Club gegangen, wo wir zu Soul der Sechziger tanzten. Bourbon Shots wurden in unsere dunkle Ecke des Clubs gebracht, als hätten sie sich selbst bestellt. Wie Zwanzigjährige warfen wir den Kopf in den Nacken und tranken ex. Ich setzte mich zu ihm, auf irgendeine Mischung aus Stuhl und Tisch, und er lächelte mich an und sagte: »Ich mag dich, Mandy.«

»Nein, falsch«, korrigierte er sich. »Ich bin in dich verliebt, Mandy.«

Ich reagierte in meiner typisch tollpatschigen Art. »Echt? Woher willst du das wissen?«

»Ich weiß es einfach«, sagte er strahlend. »Ich weiß, was ich fühle.« Ich bewunderte seine Gewissheit, und wie sicher er sich immer seines Platzes in der Welt zu sein schien. Ich beschloss, es ihm gleichzutun und die Liebe einfach geschehen zu lassen, auch wenn ich nicht wusste, ob ich schon soweit war. Es war November, es war nass und kalt in Vancouver, und es war ein guter Monat, um sich für das Verlieben zu entscheiden.

Wenn man sich in jeden Menschen verlieben kann, wie entscheidet man sich dann?

In ihrem Aufsatz »This is the Story of a Happy Marriage« schreibt Ann Patchett, man entscheide sich für jemanden, der einen zu einem besseren Menschen mache: »Es war der erste vernünftige Beziehungstipp, den ich in den fünfundzwanzig Jahren meines Lebens bekommen hatte: ›Macht dich dein Mann zu einem besseren Menschen?‹«[57]

Dieser Gedanke gefällt mir. Man findet jemanden, der einen zu einem besseren Menschen macht (was durchaus keine leichte Aufgabe ist), weil man von seiner Großzügigkeit inspiriert wird, oder weil er gleichzeitig fest und zärtlich ist, oder weil man Mut von ihm lernen kann. Und dann entscheidet man sich für ihn. Aber vielleicht entscheidet man sich nicht ein einziges Mal, vielleicht muss man sich wieder und wieder für ihn entscheiden. Man entscheidet sich, auf eine Brücke zu gehen und ihm in die Augen zu blicken. Und wenn er sagt, ich liebe dich, dann entscheidet man sich, den Blick auszuhalten. Man muss sich für ihn entscheiden, ohne zu wissen, ob er sich immer für einen entscheidet. Das ist mutig und macht Angst. Aber was bleibt einem anderes übrig?

Im Dezember fiel es mir leichter, Mark zu lieben. Ich wollte die Liebe so erleben, dass sie mich nicht nervös oder befangen oder komisch machte, doch ich war an Drama und Streit gewöhnt. Es war einfacher für mich, Männer zu lieben, die nicht so genau wussten, was sie für mich empfanden.

Zu meiner Erleichterung spürte ich, wie meine Liebe zu Mark wuchs. Vielleicht braucht Liebe manchmal eine Eigendynamik, sonst ist es zu viel Arbeit.

Ich überarbeitete den letzten Absatz meines Artikels und schickte ihn ein zweites Mal an die *New York Times*: »Sie fragen sich vielleicht, ob wir uns ineinander verliebt haben. Ja, das haben wir. Das lag sicher nicht allein am Experiment (vielleicht wäre es sowieso passiert), doch es öffnete uns einen Weg in eine Beziehung, der sich wohlüberlegt anfühlt.«

Ich glaube nicht, dass die allmähliche und ziemlich eigentümliche Art, wie wir in unsere Beziehung starteten, sonderlich interessant ist, doch ich finde es bemerkenswert, dass Arons Experiment nicht der Grund war, weshalb wir uns ineinander verliebten. Doch das Experiment ermöglichte mir, meine Zurückhaltung zu überwinden und mich den Möglichkeiten der Liebe zu öffnen.

Nachdem mein Artikel erschienen war, wurden Arons 36 Fragen in Apps und Blogs, in einer Kunstinstallation und einer Folge von *The Big Bang Theory* behandelt. Das ganze Außmaß wurde mir klar, als ich eines Abends mit Mark Pizza essen ging und hörte, wie ein Pärchen am Nebentisch die Fragen beantwortete.

Ich bekam E-Mails von Fremden, die mir erzählten, wie sie die Fragen beim ersten Rendezvous oder mit ihren langjährigen Partnern beantwortet hatten. Aus all diesen Berichten spricht ein verbreitetes Bedürfnis: Wir wollen gesehen werden. Wir wollen unsere größten Leistungen und unsere schlimmsten Erlebnisse schildern. Wir wollen gehört werden.

Ich habe mir mein Leben lang auch noch etwas anderes gewünscht, das viel schwerer zu bekommen ist: die Gewissheit, dass mich jemand liebt, und dass er mich für immer lieben wird.

Als Mark und ich zusammenkamen, war dies für mich auch eine unausgesprochene Antwort auf die Frage: »Wie entscheide ich mich?« Ich dachte, dass ich irgendwie anders war als die anderen Frauen, mit denen er zusammen gewesen war. Ich glaubte, dass wir beide anders waren, weil wir die Fragen beantwortet hatten, uns in die Augen gesehen und unsere Beziehung ganz bewusst begonnen hatten. Ich glaubte, dass mich sein Gesicht nicht langweilen würde, weil ich mir der Gefahr bewusst war und mich davor hüten konnte. Die Frage »Wie entscheide ich mich?« war irrelevant geworden: Wir hatten uns entschieden, und wir hatten es nicht leichtfertig getan. Ich wollte, dass das reichte.

Ein Jahr später war mir sein Gesicht immer noch nicht langweilig geworden, aber ich erkannte auch die Gefahren der Kurzfassung jeder Liebesgeschichte. Keine Liebesgeschichte ist eine Kurzgeschichte. Auch unsere endete nicht mit dem Satz »Und sie verliebten sich ineinander«. Es war sonderbar zu sehen, wie sich meine Geschichte in diese Art Mythos verwandelte, an den ich gerade nicht glaubte.

Ich hatte mich entscheiden, mich in Mark zu verlieben, weil es eine sichere Wahl schien. Aber ich wusste nicht, wie sich unsere Liebe entwickeln würde, und wie es war, von einem derart pflichtbewussten, ruhigen und liebevollen Menschen geliebt zu werden. Ich hatte damals keine Ahnung, wie viel irgendwann auf dem Spiel stehen würde. Er sitzt in Unterhosen auf dem Sofa und liest mir einen Essay über *Hamlet* vor, während ich Spiegeleier brutzle und staune, dass es so einen Menschen gibt, und dass er sich entschieden hat, mich zu lieben. An manchen Tagen macht es mich sprachlos, wie er ein T-Shirt trägt. Und dann spüre ich es wieder, dieses Bedürfnis, den Blick abzuwenden, aus Furcht, er könnte in meinem Blick erkennen, wie viel ich wirklich von ihm will.

Die Freuden der
gewöhnlichen Hingabe

≈

Mit fünfzehn Jahren sah ich das Musical *Rent* am Broadway. Es war mein erstes Mal in New York und mein erstes Mal in einer richtigen Großstadt. Von unserer Kleinstadt in Virginia aus mussten wir eine Stunde fahren, um Kleider zu kaufen, und zwei, wenn wir etwas Ausgefalleneres wollten. Ich hatte nie in einem Taxi gesessen und war nie auf der Straße von einem Fremden um Geld gebeten worden. Daher war dieser Ausflug mit dem Theaterkurs der Schule befreiend und begeisternd. Wir würden uns durch diese irrsinnig geschäftige und entsetzlich schmutzige Stadt bewegen, ohne dass uns irgendeine Mutter kutschieren musste.

An diesem Wochenende sahen wir sogar zwei Musicals: *Rent* und *Die Schöne und das Biest*. Es sind zwei Liebesgeschichten, wie sie unterschiedlicher kaum sein können. Vor unserem Ausflug war die Liebe für mich immer wie im Märchen von *Die Schöne und das Biest* gewesen: Es war der Weg zu Ehe und Familie und lebenslangem stillem Glück.

Aber *Rent* erzählte eine ganz andere Geschichte. Zum ersten Mal sah ich, wie ein Mann einen anderen Mann küsst. So peinlich mir das ist, es kam mir auch zum ersten Mal in den Sinn, dass es bei Homosexualität nicht nur und nicht einmal in erster Linie um Sexualität ging, sondern auch um Liebe. Eine Figur wie Angel konnte sich wie ein Mädchen kleiden, von einem Mann gespielt werden, sich in einen Mann verlieben und sowohl »er« als auch »sie« sein.

Für eine Fünfzehnjährige eröffneten diese Erkenntnisse radikal neue Möglichkeiten der Liebe.

Das Stück war gerade erst ans Nederlander Theater gewechselt, es hatte den Pulitzer-Preis erhalten und wurde noch immer mit den ursprünglichen Darstellern aufgeführt. Ich war fasziniert von der Welt der Stars. Bewegt, empört, untröstlich. Ich kaufte ein T-Shirt mit einem Bild von Angel und wartete vor dem Bühnenausgang, um mir darauf sein Autogramm geben zu lassen. Ich kaufte mir den Soundtrack, lernte jedes Wort auswendig und gröhlte die Lieder mit Freunden auf Partys mit.

Ich identifizierte mich mit diesen Bühnenfiguren und ihren Liebesgeschichten, die nie in der Ehe enden würden, weil die Schwulenehe damals noch unvorstellbar war, weil sie jung an Aids sterben würden oder weil ihnen die Institution der Ehe lächerlich vorkam. Die Darstellungen von Liebe, Freundschaft, Geschlecht und Geschlechterrollen in *Rent* ließen mich darüber nachdenken, was Liebe so wertvoll machte, und wer sie wie erleben konnte. Ich träumte noch immer von der heterosexuellen, monogamen ehelichen Liebe, wie sie meine Eltern vorlebten, doch es dämmerte mir, dass es keine notwendige Form der Liebe war. Und das Beste an meiner Begegnung mit den verschiedenen Geschichten war vielleicht, dass sie einfach meinen Horizont erweiterten.

Wir brauchen Liebesgeschichten unter anderem deshalb, weil sie uns sagen, was in der Liebe möglich ist. Weil sie uns Vorbilder dafür liefern, wie das Leben aussehen kann. In ihrem Artikel »Knowledge and Memory« behaupten die Erziehungswissenschaftler Roger Schank und Robert Abelson, dass alles menschliche Wissen in Geschichten weitergegeben wird: Alles, was wir wissen und verstehen, wird in einer Bibliothek von Geschichten in unserem Kopf abgelegt.

Das scheint mir ein überzeugendes Argument für eine humanistische Bildung zu sein: Je mehr Geschichten wir kennen, umso mehr können wir in dieser Welt sagen und tun und verstehen. Aber die Menge allein macht es noch nicht. Wie Rebecca Solnit in ihrem Aufsatz »Men Explain Lolita to Me« erklärt, sind nicht alle Geschichten gut; der Literaturkanon ist voller Bücher (zum Beispiel *Lolita*), die Vergewaltigung als etwas Normales darstellen oder nicht-weiße, nichtmännliche Figuren und ihre Stimmen und Ansichten an den Rand drängen. »Literatur kann moralischen Schaden anrichten, und tut dies auch oft, während andere Bücher nutzen können«, schreibt Solnit.[58]

Die meisten konventionellen Liebesgeschichten haben den Haken, dass sie unseren Liebeshorizont nicht erweitern. Im Gegenteil, sie schränken ihn ein. Sie schreiben vor. Es kann passieren, dass wir in unserem Leben immer wieder ein und dieselbe Geschichte konsumieren, ohne es zu bemerken.

Ich bin vielen Geschichten begegnet, die meine Wahrnehmung der Möglichkeiten der Liebe erweitert haben, auch wenn ich sie oft suchen muss. Vor allem während der Arbeit an diesem Buch habe ich versucht, so viele alternative Liebesgeschichten wie möglich zu finden. Mit »alternativ« meine ich nicht nur Geschichten, die vom klassischen Drehbuch von Liebe, Ehe und Kinderwagen abweichen, sondern jede Geschichte, die Liebe nicht als romantische Begegnung, große Geste oder Form der Erlösung begreift – Klischees, wie sie von heterosexuellen, monogamen und ehezentrierten Liebesgeschichten überstrapaziert werden.

Ich suchte nach Geschichten über Homosexuelle, Polysexuelle und Asexuelle. Geschichten, die nach der Hochzeitsfeier begannen oder nach der Geburt der Kinder, und Geschichten, in denen die Ehe aufgrund der Umstände oder persönlichen Entscheidungen nicht der höchste Ausdruck der Liebe war. Und Geschichten, die zeigten, dass die Liebe selbst dann wertvoll war, wenn sie nicht bis zum Ende hielt.

Ich erstellte eine Netflix-Playlist, bat Freunde und Fremde um Empfehlungen, lud Audiobooks herunter, las Aufsätze und Romane und hörte täglich stundenlang Podcasts. Je mehr Geschichten man aufnimmt, je mehr Drehbücher man kennt, so dachte ich mir, umso höher sind die Chancen, dass man die Liebe auf die eigenen Bedürfnisse zuschneiden kann, statt sich in die konventionelle Gussform pressen zu lassen, mit der ich bisher nicht besonders viel Erfolg gehabt hatte.

Ich brachte Jahre damit zu, Liebesszenarien zu entwerfen, in dem Glauben, dass sich die Liebe daraufhin unvermeidlich einstellen werde. Etwa an dem Abend in der Highschool, als ich und mein Freund Jared mit dem Auto auf den leeren Schulhofparkplatz fuhren, in voller Lautstärke einen Madonna-Song hörten und unter den Straßenlaternen tanzten. Ich war so verknallt in ihn, hatte es ihm aber nie gesagt, weil ich dachte, dass er es sowieso schon wusste. Alle wussten es. Und während wir tanzten, dachte ich: *Das ist es! Der Anfang unserer Liebesgeschichte.* Weil ich die Filme gesehen hatte, die für Teenies wie mich gemacht worden waren, wusste ich alles über den Moment, in dem zwei Freunde plötzlich feststellen, dass sie verliebt sind.

Aber aus unserer Freundschaft wurde nie eine Liebesgeschichte. Während wir eng umschlungen über den Parkplatz tanzten, mein Kopf an seine Schulter gelehnt, mimten wir die Liebe und spielten mit den Konventionen, um zu sehen, wie es sich anfühlt. Damit brachten wir ein oder zwei weitere Jahre zu: In stillen Momenten zu zweit experimentierten wir mit dem Drehbuch der Liebe, während er meist eine andere Freundin hatte.

Schließlich wurde mir klar: Um zu lieben, reicht es nicht aus, das Skript der Liebe nachzuspielen. Und es bringt uns auch nichts, die Liebe in das Korsett zu sperren, das konventionelle Liebesgeschichten so lange vorgegeben haben.

Aber inzwischen bin ich nachsichtiger mit meinem jüngeren Ich: Geschichten sind wichtig. Sie prägen unser Verhältnis zur Welt. Und manchmal wird die Liebe (und die Verwundbarkeit, die sie verlangt) ein bisschen einfacher, wenn man das Gefühl hat, dass die Kräfte eines größeren Narrativs am Werk sind.

Als meine Schwester heiratete, gab ich ihr und ihrem Mann eine Zusammenfassung aller wissenschaftlichen Untersuchungen zu Ehe und Glück mit auf den Weg: eine Anleitung für das Auf-immer-und-ewig. Mein Hochzeitsgeschenk war ein Buch mit Bildern von Paaren aus der Tierwelt – Löwen, die sich im hohen Gras aneinander schmiegten, schmusende Schimpansen in enger Umarmung – Arten, die nicht monogam leben und deren Paare nichts mit der menschlichen Ehe zu tun haben, die aber mit ihren großen Augen, ihrem weichen Fell und ihren menschenähnlichen Gesten warme Gefühle über die Liebe wecken. Ich wollte damit die Illusion der Liebe erhalten und gleichzeitig hinterfragen.

»Ich weiß, dass ihr viel Glück vor euch habt«, schrieb ich in der Einleitung. Aber natürlich wusste ich nicht, wie viel Glück wirklich auf sie wartete, wenn man das Glück überhaupt messen kann. Aber nie habe ich jemandem mehr Glück gewünscht.

Die Beziehung meiner Schwester passte definitiv in das Schema Liebe, Ehe, Kinderwagen. Ihre Hochzeit erfüllte alle Südstaaten-Klischees, inklusive Bluegrass-Band und doppeltem Regenbogen, der sich vor der Trauung über die Hügel von Virginia spannte. Und das obwohl meine Schwester seit Wochen von Sorgen umgetrieben war – Sorgen, die nichts mit der Bindung zu tun hatte, die sie einging, und allein dem Hollywood-Hochzeitskomplex geschuldet waren, der verlangt, dass an diesem Tag alles perfekt sein musste. Und das war es. Die Wochen vor der Feier brachte ich damit zu, Gedecke herzurichten, die Handarbeitsläden abzuklappern und gebetsmühlenartig zu wiederholen: »Also, wenn ich heirate, dann mache ich sowas nicht!« Es muss wirklich herablassend geklungen haben.

Wenn ich meiner Schwester ein Geschenk hätte machen können, dann hätte ich ihr das Eheglück bis ans Ende ihrer Tage geschenkt. Weil sich ihre Liebesgeschichte an alle Regeln hielt, war meine Hoffnung beinahe eine Glaubenssache: *Natürlich haben sie das große Glück vor sich.* Doch die Regelkonformität birgt ihre eigenen Risiken. Wer zu gut ins Märchenschema passt, wird schneller enttäuscht, sobald er an die Grenzen stößt.

Aber was ist mit Menschen, deren Erfahrung der Liebe nicht in die typischen Erzählmuster passt?

Ich sprach mit dem polyamanten Paar Bobby und Roxanne. (Vielleicht sollte ich erwähnen, dass Polyamorie eine von vielen Spielarten der Nicht-Monogamie ist.) Die beiden wuchsen als Kinder in der Courtship-Bewegung auf, die in den Neunzigern in konservativen christlichen Gemeinden boomte. Die Bewegung galt als Alternative zum »weltlichen Dating« und betonte die sexuelle Enthaltsamkeit vor der Ehe.

»Dahinter steht der Gedanke, dass Liebe endlich ist, und dass man sich bis zur Ehe vor der Liebe schützen muss«, erklärte mir Bobby. In seiner Gemeinde durften Männer erst allein mit einer Frau ausgehen, wenn sie zur Heirat bereit waren, und beide gingen eine Beziehung mit der klaren Erwartung ein, dass sie heiraten würden. Er sagte, sein Bruder bekam seinen ersten Kuss am Tag seiner Hochzeit. Bobby hatte schon früher geküsst, aber nicht oft.

»Ich habe zum ersten Mal mit dreiundzwanzig Jahren Händchen gehalten«, sagte Roxanne. Jetzt, nach zehn Jahren Beziehung, haben Roxanne und Bobby Kinder und sind immer noch christlich, aber sie haben »Gnade« gefunden, indem sie ihre Ehe geöffnet haben. In ihrem Fall bedeutete dies, zunächst sexuelle Beziehungen, dann feste Partnerschaften zu anderen einzugehen. »Wir haben gelernt, dass Begehren und Liebe kein Nullsummenspiel sind«, sagte Bobby.

Als sie über die Rolle der Liebe in ihrer Ehe sprachen, zitierten sie den Apostel Paulus und den puritanischen Theologen und Prediger Jonathan Edwards. (Edwards: »Der gütigste und großzügigste Mensch der Welt sucht das eigene Glück, indem er anderen Gutes tut, weil er sein Glück in das Gut der anderen setzt.«)

Ich habe nicht viele nichtmonogame Liebesgeschichten gefunden, obwohl es im Internet und in Buchläden Anleitungen zuhauf gibt. Zu Bobby und Roxanne sagte ich, dass ich mich zwar selbst als einigermaßen monogam bezeichnen würde, dass mir aber an den wenigen nichtmonogamen Geschichten, die ich gefunden hatte, die Betonung der

Kommunikation gefiel. Man musste entscheiden, wo die eigenen Grenzen waren und was man wollte, und das auf eine Weise mit den Partnern kommunizieren, wie dies in monogamen Geschichten selten vorkam. Die meisten monogamen Liebesgeschichten (also die meisten Liebesgeschichten) sagen uns, wenn man den richtigen Partner gefunden hat, dann muss man weder Grenzen noch Wünsche kommunizieren, weil der andere sie einfach intuitiv versteht. Es gefiel mir auch, dass es weniger darum ging, »den einen« zu finden, und dass man weniger zu erwarten schien, dass dieser eine Partner die Erfüllung ist.

Aber Bobby und Roxanne berichteten, auch in den nichtmonogamen Gemeinschaften begegneten sie oft Menschen, die nach Erfüllung und Heilung suchten: »Sie versuchen, ihre Beziehung so zu verändern, dass sie auf ihre Wirklichkeit passt«, erklärte Bobby. Mit anderen Worten hofften sie, dass die Nicht-Monogamie ihre Ehe kittete.

Ich fragte sie, auf welche Narrative sie zurückgriffen, als sie ihre Ehe öffneten, doch sie hatten keine. »Wir hatten kein Vorbild«, sagte Roxanne. »Man kann sich nicht an den Eltern orientieren.« Das Fernsehen oder die Popkultur zeichneten die Nicht-Monogamie meist moralistisch (»Ohne Monogamie kommt es immer irgendwie zur Tragödie.«) oder sensationsheischend (Der *Playboy* produzierte eine Sendung, »die Polyamorie als jeder mit jedem darstellte«.) Sie kannten keine Geschichten, die Nicht-Monogamie als Teil einer glücklichen Ehe zeigten, so wie sie es erlebten. »Solche Geschichten gibt es in unserer Kultur nicht«, meinte Roxanne.

»Weißt du, was ein tolles Beispiel für Nicht-Monogamie ist?«, fragte Bobby. »*Der Bachelor.*«

Ich lachte.

»Im Ernst. *Der Bachelor* will eine monogame Beziehung knüpfen, aber geht nach einer durch und durch nicht-monogamen Methode vor«, erklärte er. »Das ganze Theater und die Angst, das ist alles Teil der erzwungenen Monogamie. In der letzten Staffel hat sich Ben in zwei Mädels verliebt und konnte sich nicht entscheiden. Ich glaube, er hat das Zeug zur Polyamorie. Aber das passt natürlich nicht in die Geschichte.«

Bobby und Roxanne glauben nicht, dass sie in den Mainstream-Medien jemals komplexere Darstellungen der Nicht-Monogamie begegnen werden. Aber ihnen ist es lieber, gar keine Geschichten zu sehen als die denkfaulen, sensationsheischenden Darstellungen, die es bislang gibt.

Tatsächlich gibt es gute Geschichten über nicht-monogame Beziehungen – zum Beispiel der *Walrus*-Artikel »Love, Additionally« von Natalie Tina Walschots über ihren polyamorösen Valentinstag – aber sie sind nicht leicht zu finden.[59] Dan Savage scheint mit seiner Version der Nicht-Monogamie, die er als »monogamisch« bezeichnet, in den Medien gewissen Anklang gefunden zu haben, doch das liegt vermutlich daran, dass sie der Monogamie sehr nahe kommt (wie der Name vermuten lässt). Dan Savage und sein Partner leben zwar in einer monogamen Beziehung, lassen jedoch andere sexuelle Beziehungen zu.

Ich frage mich, ob in den Darstellungen der Liebe die Nicht-Monogamie und vor allem die Polyamorie, die letzten Tabus bleiben werden. Nicht weil wir als Gesellschaft ausschließen, dass man mehr als einen Menschen lieben kann. Meine Poly-Freunde weisen gern darauf hin, dass die Hauptfiguren von *Bis(s) zum Morgengrauen* und *Die Tribute von Panem* theoretisch polyamorös sind, weil sie zwei Menschen gleichzeitig lieben. Ich stelle mir ein Ende vor, in dem

Katniss eine feste Beziehung zu Gale und Peeta hat (wie viele Fanfiction-Autoren dies getan haben), doch ich nehme an, dass eine konfliktfreie Dreiecksbeziehung einfach keine gute Geschichte abgibt.

Nicht-Monogamie ist etwas ganz anderes, als zwanglose Beziehungen zu mehr als einem Partner – das kennen viele von uns. Dauerhafte Nicht-Monogamie stellt unsere Grundannahmen über die Liebe auf den Kopf, nach denen es sich um eine ausschließliche Beziehung handelt und gerade die Ausschließlichkeit ihren Wert ausmacht. Für mich sind diese Ausschließlichkeit und die damit einhergehenden häuslichen Verhältnisse – das Teilen von Tisch und Bett, die Sonntagsspaziergänge mit Hund und die Gründung einer Familie – immer noch verlockend. Aber es ist gut, sich daran zu erinnern, dass es nicht die einzige Art ist, Liebe zu leben.

Ich brachte zwei Tage mit Maggie Nelsons *Die Argonauten* zu, weil ich mich in eine queere Liebesgeschichte versenken wollte. Das Buch ist nicht lang, dafür umso dichter.

Ich erzählte Mark von einem der ersten Absätze, in dem Nelson seinem Partner, dem Künstler Harry Dodge mit fluider Genderidentität, einen Satz aus Roland Barthes' *Über mich selbst* schickt. Barthes vergleicht hier die Aussage »Ich liebe dich« eines Liebenden mit den Argonauten, die ihr Schiff reparieren. Im Laufe der Seereise werden nach und nach sämtliche Teile des Schiffs ersetzt, doch es bleibt immer die Argo. Genauso hat der Satz »Ich liebe dich« immer dieselbe Form, doch die Bedeutung wird mit jeder Verwendung erneuert. Barthes sagt: »... die Arbeit der Liebe und der Sprache [besteht] eben darin, dem gleichen Satz immer neue Inflexionen zu geben«.[60]

Wir schlugen bei Roland Barthes selbst nach: »Ein häufiges Bild: das der Argo (leuchtend und weiß), deren sämtliche Teile von den Argonauten ausgetauscht wurden, sodass sie am Ende ein ganz neues Schiff besaßen, ohne dessen Namen oder Form zu ändern.«[61]

Mit dem Hund auf dem Boden sitzend versuchten wir aufzulisten, wie wir den Satz »Ich liebe dich« verwendeten.

»Manchmal sage ich ›Ich liebe dich‹, wenn ich sauer bin«, sagte ich. »Und manchmal ist es eine Art Ritual.« (Wenn wir abends schlafen gehen, fragt er: »Möchtest du noch über irgendetwas reden?«, ehe er sich die Stöpsel in die Ohren steckt. Wenn wir dann unter die Decke kriechen, sagt er »Ich liebe dich«, und ich antworte »Ich liebe dich auch«, und er sagt: »Nein, im Ernst«, und ich erwidere, »Ja, im Ernst.«). Und manchmal sage ich »Ich liebe dich«, weil es ein Ausruf ist, den mein Körper loswerden muss.

Mark sagt, wenn ich frustriert bin, dann bedeutet sein »Ich liebe dich«, dass es in Ordnung ist, wenn ich frustriert bin – eine Erinnerung daran, dass meine Gefühle situationsbedingt sind und auch wieder vorübergehen. »Und weil ich dich liebe, wenn du sauer bist, und es dir mitteilen will«, fügt er hinzu. Ich weiche seinem Blick aus, weil ich mich dafür schäme, wie sehr mir das gefällt.

»Alle ›Ich liebe dichs‹ kommen von demselben Ort«, sagt er.

»Aber sie unterscheiden sich, und wir sollten diesen Unterschied anerkennen«, erwidere ich. Barthes würde wohl sagen, dass jedes ›Ich liebe dich‹ dasselbe Schiff ist, und auch wieder nicht. Mark und ich sind uns einig, dass das Schiff Argo und das Schiff »Ich liebe dich« einiges gemeinsam haben: Nicht nur den Namen und die Form, wie Barthes sagt, sondern auch die Richtung, den Nutzen, und die Fähigkeit, uns irgend- und nirgendwohin zu bringen. Beide sind menschliche Konstrukte, die Bedeutung erhalten durch die menschliche Absicht, die sie transportieren.

Ich sage, dass ich manchmal meiner Mutter eine Nachricht mit den Worten »Ich liebe dich« schicke, weil ich sie vermisse, und weil ich weiß, dass sie sich darüber freut. Und ich sage es meinem Hund, weil die Art und Weise, wie er über den Gehsteig stakst, oder das begeisterte und konzentrierte Zähneknirschen, mit dem er frisches Gras rupft, diesen Satz über meine Lippen kommen lässt, ehe ich es selbst merke.

Kevins »Ich liebe dichs« landeten immer weich, trotz ihres Gewichts – denn er war jemand, der sich die Mühe machte, genau das zu sagen, was er meinte. Kein »Ich liebe dich« zwischen uns wurde je aus Pflichtgefühl ausgesprochen. Dafür war ich ihm dankbar, auch wenn ich gelernt habe, dass selbst das Pflichtgefühl eine Form von Liebe sein kann.

Während wir uns über die Nuancen und Inflexionen der Liebe unterhalten, bin ich fasziniert von ihrer schieren Weite. Liebe ist umfassend. Aber ich meine das nicht im mystischen Sinne – sie kann nicht alles aufnehmen und ist nie völlig bedingungslos. Vielmehr ist sie in einem alltäglichen Sinne weit, weil der Ausdruck der Liebe zugleich ein Ausdruck von Vertrauen, Zweifel, Bedauern, Enttäuschung, Humor, Selbstbeglückwünschung oder Opfer sein kann. All dies kann die Liebe sein, auch wenn die Liebesgeschichten nur selten davon sprechen.

Mich beeindruckte etwas, das Bobby am Ende unseres langen Gesprächs über Polyamorie gesagt hatte: »Wir glauben, dass Liebe selbstlos sein muss – je weniger ich selbst davon habe, umso liebevoller muss ich sein.« Aber seiner

Ansicht nach muss man in der Liebe eben nicht leiden: »Man muss weiter werden, um Freude in der Freude des anderen zu finden. Und die Öffnung unserer Ehe hat mir so viele Gelegenheiten dazu gegeben.«

Vielleicht brauchen wir mehr Geschichten über die Weite der Liebe und darüber, was dieses Schiff alles transportieren kann.

Ein Jahr bevor Mark und ich zusammenzogen, hatten wir schon einmal von einer gemeinsamen Wohnung gesprochen. Meine Mitbewohnerin wollte ausziehen, ich geriet in Panik, und Mark bot sich als mögliche Lösung für das Problem des leerstehenden Zimmers an.

Damals waren wir gerade erst sechs Monate zusammen, und das schien mir für diese Art der Bindung zu früh. Andererseits kannte ich auch Leute, die sich nach sechs Monaten verlobt hatten. Vielleicht waren wir ja wie die, dachte ich. Wir hatten den Richtigen gefunden, und es gab keinen Grund zur Vorsicht. Die Möglichkeit war aufregend.

Aber als wir am nächsten Tag zusammen frühstückten, war sich Mark unsicher.

»Soll ich die Anzeige für eine Mitbewohnerin aus dem Netz nehmen?«, fragte ich.

Er zögerte. »Ich weiß, dass ich dir vorgeschlagen habe, bei dir einzuziehen, aber als ich heute Morgen aufgewacht bin, war ich mir nicht mehr sicher.«

Seine Wohnung gefiel ihm, sagte er, und er wisse nicht, ob er bereit sei, sie aufzugeben.

Am Nachmittag stellte sich eine Kandidatin vor. Und da sie mir und Roscoe gefiel, beschloss ich, die Sache mit Mark lieber nicht zu forcieren, und das Zimmer ihr zu geben.

Ich bin froh, dass wir damals noch nicht zusammengezogen sind. Mark schien mir unglaublich nah, aber im Rückblick weiß ich, dass ich ihn damals kaum kannte.

Das war die erste Klippe unserer Beziehung. Natürlich machte ich mir Sorgen wegen einer Mitbewohnerin und der Lebenshaltungskosten in Vancouver. Aber vor allem fragte ich mich, was es bedeutete, dass mein Freund nicht bereit war, mit mir zusammenzuziehen.

Ein Jahr später dachten wir wieder intensiv darüber nach, ob er bei mir einziehen würde. Wir führten lange Gespräche mit langen unangenehmen Pausen. Ein ganzes Frühstück lang tat ich alles, um meine Tränen vor der Kellnerin zu verbergen. Am Abend zuvor hatte ich einen Vortrag gehalten und danach die ganze Nacht nicht schlafen können, weil ich darüber nachgegrübelt hatte, ob wir zusammenziehen sollten oder nicht. Es ist schon komisch, wenn man am Abend einen Vortrag über die Liebe hält und am nächsten Morgen nicht weiß, wie man sie leben soll. Ich hatte das Gefühl, ich müsste genau wissen, was für unsere Beziehung am besten ist. Aber ich hatte keine Ahnung. Genau wie Mark.

Freunde meinten, dass wir die Entscheidung zu ernst nehmen würden. Und vielleicht hatten sie ja Recht, aber ich hatte hart für meine Unabhängigkeit gearbeitet und wusste nicht, ob ich sie wieder aufgeben wollte.

Als wir dann schließlich doch zusammenzogen, wollten wir es mit den besten Absichten angehen und setzten einen Vertrag auf. Diese Idee, die ich aus dem Buch *The New I Do* hatte, gab uns das Gefühl, dass wir die Zusammenführung unser beider Leben im Griff behielten.[62] Unser Beziehungsvertrag beinhaltete alles – vom Hausputz und Gassigehen mit dem Hund bis zu Kostenteilung und Sex. Dieser Vertrag ist weder rechtswirksam noch sonderlich technisch, aber er bringt Absichten zum Ausdruck. Und er macht die Feinheiten des Zusammenlebens ein wenig bewusster.

Selbst in unserer recht konventionellen Beziehung ist der Vertrag ein Affront für die gängigen Erzählungen der Liebe, insbesondere für die Vorstellung, dass die Liebesarbeit darin besteht, den Richtigen zu finden, und der dann schon weiß, was man will, braucht und fühlt. Er bringt den Müll raus, ehe der Eimer überquillt und macht im Bett genau das, was einem gefällt, ohne dass man es auch nur erwähnen muss. Dieser Gedanke des Richtigen und der richtigen Art zu lieben ist so fest in unseren Liebesgeschichten verwurzelt, dass er schwer abzuschütteln ist – zumindest für mich. Der Vertrag war unser bestes Mittel, unsere Beziehung selbst zu gestalten.

Wir haben die Neigung, zu vereinfachen, zu etikettieren und unser Leben in Erzählmuster zu zwängen, statt unsere eigenen Geschichten zu erzählen. Das ist bestens dokumentiert. Wenn queere Erzählungen in den Mainstream gelangen, dann ist unser erster Impuls, sie nicht für das zu nehmen, was sie sind, sondern sie in die vorherrschenden Erzählmuster zu pressen.

Im Jahr 2008 werteten Brenda Cooper und Edward C. Pease insgesamt 113 Besprechungen des Films *Brokeback Mountain* aus. Dieser Film hat nach Ansicht vieler Beobachter dazu beigetragen, die vorherrschenden Einstellungen gegenüber der Homosexualität zu verändern, doch die Rezensionen konzentrierten sich »bei aller Begeisterung und allem Lob« vor allem auf die »allgemeingültige Erfahrung« der Liebesgeschichte und »schoben die Homosexualität in den Hintergrund«.[63] Mit anderen Worten ist unser vorherrschendes Drehbuch der Liebe derart mächtig, dass es in der Lage ist, auch homosexuelle Geschichten zu vereinnahmen und in das heterosexuelle Erzählmuster zu pressen. »Indem die Rezensenten die Beziehung normalisieren und Ennis und Jack beglückwünschen, weil sie nicht anders sind als zwei verliebte Heterosexuelle ... stecken sie die beiden Männer zurück in den Wandschrank«, so die Autoren. Als ich den Film 2005 zum ersten Mal sah, staunte auch ich über seine Allgemeingültigkeit. Am Ende weinte ich, und Ennis' Unfähigkeit, seine Liebe zu Jack zum Ausdruck zu bringen, brach mir das Herz.

Ich habe lange geglaubt, dass Liebe gleich Liebe ist. Mir gefällt der Gedanke, doch je mehr alternative Liebesgeschichten ich finde, umso mehr widersetze ich mich ihm.

Eine Zeitlang stieß ich auf Facebook dauernd auf ein Video. Es zeigt einen riesigen Röntgenschirm, auf dem zwei Skelette zu sehen sind, die tanzen und sich umarmen und küssen. Dann trennen sich die Skelette und gehen rechts und links zum Bildschirm hinaus. Dort tauchen zwei echte Menschen auf: Es sind zwei Frauen. Dann zeigt die Kamera die Zuschauer: Einige sind überrascht, andere entsetzt, weil es sich nicht um ein heterosexuelles Paar handelt. »Liebe kennt kein Geschlecht«, steht unter dem Bild, als sich die Frauen vor dem Röntgenschirm ein weiteres Mal küssen. Die Zuschauer applaudieren und nicken. Das nächste Skelettpaar ist ein heterosexuelles Paar unterschiedlicher Hautfarbe, und die Botschaft lautet »Liebe kennt keine Hautfarbe«. Es folgen weitere Paare und Botschaften: »Liebe kennt keine Behinderung«, »Liebe kennt keine Religion«. So sehr ich die Absicht hinter der Kampagne begrüße, so sehr habe ich mich über dieses Video geärgert.

In Sachen Liebe habe ich keine Lust mehr, Unterschiede

unter den Teppich zu kehren. Ich will alternative Erzählungen hören, ohne sie zu vereinnahmen und ohne zu sagen, »das können wir (monogame und gesunde Heteros) von ihnen lernen« – auch wenn ich überzeugt bin, dass wir eine Menge zu lernen haben. Die Liebe mag kein Geschlecht, keine Hautfarbe, keine Religion und keine Behinderung kennen, aber Liebende kennen all diese Dinge, und ich möchte wissen, welchen Einfluss sie auf die Liebe haben. Auch wenn es gut gemeint sein mag, der Liebe Allgemeingültigkeit zuzusprechen, möchte ich widersprechen.

Ich habe mich gefragt, welchen Einfluss die Legalisierung der gleichgeschlechtlichen Ehe auf queere Liebesgeschichten haben wird. Das lässt sich noch nicht absehen, doch bislang sieht es danach aus, als würde das gängige Liebe-Ehe-Kinderwagen-Schema lediglich ein bisschen weiter ausgedehnt. Es gibt jedoch warnende Stimmen. Ein Artikel in *Salon* zitiert einen sechsundzwanzigjährigen Schwulen namens Michael Amico, der an der Universität Yale die Geschichte der Sexualität studiert. »Seit die Ehe *das* schwule Thema ist, haben schwule Beziehungen an Vielfalt verloren«, sagte er.[64] Ein schwuler Freund witzelte, seine Mutter frage ihn jetzt dauernd, wann er endlich einen netten jungen Mann nach Hause bringe, den er heiraten könne.

Kurz vor dem Urteil des Obersten Gerichtshofs in den USA schrieb Mariela Mosthof in einem Artikel in *Bustle*, die Legalisierung der gleichgeschlechtlichen Ehe helfe der Öffentlichkeit, die LGBTQ-Community zu unterstützen, ohne sich näher für ihre eigentlichen Belange interessieren zu müssen: »den Schutz des Rechts auf allgemeine menschliche Sicherheit«.[65] Ich stimme Mosthof zu. Es ist gut und wichtig, dass gleichgeschlechtliche Beziehungen dieselbe Würde und Legitimität erhalten wie heterosexuelle

Beziehungen. Doch die Liebe ist vermarktbar, und sie ist gut verkäuflich. Auf gewisse Weise könnte sie grundlegendere Rechte verbergen, die nicht gewährleistet sind. Liebe ist gleich Liebe, aber einige Formen der Liebe verursachen mehr politische, gesellschaftliche, rechtliche oder ethische Komplikationen als andere. Und um diese Komplikationen müssen wir uns kümmern.

Als ich vor einiger Zeit auf einer Party von einer Frau gefragt wurde, ob ich auch über homosexuelle Liebesgeschichten schreibe, antwortete ich spontan, das sei nicht nötig, da homosexuelle Liebesgeschichten »nicht das Problem sind«. Heute ist es mir meine Antwort sehr peinlich. Gibt es wirklich eine Liebesgeschichte ohne ein Muster, eine Annahme oder eine Ausgrenzung, die nicht für irgendjemanden problematisch sein könnte?

Es ist wohl nicht nötig, dass ich eine Lösung für das Problem der Liebe vorlege. Alternative Liebesgeschichten werden sich verbreiten, auch ohne dass ich sie einfordere. Einige dieser Geschichten sind nuanciert und komplex, andere wirken noch immer befremdlich.

Aber was ich persönlich von einer Liebesgeschichte erwarte, hat sich im Verlauf der Arbeit an diesem Buch geändert. Heute ziehe ich Geschichten vor, die sich nicht lange mit der Klassifizierung der Liebe aufhalten. Oft unterscheiden sie nicht einmal zwischen verschiedenen Arten der Liebe (romantisch, erotisch, familiär, mitfühlend, platonisch). Sie zeigen, was möglich ist, wenn wir uns großzügig einem anderen Menschen hingeben.

Vielleicht glaube ich einfach nicht mehr, dass sich die romantische Liebe so sehr von anderen Formen der Liebe unterscheidet, wie ich das früher angenommen hatte.

Nachdem Mark seine letzten Umzugskisten in meine Wohnung geschleppt hatte, brachten wir einen sonnigen Samstagnachmittag damit zu, seine alte Wohnung zu putzen. Ich stand auf der Anrichte, den Kopf an die Decke gepresst, schrubbte die Fettschicht von seinen Küchenschränken und hörte Internetradio.

In der Radioserie *The Longest Shortest Time* geht es vordergründig um Kindererziehung, doch die Moderatorin Hillary Frank gibt zu, dass dieses Thema »ein guter Anlass ist, alle erdenklichen Geschichten zu erzählen«.[66] In dieser Folge ging es um Trystan und John, ein schwules Paar Mitte zwanzig, die »ihre Wochenenden mit Clubs, Partys in Las Vegas und Sex am Strand« verbrachten, bis John eines Tages einen Anruf von einer Sozialarbeiterin erhielt, die ihm mitteilte, dass seine beiden kleinen Neffen in ein Heim gegeben werden müssten, wenn er sich ihrer nicht sofort annehmen könne. »Ich weiß nicht, ob die Kinder jetzt für immer bei uns bleiben«, sagte John zu Trystan, während sie zu seiner Schwester fuhren. »Aber wir werden hier keine halben Sachen machen.« Die beiden waren gerade einmal ein Jahr zusammen, und nun hatte Trystan im Auto zwei Stunden Zeit, um zu überlegen, ob er sich an John binden und diesen beiden Kindern ein Vater sein wollte. John sagte zu ihm: »Wir haben nie gesagt, dass das für immer sein soll. Dafür sind wir auch gar nicht die Typen. Aber das hier ist wichtiger als eine Ehe. Wenn die Kinder zu uns kommen, dann musst du bereit sein, die nächsten achtzehn Jahre bei mir zu bleiben.« Danach wird die Geschichte erst richtig kompliziert. Die beiden müssen schwierige Entscheidungen treffen, die das Wohl der Kinder betreffen. Sie müssen sich durch einen Justizapparat kämpfen, der schwulen Paaren nicht sonderlich wohlgesonnen ist. Trystan, der transsexuell ist, zieht in Erwägung, das Testosteron abzusetzen, um selbst ein Kind zu bekommen. John weiß nicht, ob er noch ein Kind will. Es war die erste von inzwischen insgesamt vier Folgen über das Paar.

Marks Vermieterin schaute mit einem Abschiedsgeschenk vorbei. Während Mark oben saugte, steckte sie den Kopf in die Küche. Ich hielt den Podcast an und nahm die Ohrstöpsel heraus. »Du hast Glück!«, rief sie mir zu. »Er ist ein netter Kerl.«

»Ich weiß«, erwiderte ich.

Während ich weiter putzte und der Sendung lauschte, dachte ich an mein bevorstehendes Zusammenleben mit Mark. Ich musste darüber nachdenken, wie Beziehungen verhandelt werden – wie schwer mir und Mark die Entscheidung gefallen war, ob wir zusammenleben wollten oder nicht, und wie banal das neben den Dingen erschien, die Trystan und John aushandeln mussten.

Ich fragte mich, warum die Geschichte von Trystan und John so stark war, und kam zurück zu dem Gedanken, dass sie nicht ausschließlich auf eine Art der Liebe fixiert war. Sie demonstrierte die Weite der Liebe, ohne dabei ihre Grenzen zu übersehen.

In *Die Argonauten* schreibt Nelson: Kindererziehung »ist nicht *wie* eine Liebesaffäre, es *ist* eine Liebesaffäre. Genauer gesagt ist es romantisch, erotisch, verzehrend – nur ohne Tentakel. Ich habe mein Baby und mein Baby hat mich.«[67]

Nachdem der süße und knurrige Labrador meiner Schwester Krebs bekam, waren sie und ihr Mann untröstlich. »Ich kann mir unsere Beziehung nicht ohne ihn vorstellen«, sagte sie zu mir. Es gab eine Liebe vor dem Hund, und eine Liebe für den Hund, und jede Liebe wurde durch die andere verändert, verwandelt und umgestaltet.

Mich interessieren Geschichten, in denen die Liebe auf die Liebe wirkt. Zum Beispiel der Dokumentarfilm *Meet the Patels* über den indischstämmigen Ravi Patel, dessen Eltern für ihn auf Brautschau gehen. Seine Suche nach einer Frau ist eng verquickt mit seiner Liebe zu seiner Schwester (die Regisseurin, die meist hinter der Kamera bleibt), seinen Eltern, seinem indischen Erbe und den Millionen Patels in Indien und den Vereinigten Staaten.

Oder Carrie Brownsteins Memoiren *Modern Girl*: ihre Beziehung zum Sänger Corin Tucker gründete auf ihrer beider Liebe zur Musik und war nicht von Dauer, doch die gemeinsame Band Sleater-Kinney ist zwanzig Jahre später wieder auf Tour.

Oder Patti Smiths *Just Kids*: Was als Liebelei zwischen Smith und Robert Mapplethorpe beginnt, verändert sich im Laufe der Zeit, und die beiden werden intime Freunde, temperamentvolle Wohnungsgenossen, ein Künstlerpaar, Musen und Pfleger. Smiths Buch ist nicht nur eine Hymne auf Mapplethorpe, sondern auch auf die Liebe in all ihren Formen.

Die Liebe zwischen John und Trystan scheint keine klaren Grenzen zu haben und ist nie eindeutig von der Liebe zu ihren beiden Adoptivkindern zu trennen. Doch die Sendung verklärt auch nichts, sondern zeigt ehrlich, wie schwer es ist, Kinder zu erziehen, die misshandelt wurden, wie sich ihre Rollen als Onkel, Vater, Miterzieher und Partner verändern, und wie dies wiederum auf die Beziehung wirkt.

Ich rief Hillary Frank an, um sie zu fragen, wie es ihr gelungen war, so viele spannende und differenzierte Liebesgeschichten für ihre Sendung zu finden. »Es gibt so viele verschiedene Arten von Familien, und es gibt alleinerziehende Eltern. Aber meistens werden Kinder von zwei Menschen erzogen, ob sie zusammen sind oder nicht«, sagte Frank. »Das ist also ein zentraler Teil der Geschichte: Ist es eine Liebesbeziehung? Spielt die Liebe noch eine Rolle? Selbst bei alleinerziehenden Eltern gibt es meistens eine Liebesgeschichte.« Man kann keine Geschichten über Familien erzählen, in denen es nicht gleichzeitig um alle möglichen Formen der Liebe geht.

Frank erklärte mir, sie suche nach Geschichten, die sie dazu zwangen, »die Welt ein bisschen anders zu sehen«. Sie erinnerte sich an eine Folge über ein Paar, in dem die Frau ungeplant schwanger wurde und eine Fehlgeburt hatte, woraufhin sich die beiden scheiden ließen.[68] Er zog in eine Jurte in der Wüste, sie blieb in San Francisco. Nach einiger Zeit trafen sich die beiden zufällig auf einer Hochzeit wieder und beschlossen, ein Kind zu bekommen. Frank beschrieb sie als »glücklich geschieden«. Die Geschichte ist vor allem deshalb so interessant, weil sie alle Annahmen auf den Kopf stellt, wie und wann und unter welchen Umständen man eine Familie gründet, und weil sie diese Entscheidungen so differenziert darstellt.

Franks Sendung bringt ihre eigenen Geschichten hervor. Trystan und John waren Zuhörer, ehe sie Gäste wurden. Die Zuhörer schaffen eine eigene Gemeinschaft und erzählen ihre Geschichten in der Kommentarspalte der Website. »Eine Geschichte tritt eine ganze Lawine von anderen Geschichten los, die zum Teil mit der in der Sendung erzählten Geschichte zusammenhängen, zum Teil aber auch nicht«, so Frank. »Trolle haben wir kaum. Deshalb glaube ich, dass die Leute ein echtes Bedürfnis nach einem geschützten Raum haben, in dem sie ihre alternativen Familiengeschichten erzählen können.« Ich frage mich, ob der Podcast prädestiniert ist, um solche nuancierten, weiten und nachdenklichen Liebesgeschichten zu erzählen, weil er ein so junges Medium ist, und weil es hier noch keine festen Muster gibt.

Mir gefallen Erzählungen, die inspirieren, in denen aber niemand auserwählt wird. Wenn ich mir Alternativen zum vorherrschenden Erzählmuster wünsche, dann meine ich damit Geschichten, die die Liebe weiter machen, ohne sie zum Fetisch zu erheben.

Deswegen zögere ich, mehr von meiner eigenen Beziehung zu erzählen, eben weil sie Klischees enthalten könnte. Aber ich muss es sagen: Nach nur einem Monat des Zusammenlebens liebe ich Mark mit einer Macht, die mich selbst erschreckt. Das sollte niemanden verwundern: Je enger unsere Leben miteinander verwoben sind, umso größer das Risiko. »Wie löst man das Problem der Liebe?«, schrieb ich in mein Tagebuch.

Vor einem Jahr hatte ich gedacht, dass ich Mark liebte, und das war auch so. Aber nun hat die Liebe einen anderen Klang bekommen. Sie ist tiefer und runder. Sie hat den Geruch seiner Laufschuhe in sich aufgenommen, die scharfen Kanten meiner Ungeduld, die wechselnde Loyalität meines Hundes und all die Anforderungen eines anderen Körpers, der nun einen Raum bewohnt, der einst nur meiner war. Diese Version der Liebe gefällt mir besser.

»Vielleicht ist es zu viel«, sagte ich ihm eines warmen Samstagnachmittags, als wir nackt zusammen auf dem Bett lagen und dösten. »Zu viel Liebe?«, fragt er. Ich nicke. Der erste Monat des Zusammenlebens war voller Stress gewesen: Ich schrieb an diesem Buch, die Wohnung war ein einziges Chaos, überall standen halb ausgepackte Kisten herum, und wir mussten zwei Leben (drei, wenn man den

Hund dazu nimmt) unter einen Hut bekommen. Ich höre mich sagen: »Wir haben es gut.« So vieles wurde anders durch dieses neue Wörtchen: Wir. Wir haben einen neuen Tisch gekauft, Walnuss mit schönen Beinen, die Art von Anschaffung, für die man sich nur entscheidet, wenn man langfristig plant. »Irgendwann kommt man an den Punkt, an dem man einfach einen Küchentisch mit jemandem kaufen will«, hatte Mark noch Monate zuvor zu mir gesagt, als es schwierig und an Zusammenleben nicht zu denken war. Ich nehme an, dass wir an diesem Punkt angekommen sind.

»Wie wär's, wenn wir die Couch hierhin stellen?« Er zeigt auf die Wohnzimmerecke. »Und den Tisch dahin?«

Schweigend sehe ich mich im Raum um. Roscoe kommt zu uns und legt sich auf den Teppich, bis wir ihn aufheben und ein paar Meter Richtung Tür schieben.

Ich finde ja, dass die Couch in der Ecke komisch aussieht, aber Mark will sie noch einmal da sehen. Die Energie, mit der er Dinge ausprobiert und herumschiebt, macht mich sprachlos.

»Hey«, sagt er und kommt zu mir herüber. »Ich liebe dich.«

Ich lache und gebe nach. Dann packe ich mein Ende der Couch an.

So viele kleine Stressmomente, und trotzdem war es keine stressige Zeit, sondern eine Zeit voller Freude. Es macht Freude, am Frühstückstisch gemeinsam in der Zeitung zu blättern. Es macht Freude, sich neue Spitznamen für den Hund auszudenken: Filet, Hühnerbrüstchen, Kartoffel, Affe, Gans, Nudel, Erbschen, Enchilada. Hier ist jemand, zu Hause bei mir. Jemand den ich liebe, und dessen Gesellschaft ich genieße.

An dem Abend, an dem wir den Vertrag zusammen aufsetzten, war ich so versessen auf meine Autonomie und mein eigenständiges Leben, das ich schützen und erhalten wollte, und nun freue ich mich daran, in diesem Raum, in *unserem* Raum zu sein. Das Tempo der Veränderung hat mich entwaffnet.

Ich bin berauscht von meinem eigenen Glück und der Weite meiner Liebe, und ein wenig schäme ich mich auch dafür. Trotzdem weiß ich, dass ich Teile von mir weiter schütze.

»Ich bin mir bewusst, dass auch bewusstes Ausweichen an Grenzen führt, dass es auf seine eigene Weise Glück und Lust verhindert«, schreibt Nelson in *Die Argonauten*. »Die Lust des Ertragens. Die Lust des Beharrens, des Ausharrens. Die Lust der Verpflichtung, die Lust der Abhängigkeit. Die Lust gewöhnlicher Hingabe. Die Lust, die darin liegt, zu erkennen, dass man möglicherweise dieselben Erkenntnisse gewinnen, dieselben Anmerkungen an die Seitenränder schreiben, um dieselben Themen kreisen, dieselben emotionalen Wahrheiten erneut lernen und dasselbe Buch wieder und wieder schreiben muss – nicht, weil man geistesschwach ist oder nicht fähig, sich zu ändern, sondern weil derartige Wiederbesuche ein Leben darstellen.«[69]

»Wie löst man das Problem der Liebe?« Das sind die Wiederbesuche meines Lebens. Aber es ist erfüllt von den Freuden der gewöhnlichen Hingabe.

Als ich überlegte, ob ich mich von Kevin trennen sollte oder nicht, wusste ich irgendwo und theoretisch, dass ich mich wieder verlieben würde. Damals hatte ich keine Ahnung, welche Fähigkeit ich hatte, in der Liebe glücklich zu werden, doch nun ist es eine Gewissheit, die ich bis in die Tiefen meines Körpers spüre. Wenn ich mit Freunden frühstücken gehe und Mark mit dem Hund vorbeigeht und grüßt, dann werde ich rot aus Sorge, dass meine Freunde es mir am Gesicht ablesen könnten: mein verwegenes Glück. Ich glaube nicht, dass ich das mehr verdient habe als andere. Ich glaube nicht, dass dies die beste und einzige Art zu lieben ist. Ich mache mir keine Illusionen über die Beständigkeit der Liebe und gebe mich keinem irrationalen Überschwang über ihre Natur hin. Ich weiß, dass Liebe etwas Alltägliches ist, auch wenn sie so tut, als sei sie es nicht.

Neulich fragte mich jemand, ob ich das gefunden habe, was ich gesucht habe, als ich mit der Arbeit an diesem Buch begann. Und um ehrlich zu sein, habe ich dieses Buch begonnen, weil ich wissen wollte, wie sich die Liebe haltbar machen lässt. Ich wollte eine Garantie.

Von der Wissenschaft habe ich viel über die Liebe gelernt, aber ich habe eine viel grundlegendere Entdeckung gemacht: Ich weiß, dass ich ein gutes und erfülltes Leben führen kann ohne diese Garantie. Es gibt so viele Möglichkeiten zu leben. Statt zu versuchen, die Liebe haltbar zu machen, habe ich das »glücklich bis ans Ende ihrer Tage« von der Agenda genommen. Das Wissen, dass ich mein Leben mit Mark teilen möchte, dass das Leben aber auch ohne ihn gut ist, hat die Liebe leichter gemacht.

Deswegen hat diese Geschichte kein Happy End. Liebesgeschichten enden, doch die Liebe selbst geht weiter und wird von den Liebenden ständig verändert und erneuert. Dieses Ende ist nur ein Moment, innezuhalten und zu gestehen, dass ich das Schreiben über die Liebe nicht trennen kann von meiner Liebe zu Mark. Und dass ich beides nicht trennen kann von den Abstraktionen dieser Liebe, wie wir sie geformt haben, oder den verschiedenen Tonlagen, mit denen wir sie zum Ausdruck bringen, diesen kleinen »Ich liebe dichs«, die wir mit all unseren besten Absicht in See stechen lassen.

Wenn unsere Liebesgeschichte eine besondere Kraft hat, dann die, dass sie das Gewicht dieses Buchs ausgehalten hat. Und die Arbeit an diesem Buch, die eine Form der gewöhnlichen und lustvollen Hingabe war, hat ihr ganzes Gewicht in dieses Schifflein unserer Liebesgeschichte geworfen, sowohl in ihrer öffentlichen als auch in ihrer privaten Form.

»Ich liebe dich« hat die Kraft, uns irgend- oder nirgendwohin zu tragen. Es ist die einzige Lösung für das Problem der Liebe.

Die 36 Fragen

≈

1. Wenn du dich für jede Person auf der Welt entscheiden könntest: Wen würdest du als Gast zum Essen zu dir nach Hause einladen?

2. Wärst du gern berühmt? Wie würde das sein und wie wärst du?

3. Hast du jemals geprobt, was du sagen willst, bevor du jemanden angerufen hast? Warum?

4. Stell dir deinen perfekten Tag vor … Wie würde der aussehen?

5. Wann war das letzte Mal, dass du einfach so für dich selbst gesungen hast? Und wann hast du das letzte Mal für jemand anderen gesungen?

6. Stell dir vor, du wirst 90 Jahre alt. Wenn du dir aussuchen könntest, ob du entweder den Geist oder den Körper eines (oder einer) 30-Jährigen für die letzten 60 Jahre behalten könntest … Was wäre Deine Entscheidung?

7. Hattest du schon mal eine Vorahnung, wie du mal sterben wirst?

8. Nenne drei Dinge, die du und ich deiner Meinung nach gemeinsam haben.

9. Was ist es, für das du in deinem bisherigen Leben am dankbarsten bist?

10. Wenn du auf deine Erziehung zurückblickst und du heute etwas ändern könntest. Was würdest du ändern?

11. Nimm dir vier Minuten Zeit und erzähle deinem Partner die Geschichte deines Lebens, so detailliert wie möglich.

12. Stell dir vor, du würdest morgen mit irgendeiner neuen Eigenschaft oder Fähigkeit aufwachen. Welche hättest du gern?

13. Wenn dir eine Wahrsagerin die Wahrheit über deine Zukunft vorhersagen könnte, also alles was in den nächsten Jahren passiert, was würdest du wissen wollen?

14. Was wolltest du schon immer gerne machen, das du noch nie getan hast?

15. Was ist bisher der größte Erfolg deines Lebens?

16. Was ist für dich in einer Freundschaft das Wichtigste?

17. Wenn du dir die schönsten Momente deines Lebens vorstellst, welcher Moment ist deine schönste Erinnerung?

18. Und da leider nicht immer alles gut läuft im Leben: Was ist deine schlimmste Erinnerung?

19. Stell dir vor, du wüsstest mit Sicherheit, dass du in einem Jahr stirbst. Würdest du etwas an deiner Lebensweise ändern? Was und warum?

20. Was für eine Bedeutung hat Freundschaft in deinem Leben?

21. Welche Rolle spielen Liebe und Zuneigung in deinem Leben?

22. Das ist eine Aufgabe an beide: Sagt euch abwechselnd, welche positiven Charakterzüge euer Gegenüber hat. Jeder soll dabei fünf nennen.

23. Hast du das Gefühl, dass deine Kindheit glücklicher war als die der meisten anderen?

24. Wie ist die Beziehung zwischen dir und deiner Mutter?

25. Jeder von euch macht drei wahre »Wir«-Aussagen. Zum Beispiel: »Wir sind beide in diesem Raum und fühlen uns …«

26. Vervollständige den folgenden Satz: »Ich wünschte, ich hätte jemanden, mit dem ich … teilen könnte.«

27. Wenn du mit deinem Gegenüber eng befreundet sein wolltest, was wäre dann für ihn oder sie wichtig zu wissen?

28. Sage deinem Partner, was du an ihm magst. Sei ehrlich und sage auch Dinge, die du einer Person, die du zum ersten Mal triffst, vielleicht sonst nicht sagen würdest.

29. Erinnerst du dich an einen extrem peinlichen Moment in deinem Leben?

30. Wann hast du das letzte Mal vor einer anderen Person geweint? Wann hast du das letzte Mal alleine geweint?

31. Sag deinem Gegenüber etwas, das du jetzt schon an ihm oder ihr magst.

32. Worüber sollte man keine Witze machen?

33. Wenn du heute Abend sterben würdest, ohne mit noch jemandem gesprochen zu haben. Was würdest du bereuen, nicht gesagt zu haben? Warum hast du das nicht schon vorher jemandem erzählt?

34. Dein Haus, mit allem was dir gehört, geht in Flammen auf. Nachdem du deine Liebsten und die Haustiere gerettet hast, bleibt dir noch Zeit, um genau einen Gegenstand zu holen. Was würdest du retten und warum?

35. Der Tod welches Familienmitgliedes wäre für dich am schlimmsten? Warum?

36. Erzähle deinem Partner von einem persönlichen Problem und frage, wie er oder sie mit dem Problem umgehen würde. Bitte deinen Partner auch zu reflektieren, wie du gewirkt hast, als du ihm von deinem Problem erzählt hast.

Anmerkungen

1   John Gottman und Nan Silver, *The Seven Principles for Making Marriage Work: A Practical Guide from the Country's Foremost Relationship Expert* (New York: Three Rivers Press, 1990), 4–6 (dt.: *Die sieben Geheimnisse der glücklichen Ehe*).

2   Lori Gottlieb, »Marry Him! The Case for Settling for Mr. Good Enough«, *Atlantic* (März 2008).

3   Helen Fisher, *Why We Love: The Nature and Chemistry of Romantic Love* (New York: Holt Paperbacks, 2005), 69–76 (dt.: *Warum wir lieben …*).

4   Helen E. Fisher, Arthur Aron und Lucy L. Brown, »Romantic Love: A Mammalian Brain System for Mate Choice«, *Philosophical Transactions of the Royal Society: Biological Sciences* (December 2006): 2173.

5   Maria Popova, »Kurt Vonnegut on the Shapes of Stories and Good News vs. Bad News«, *Brain Pickings*, https://www.brainpickings. org/index.php/2012/11/26/kurt-vonnegut-on-the-shapes-of-stories.

6   *Brokeback Mountain*, Regisseur: Ang Lee, 2005.

7   Alexa Junge, »The One with the Prom Video«, *Friends*, Staffel 2, Episode 14, Regisseur: James Burrows.

8   »Nicholas Sparks' DOs and DON'Ts for Writing a Love Story«, *Glamour*, 24. August 2012, http://www.glamourmagazine.co.uk/ article/nicholas-sparks-writing-tips.

9   *Titanic*, Regisseur: James Cameron, 1997.

10   Alain de Botton, *Essays in Love* (London: Picador, 2006), 119 (dt.: *Versuch über die Liebe*).

11   Kurt Vonnegut, *Palm Sunday* (New York: Dial Press Trade Paperbacks, 2009), 286.

12   Loretta Lynn, *Still Woman Enough: A Memoir* (New York: Hyperion, 2002), xvii.

13   Marina Adshade, *Dollars and Sex: How Economics Influences Sex and Love* (San Francisco: Chronicle Books, 2013), 113 (dt.: *Warum man weniger lernen sollte, um mehr Sex zu haben*).

14   Stephanie Coontz, *Marriage, a History: How Love Conquered Marriage* (New York: Penguin Books, 2006), 15–23 (dt.: *In schlechten wie in guten Zeiten*).

15   Andrew J. Cherlin, »The Deinstitutionalization of American Marriage«, *Journal of Marriage and Family* 66, Nr. 4 (November 2004), 851.

16 Eli J. Finkel, »The All-or-Nothing Marriage«, *New York Times*, 14. Februar 2014.

17 Sandra L. Murray, John G. Holmes, and Dale W. Griffin, »The Self-Fulfilling Nature of Positive Illusions in Romantic Relationships«, *Journal of Personality and Social Psychology* 71, Nr. 6 (1996).

18 Todd May, »Love and Death«, *New York Times*, 26. Februar 2012.

19 Roger C. Schank und Robert P. Abelson, »Knowledge and Memory: The Real Story«, in *Knowledge and Memory: The Real Story*, hg. v. Robert S. Wyer (Hillsdale, NJ: Lawrence Erlbaum Associates, 1995), 4.

20 Das Material der Schuhe in Perraults Version der Geschichte ist Gegenstand einer ausführlichen Debatte. Wenn Sie mehr dazu wissen möchten, lesen Sie in Mark Libermans »Language Log« nach: http://itre.cis.upenn.edu/~myl/languagelog/archives/002886.html.

21 Julia R. Lippman, »I Did It Because I Never Stopped Loving You: The Effects of Media Portrayals of Persistent Pursuit on Beliefs About Stalking«, *Communication Research* (16. Februar 2015).

22 Chloe Angyal, »I Spent a Year Watching Rom-Coms and This Is the Crap I Learned«, *Jezebel*, 14. Februar 2012, http://jezebel.com/5884946/the-crappy-lessons-of-romantic-comedies.

23 Laurie A. Rudman und Jessica B. Heppen, »Implicit Romantic Fantasies and Women's Interest in Personal Power: A Glass Slipper Effect?« *Personality and Social Psychology Bulletin* 29, Nr. 11 (Juli 2010).

24 Marco Iacoboni, *Mirroring People: The Science of Empathy and How We Connect with Others* (New York: Picador, 2009), 4–5 (dt.: *Woher wir wissen, was andere denken und fühlen*).

25 Jonathan Gottschall, *The Storytelling Animal: How Stories Make Us Human* (New York: Mariner, 2013), 10–11.

26 Gottschall, *Storytelling Animal*, 102.

27 Jonathan Gottschall, »Why Fiction Is Good for You«, *Boston Globe*, 29. April 2012, https://www.bostonglobe.com/ideas/2012/04/28/why-fiction-good-for-you-how-fiction-changes-your-world/nub-Dy1P3viDj2PuwGwb3KO/story.html.

28 Linda Holmes, »A Girl, a Shoe, a Prince: The Endlessly Evolving Cinderella«, NPR, 13. März 2015, http://www.npr.org/sections/monkeysee/2015/03/13/392358854/a-girl-a-shoe-a-prince-the-endlessly-evolving-cinderella.

29 Kate Erbland, »The True Story of *Pretty Woman*'s Original Dark Ending«, *Vanity Fair*, 23. März 2015, http://www.vanityfair.com/hollywood/2015/03/pretty-woman-original-ending.

30 Darren Franich, »*Pretty Woman*: 25 Thoughts After Watching It for

the First Time«, *Entertainment Weekly*, 11. September 2015, http://ew.com /article /2015 /09 /11 /pretty-woman-4.

31 Susan Ostrov Weisser, *The Glass Slipper: Women and Love Stories* (New Jersey: Rutgers University Press, 2013), 11.

32 Morgan Parker, »Love Poems Are Dead«, *Harriet* (Blog der Poetry Foundation), 10. Dezember 2015, https://www.poetryfoundation. org/harriet/2015/12/love-poems-are-dead.

33 Rebecca Traister, *All the Single Ladies: Unmarried Women and the Rise of an Independent Nation* (New York: Simon & Schuster, 2016), 150.

34 Council on Contemporary Families, »Myths About College-Educated Women and Marriage«, 26. Januar 2010, https://contemporary-families.org/myths-about-college-educated-women-and-marriage-release.

35 Abigail Tucker, »What Can Rodents Tell Us About Why Humans Love?«, *Smithsonian* Magazine, Februar 2014, http://www.smith-sonianmag.com/science-nature/what-can-rodents-tell-us-about-why-humans-love-180949441.

36 Helen E. Fisher, Lucy L. Brown, Arthur Aron, Greg Strong und Debrah Mashek, »Reward, Addiction, and Emotion Regulation Systems Associated with Rejection in Love«, *Journal of Neurophy-siology* 104 (Mai 2010).

37 Das Buch *What Love Is: And What It Could Be* (New York: Basic Books, 2017) der Philosophin Carrie Jenkins bietet eine interessante Auseinandersetzung mit diesen Ideen.

38 »I Get a Kick Out of You: The Science of Love«, *Economist*, 12. Februar 2004, http://www.economist.com/node/2424049.

39 Larry Young und Brian Alexander, *The Chemistry Between Us: Love, Sex, and the Science of Attraction* (New York: Current, 2014), 198–203.

40 Rainer Maria Rilke, »Requiem für eine Freundin«.

41 Sharon Sassler and Amanda Jayne Miller, »The Ecology of Relati-onships: Meeting Locations and Cohabitors' Relationship Percep-tions«, *Journal of Social and Personal Relationships* 33, Ausgabe 2 (2015).

42 Moira Weigel, *Labor of Love: The Invention of Dating* (New York: Farrar, Straus and Giroux, 2016).

43 James Linville, »Billy Wilder, The Art of Screenwriting Nr. 1«, 236 *Paris Review*, Ausgabe 138 (Frühjahr 1996), http://www.theparis-review.org/interviews/1432/billy-wilder-the-art-of-screenwriting-no-1-billy-wilder.

44 Paul Monaco, *A History of American Movies: A Film-by-Film Look*

at the Art, Craft, and Business of Cinema (Lanham, MD: Scarecrow Press, 2010), 39–41.

45 Claude Brodesser-Akner, »Can the Romantic Comedy Be Saved?«, *Vulture*, 27. Dezember 2012, http://www.vulture.com/2012/12/can-the-romantic-comedy-be-saved.html.

46 Tatiana Siegel, »R.I.P. Romantic Comedies: Why Harry Wouldn't Meet Sally in 2013«, *Hollywood Reporter*, 26. September 2013, http://www.hollywoodreporter.com/news/rip-romantic-come-dies-why-harry-634776.

47 Amy Nicholson, »Who Killed the Romantic Comedy?«, *LA Weekly*, 27. Februar 2014, http://www.laweekly.com/news/who-kil-led-the-romantic-comedy-4464884.

48 Elizabeth Brake, *Minimizing Marriage: Marriage, Morality, and the Law* (New York: Oxford University Press, 2012), 88–89.

49 Arthur C. Brooks, »Why Conservatives Are Happier Than Liberals«, *New York Times*, 7. Juli 2012, http://www.nytimes.com/2012/07/08/opinion/sunday/conservatives-are-happier-and-extre-mists-are-happiest-of-all.html.

50 Arie W. Kruglanski, »Motivated Closing of the Mind: ›Seizing‹ and ›Freezing‹«, *Psychological Review* 103, Nr. 2 (April 1996).

51 »An Experiment in Radical Brevity«, *Dear Sugar Radio* (Podcast), Episode 29, Moderatoren: Cheryl Strayed und Steve Almond, http:// www.wbur.org/dearsugar/2015/10/16/dear-sugar-episode-twenty-nine.

52 Dinah Lenney, »Against Knowing«, *Brevity Craft Essays*, http://www.creativenonfiction.org/brevity/craft/craftlenney36.html.

53 Arthur Aron, Edward Melinat, Elaine N. Aron, Robert Darren Vallone und Renee J. Batour, »The Experimental Generation of Interpersonal Closeness: A Procedure and Some Preliminary Findings«, *Personality and Social Psychology Bulletin* 3, Nr. 4 (April 1997).

54 Ruthe Stein, »First Person Singular«, *San Francisco Chronicle*, 26. August 1991, http://public.psych.iastate.edu/madon/socialpsycho-logy280/extrareadings/loveinthelab.htm.

55 Kristin Davies, Linda R. Tropp, Arthur Aron, Thomas F. Pettigrew und Stephen C. Wright, »Cross-Group Friendships and Intergroup Attitudes: A Meta-Analytic Review«, *Society for Personality and Social Psychology* 15, Ausgabe 4 (2011).

56 Mandy Len Catron, »To Fall in Love with Anyone, Do This«, *New York Times*, 9. Januar 2015, http://www.nytimes.com/2015/01/11/fashion/modern-love-to-fall-in-love-with-anyone-do-this.html.

57 Ann Patchett, »This Is the Story of a Happy Marriage«, in *This Is the Story of a Happy Marriage* (New York: Harper, 2013), 249.

58 Rebecca Solnit, »Men Explain *Lolita* to Me«, *Literary Hub*, 17. Dezember 2015, http://lithub.com/men-explain-lolita-to-me.

59 Natalie Zina Walschots, »Love, Additionally«, *Walrus*, 12. Februar 2016, https://thewalrus.ca /love-additionally.

60 Maggie Nelson, *The Argonauts* (Minneapolis, MN: Graywolf Press, 2015), 5 (dt.: *Die Argonauten*).

61 Roland Barthes, *Roland Barthes by Roland Barthes*, (New York: Hill and Wang, 2010), 46. (dt.: *Über mich selbst*).

62 Susan Pease Gadoua und Vicki Larson, *The New »I Do«: Reshaping Marriage for Skeptics, Realists and Rebels* (Berkeley, CA: Seal Press, 2014), 56–61.

63 Brenda Cooper und Edward C. Pease, »Framing *Brokeback Mountain*: How the Popular Press Corralled the ›Gay Cowboy Movie‹«, *Critical Studies in Media Communication* 25, Ausgabe 3 (Juli 2008).

64 Tracy Clark-Flory, »Will Marriage Change Gay Love?«, *Salon*, 28. Juni 2011, http://www.salon.com/2011/06/28/gaymarriage_23.

65 Mariella Mosthof, »Some Queer People Don't Support Same-Sex Marriage, and Here's Why«, *Bustle*, 22. Juni 2015, https://www.bustle.com/articles/89826-some-queer-people-dont-support-same-sex-marriage-and-heres-why.

66 »The Accidental Gay Parents (1–4)«, *The Longest Shortest Time* (Podcast), Episode 60 (24. Juni 2015), Episode 62 (22. Juli 2015), Episode 80 (27. April 2016), Episode 81 (4. Mai 2016), Moderator: Hillary Frank, http://longestshortesttime.com/tag/accidental-gay-parents.

67 Nelson, *Argonauts*, 44.

68 »Love Yurts«, *The Longest Shortest Time* (Podcast), Episode 45 (10. Dezember 2014), Moderator: Hillary Frank, http://longestshortesttime.com/podcast-45-love-yurts.

69 Nelson, *Argonauts*, 112.